BAR

国家出版基金项目
NATIONAL PUBLICATION FOUNDATION

"一带一路"投资法律智库丛书

西亚投资
法律风险与典型案例

陈 波 ◎ 编著

Legal Risk and Typical Cases of
Investment in West Asia

中国法制出版社
CHINA LEGAL PUBLISHING HOUSE

序　言

进入 21 世纪，在以和平、发展、合作、共赢为主题的新时代，面对复苏乏力的全球经济形势以及纷繁复杂的国际和地区局面，传承和弘扬丝绸之路精神更显重要和珍贵。2013 年 9 月和 10 月，中国国家主席习近平在出访中亚和东南亚国家期间，先后提出共建"丝绸之路经济带"和"21 世纪海上丝绸之路"（以下简称"一带一路"）的重大倡议，得到国际社会高度关注。

正如 2015 年 3 月 28 日国家发展改革委员会、外交部、商务部 28 日联合发布的《推动共建丝绸之路经济带和 21 世纪海上丝绸之路的愿景与行动》指出的，"一带一路"建设是一项系统工程，要坚持共商、共建、共享原则，积极推进沿线国家发展战略的相互对接。

西亚不仅是亚、欧、非三洲的接合部，也是人类古代文明发祥地之一。两河文明发祥于如今伊拉克美索不达米亚平原；它也是伊斯兰教、基督教、犹太教等世界性和地区性宗教的发源地。西亚本地区的民族、语言、宗教、领土及边界问题相当复杂。在经济方面，本区域国家自古以来的经济都是传统的农业和畜牧业，工商业落后。1973 年石油业开始繁荣，本地区的石油输出国包括沙特阿拉伯、阿拉伯联合酋长国、卡塔尔、巴林、科威特、伊拉克、伊朗和阿曼 8 国。西亚地区的非石油输出国则多以农牧业为主。西亚区域绝大多数为伊斯兰国家，多数居民信仰伊斯兰教，以色列、塞浦路斯等地区，则信仰犹太教和基督教。宗教信仰和政治因素不断演变为冲突甚至区域性军事战争。

西亚的伊斯兰国家陆续以伊斯兰教独立自主建立特色的政治和法治制度。西亚的耶路撒冷是三大宗教的发源地，影响了西亚国家的宗教法，传统宗教是维护社会规范的强大力量；殖民地时期，西亚法律制度受到殖民国家推行的殖民统治政策移植的影响。奥斯曼帝国被击败后，除了土耳其之外的西亚国家全部沦为英法委任统治区。叙利亚和黎巴嫩被法国控制，利比亚受意大利控制，埃及、伊拉克、沙特阿拉伯被英国控制，伊朗南北分别为英国和俄国控制。"二战"后，西亚国家获得独立主权国家的地位，面临伊斯兰教法的现代化和融入法律全球化的抉择，不可避免地走向混合法律格局，部分西亚国家法制由于特定的历史背景形成了普通法、民法、伊斯兰教法和习惯法的混合，例如巴林、卡塔尔，而以色列则成为独特的民法、普通法、犹太法和穆斯林法混合法系国家。

研究西亚国别法律风险对于"一带一路"走出去有重大意义。西亚蕴含丰富的矿产资源，存在大量的基础设施建设和工业制成品需求，中国的发展与西亚形成了互补。从统计上看，中国企业在西亚地区的投资存量与规模呈高速增长态势，因此与投资相伴的法律风险和障碍确实不容小觑。充分了解国别投资法律风险，重视法律的事先预防和事后救济，则可以将这些损失降到最低。

本书为顺应"一带一路"战略深化所带来的投资热潮，就西亚各国贸易和与投资相关的法律法规进行了梳理和比较，从中不难发现一些投资和贸易方面的法律障碍，为投资者提供了很好的预警和参照。

资本未动，法律先行。企业走出去赴外投资、贸易，遇到的最大问题与风险是法律问题与风险。中国已经成为世界第五大资本输出国。中国法律界正切实帮助企业走出去筹划防范风险方案。在走出去法律风险防范方面，本书不失为国别法律风险指引类参考书籍。

目 录

第一章 伊朗

一、伊朗法律制度介绍 ·· 1
  （一）中国与伊朗经济贸易关系起源及现状 ·· 1
  （二）伊朗《宪法》及基本法律制度 ·· 7
  （三）伊朗货币金融法律制度 ·· 8
  （四）与外国投资者的商贸、投资活动有关的法律制度 ······················ 9

二、中资企业对伊朗投资的主要产业及法律流程 ····································· 14
  （一）市场准入 ·· 14
  （二）重点/特色产业 ·· 14
  （三）发展规划 ·· 17
  （四）投资法律流程 ·· 17
  （五）优惠政策 ·· 19
  （六）伊朗对中国企业的保护政策 ·· 19

三、中国与伊朗投资争端解决程序与案例 ··· 20
  （一）投资争端解决程序及现状 ··· 20
  （二）中国在伊朗投资案例 ··· 21

四、中国与伊朗经贸法律特征专项研究 ··· 22
  （一）双方合作不断深化，经贸法律制度有待进一步完善 ·················· 22
  （二）伊朗法律体系存在一定问题 ·· 23
  （三）伊朗法律受伊斯兰教影响较大 ··· 24

五、经贸、投资法律风险因素及应对策略 ·················· 24
 （一）政治风险 ·················· 24
 （二）经济贸易风险 ·················· 27
 （三）商业及投资环境风险 ·················· 30
 （四）法律风险 ·················· 31
 （五）应对策略 ·················· 32

第二章　伊拉克

一、伊拉克法律制度介绍 ·················· 35
 （一）中国与伊拉克经济贸易关系起源及现状 ·················· 35
 （二）伊拉克《宪法》及基本法律制度 ·················· 36
 （三）伊拉克货币金融法律制度 ·················· 37
 （四）与外国投资者的商贸、投资活动有关的法律制度 ·················· 39
二、中资企业对伊拉克投资的主要产业及法律流程 ·················· 46
 （一）投资产业 ·················· 46
 （二）优惠措施 ·················· 46
 （三）投资方式 ·················· 47
 （四）法律流程 ·················· 48
三、中国与伊拉克投资争端解决程序与案例 ·················· 52
 （一）争端解决程序 ·················· 52
 （二）投资案例分析 ·················· 55
四、中国与伊拉克经贸法律特征的专项研究 ·················· 56
 （一）主要双边协定 ·················· 56
 （二）经贸法律特征 ·················· 56
五、经贸、投资法律风险因素及应对策略 ·················· 57
 （一）风险因素 ·················· 57
 （二）应对策略 ·················· 59

第三章　叙利亚

- 一、叙利亚法律制度介绍 …… 61
  - （一）中国与叙利亚经济贸易关系起源及现状 …… 61
  - （二）叙利亚《宪法》及基本法律制度 …… 71
  - （三）叙利亚货币金融法律制度 …… 71
  - （四）与外国投资者的商贸、投资活动有关的法律制度 …… 72
- 二、中资企业对叙利亚投资的主要产业及法律流程 …… 76
  - （一）市场准入 …… 76
  - （二）重点/特色产业 …… 76
  - （三）发展规划 …… 77
  - （四）投资法律流程 …… 77
  - （五）优惠政策 …… 79
  - （六）叙利亚对中国企业保护政策 …… 79
- 三、中国与叙利亚投资争端解决程序与案例 …… 80
  - （一）投资争端解决程序及现状 …… 80
  - （二）中国在叙利亚投资案例 …… 80
- 四、中国与叙利亚经贸法律特征专项研究 …… 81
  - （一）叙利亚法律受伊斯兰教影响较大 …… 81
  - （二）叙利亚法律执行易受行政机关影响 …… 81
  - （三）叙利亚对外资限制较少 …… 82
  - （四）双方法律差异较大 …… 82
- 五、经贸、投资法律风险因素及应对策略 …… 82
  - （一）政治风险 …… 82
  - （二）经济贸易风险 …… 84
  - （三）商业及投资环境风险 …… 88
  - （四）法律风险 …… 88
  - （五）应对策略 …… 89

第四章　以色列

一、以色列法律制度介绍 … 93
（一）中国与以色列经济贸易关系起源及现状 … 93
（二）以色列《宪法》及基本法律制度 … 100
（三）以色列货币金融法律制度 … 101
（四）与外国投资者的商贸、投资活动有关的法律制度 … 103

二、中资企业对以色列投资的主要产业及法律流程 … 109
（一）市场准入 … 109
（二）重点/特色产业 … 109
（三）发展规划 … 111
（四）投资法律流程 … 111
（五）优惠政策 … 113
（六）以色列对中国企业保护政策 … 116

三、中国与以色列投资争端解决程序与案例 … 116
（一）投资争端解决程序及现状 … 116
（二）中国在以色列投资案例 … 117

四、中国与以色列经贸法律特征专项研究 … 117
（一）中以经济互补性强，贸易前景良好，需细化相关规则 … 117
（二）以色列法律体系完善 … 118
（三）注意法律差异 … 118

五、经贸投资法律风险因素及应对策略 … 119
（一）政治风险 … 119
（二）经济贸易风险 … 121
（三）商业及投资环境风险 … 125
（四）法律风险 … 127
（五）应对策略 … 127

第五章　沙特阿拉伯

- 一、沙特阿拉伯法律制度介绍 ………………………………………… 131
  - （一）中国与沙特阿拉伯经济贸易关系起源及发展 ……………… 131
  - （二）沙特阿拉伯基本法律制度与司法体系 ……………………… 132
  - （三）沙特阿拉伯货币金融法律制度 ……………………………… 133
  - （四）与外国投资者的商贸、投资活动有关的法律制度 ………… 136
- 二、中资企业对沙特阿拉伯投资的主要产业及法律流程 …………… 141
  - （一）市场准入 ……………………………………………………… 141
  - （二）投资方式 ……………………………………………………… 142
  - （三）投资行业 ……………………………………………………… 144
  - （四）法律流程 ……………………………………………………… 146
- 三、中国与沙特阿拉伯投资争端解决程序与案例 …………………… 151
  - （一）争端解决程序 ………………………………………………… 151
  - （二）投资案例分析 ………………………………………………… 153
- 四、中国与沙特阿拉伯经济贸易关系的法律特征 …………………… 157
  - （一）主要双边条约 ………………………………………………… 157
  - （二）法律特征分析 ………………………………………………… 158
- 五、经贸、投资法律风险因素及应对策略 …………………………… 159
  - （一）风险因素 ……………………………………………………… 159
  - （二）应对策略 ……………………………………………………… 161

第六章　卡塔尔

- 一、卡塔尔法律制度介绍 ……………………………………………… 163
  - （一）中国与卡塔尔经济贸易关系起源及现状 …………………… 163
  - （二）卡塔尔《宪法》及基本法律制度 …………………………… 165
  - （三）卡塔尔货币金融法律制度 …………………………………… 169

（四）卡塔尔的税收制度 …………………………………… 170
（五）与外国投资者的商贸、投资活动有关的法律制度 ……… 171
二、中资企业对其投资的主要产业及法律流程 ………………… 173
（一）设立企业的形式 …………………………………… 173
（二）注册企业的主要程序 ………………………………… 173
（三）承揽工程项目的程序 ………………………………… 174
（四）申请专利及注册商标 ………………………………… 174
三、投资争端解决程序与案例 ……………………………………… 176
（一）投资争端解决程序 …………………………………… 176
（二）案例分析 …………………………………………… 176
四、卡塔尔的经贸投资环境分析 ……………………………………… 178
五、经贸、投资风险因素及应对策略 ………………………………… 179

第七章　阿曼

一、阿曼法律制度介绍 ……………………………………………… 183
（一）中国与阿曼经济贸易关系 …………………………… 183
（二）阿曼的外国投资状况 ………………………………… 188
（三）阿曼《宪法》及基本法律制度 ………………………… 189
（四）阿曼货币金融法律制度 ……………………………… 191
（五）与外国投资者的商贸、投资有关的法律制度 ………… 194
二、中资企业对阿曼投资的法律流程 ……………………………… 207
（一）市场准入 …………………………………………… 207
（二）发展规划 …………………………………………… 208
（三）设立企业形式 ……………………………………… 208
（四）投资法律程序 ……………………………………… 210
三、中国与阿曼投资争议解决程序与案例 ………………………… 213
（一）诉讼程序 …………………………………………… 213
（二）破产程序 …………………………………………… 213

（三）投资争议解决程序 ········· 214
（四）仲裁程序 ········· 214
（五）争议解决期间 ········· 215
四、中国与阿曼经贸法律特征专项研究 ········· 215
五、经贸、投资法律风险因素及应对策略 ········· 216
（一）政治风险 ········· 216
（二）经济贸易风险 ········· 217
（三）结论 ········· 221

第八章　科威特

一、科威特法律制度介绍 ········· 223
（一）中国与科威特经济贸易关系起源及发展 ········· 223
（二）科威特基本法律制度与司法体系 ········· 224
（三）科威特货币金融法律制度 ········· 225
（四）与外国投资者的商贸、投资活动有关的法律制度 ········· 227
二、中资企业对科威特投资的主要产业及法律流程 ········· 232
（一）中资企业主要投资产业 ········· 232
（二）法律流程 ········· 235
三、中国与科威特投资争端解决程序与案例 ········· 240
（一）争端解决程序 ········· 240
（二）投资案例分析 ········· 244
四、中国与科威特经济贸易关系的法律特征 ········· 246
（一）主要双边条约 ········· 246
（二）经济贸易关系法律特征分析 ········· 246
五、经贸、投资法律风险因素及应对策略 ········· 248
（一）风险因素 ········· 248
（二）应对策略 ········· 249

第九章 黎巴嫩

一、黎巴嫩法律制度介绍 ·· 253
（一）中国与黎巴嫩经济贸易关系起源及现状 ······························ 253
（二）黎巴嫩《宪法》及基本法律制度 ··· 263
（三）黎巴嫩货币金融法律制度 ·· 266
（四）与外国投资者的商贸、投资活动有关的法律制度 ················ 269

二、中资企业对黎巴嫩投资的主要产业及法律流程 ······················· 273
（一）公司种类 ··· 273
（二）公司注册程序 ··· 274
（三）投资方式 ··· 275
（四）优惠措施 ··· 275

三、中国与黎巴嫩投资争端解决程序与案例 ··································· 279
（一）争端解决程序 ··· 279
（二）投资案例分析 ··· 280

四、中国与黎巴嫩经贸法律特征的专项研究 ··································· 283

五、经贸、投资法律风险因素及应对策略 ······································· 286
（一）投资环境总体评估 ·· 286
（二）经济风险及隐患 ··· 287
（三）政治风险及隐患 ··· 288
（四）风险的防范及解决 ·· 289

第十章 阿富汗

一、阿富汗法律制度介绍 ·· 293
（一）中国与阿富汗经济贸易关系起源及现状 ······························ 293
（二）阿富汗《宪法》及基本法律制度 ··· 300
（三）阿富汗货币金融法律制度 ·· 302

（四）与外国投资者的商贸、投资活动有关的法律制度 …………… 304
二、中资企业对阿富汗投资的主要产业及法律流程 ………………… 310
 （一）市场准入 …………………………………………………… 310
 （二）重点/特色产业……………………………………………… 311
 （三）发展规划 …………………………………………………… 313
 （四）投资法律流程 ……………………………………………… 313
 （五）优惠政策 …………………………………………………… 316
 （六）阿富汗对中国企业保护政策 ……………………………… 316
三、中国与阿富汗投资争端解决程序与案例 ………………………… 316
 （一）投资争端解决程序及现状 ………………………………… 316
 （二）中国在阿富汗投资案例 …………………………………… 318
四、中国与阿富汗经贸法律特征的专项研究 ………………………… 319
 （一）阿富汗法律体系不完善 …………………………………… 319
 （二）安全形势不容乐观，严重阻碍经贸法律进一步发展 …… 320
 （三）中阿睦邻友好、经济互补，双边条约可弥补法律空白 … 321
五、经贸、投资法律风险因素及应对策略 …………………………… 322
 （一）政治风险 …………………………………………………… 322
 （二）经济贸易风险 ……………………………………………… 325
 （三）商业及投资环境风险 ……………………………………… 328
 （四）法律风险 …………………………………………………… 329
 （五）征收风险 …………………………………………………… 330
 （六）应对策略 …………………………………………………… 331

第一章 伊朗

伊朗具有吸引投资、贸易的基本条件：第一，自然资源丰富，尤其是石油、天然气资源。第二，政治局势较为稳定，为投资贸易提供了安定的外部环境。随着美欧对伊朗的经济制裁，伊朗经济遭受极大挫折，下滑明显，但同时也在积极开拓其他经济发展途径，为投资商贸提供良好契机。第三，商贸投资法律较为健全，但实施过程存在一定阻碍。企业应当充分考虑各项因素，作出合理决定。

一、伊朗法律制度介绍

（一）中国与伊朗经济贸易关系起源及现状

1. 双边经贸关系

中国与伊朗的经贸关系可以追溯至公元前1世纪，即丝绸之路，双方通过进行商品贸易实现了文化、经济方面的交流。新中国的成立使中伊关系进入新的历史发展阶段。然而，由于当时伊朗政府奉行亲美政策，与我国台湾地区建立所谓外交关系，因此中伊间的对峙关系长期未能打破。1950年起，中伊贸易虽有开展，但一直处于较低水平的合作。20世纪60年代，随着伊朗对外政策的改变，中伊关系走向缓和，双方经贸合作逐渐活跃起来，中伊经贸取得了一定发展，但还处于较低水平。1971年8月16日，中国与伊朗建交，伊朗承认中华人民共和国是中国的唯一合法政府，良好的外交关系给中伊经贸合作提供了可靠的保障，此后中伊保持良好的合作关系。但20世纪70年代末到80年代末，受伊朗伊斯兰革命的影响，中伊合作关系陷入低谷。1989年之后，中伊两国外交关系发展进入新阶段，两国高层领导人互访不断。随着中国与伊朗的经贸关系不断深化，到1998年两国贸易额为12.15亿美元，其中我国出口6.57亿美元，进口5.58亿美元。2000年以后，中伊开展了能源领域的合作。至2013年，中伊双边贸易额达到395亿美元。

据我国海关统计，中国从伊朗进口商品主要类别包括：矿物燃料、矿物油及其产品；沥青等；矿砂、矿渣及矿灰；塑料及其制品；盐、硫黄、土及石料；石灰及水泥等；有机化学品；食用水果及坚果；甜瓜等水果的果皮；橡胶及其制品；无机化学品；贵金属等化合物；铜及其制品；电机、电器、音像设备及其零附件。

中国对伊朗出口的商品主要类别为：机械器具及其零附件；电机、电器、音像设备及其零附件；钢铁制品；光学、照相、医疗等设备及其零附件；塑料及其制品；车辆及其零附件（但铁道车辆除外）；钢铁；有机化学品；杂项化学用品；玻璃及其制品。我国对伊朗出口以机电设备、化工产品为主。从伊朗主要进口原油，其余为铬矿石、原棉、氯乙烯聚合物、合成橡胶、葡萄干和阿月浑子等。

中伊经济技术合作自1982年以来不断发展。1985年4月，中伊成立经贸科技联委会，至今已召开了九次会议。两国合作的领域涉及能源、交通、机械、建材、采矿、煤炭、化工、有色金属等行业。主要项目有：德黑兰地铁、多用途船只、油轮建造、水泥厂生产线、阿拉克4×32.5万千瓦火力电机组、水力发电设备等。

2. 双边投资

（1）投资环境

伊朗全名为伊朗伊斯兰共和国，位于亚洲西南部，其邻国为阿塞拜疆、亚美尼亚、伊拉克、土耳其、巴基斯坦、阿富汗、土库曼斯坦。南邻波斯湾和阿曼湾，北边与俄罗斯和哈萨克斯坦隔海相望，地理位置优越，是古代交通要道必经之地，素有"欧亚路桥"和"东西方空中走廊"之称。伊朗国土面积约为165万平方公里，境内多高原，东部为盆地和沙漠，大部分地区降雨量小，冬季寒冷夏季炎热，属于典型的温带大陆性气候。德黑兰是伊朗首都，同时也是伊朗最大的城市以及政治、文化、商业和工业中心。

伊朗石油资源丰富，截至2011年年底，已探明石油储量1545.8亿桶，占世界总储量的九分之一，是世界第三大石油存储地。石油产业是伊朗的经济支柱和外汇收入的主要来源之一，石油收入占伊朗外汇总收入的一半以上。天然气储量33.69万亿立方米，占世界总储量的六分之一，位列世界第二。目前，伊朗石油和天然气生产量均列世界第四位，日产原油35万桶，天然气5万亿立方米。

此外，伊朗其他矿物资源也十分丰富，矿产种类较多，且各种矿藏可采量巨大。目前，伊朗已探明各类矿山达3800处，储量达270亿吨；其中，铁矿储量47亿吨；铜矿储量30亿吨，约占世界总储量的5%，位列世界第三；锌矿储量2.3亿吨，居世界第一位；铬矿储量2000万吨；金矿储量150吨。此外锰、硼、铅、重晶石、锑、大理石等矿产资源也十分丰富。目前，已开采矿种56个，年矿产量1.5亿吨，占总储量的0.55%，占全球矿产品总产量的1.2%。

伊朗从1979年霍梅尼执政后实行政教合一的制度。伊朗最高国家立法机构是伊斯兰议会，实行一院制。议会通过的法律须经宪法监护委员会批准方可生效。政府实行总统内阁制。总统既是国家元首，也是政府首脑，可授权第一副总统掌管内阁日常工作，并有权任命数名副总统，协助主管其他专门事务。真正掌握政府权力的机构一般都是任命而非民众直接选举。[1] 2013年6月15日，哈桑·鲁哈尼当选伊朗第十一届总统。司法体系方面，国家司法最高首脑是司法总监，由领袖任命。最高法院院长和总检察长由司法总监任命。司法部长由司法总监推荐，总统任命，议会批准，负责协调行政权与司法权的关系。在司法总监领

---

[1] Website of Washington Post, http://www.washingtonpost.com/wp-srv/world/countries/iran.html? nav = el, 最后访问于2015年7月8日。

导下，设有行政公正法庭，负责审理民众对政府机关的诉讼，还设有国家监察总局负责监督国家机关的工作。

伊朗人口约为 7800 万。波斯人在全国人口中占 66%，是伊朗第一大民族。其次是阿塞拜疆人，约占 25%，库尔德人占 5%，此外还有一些少数民族分布在伊朗境内，如阿拉伯人、土库曼人等。官方语言为波斯语。伊斯兰教为国教，98.8% 的居民信奉伊斯兰教，其中什叶派占有绝对优势，约占 91%，其余 7.8% 为逊尼派。

伊朗盛产石油，经济对石油产业的依赖程度较高。因此伊朗工业主要是石油开采业。从伊朗日历年的前四个月，即 3 月 21 日起，伊朗已经出口超过 310 万吨石油产品，超过 87,000 万美元。[1] 另外还有炼油、钢铁、汽车制造、机械制造、电力、家用电器、建材、地毯、化工、冶金、造纸、纺织、食品加工、水泥和制糖等，工业种类较齐全，但工业基础相对薄弱，大部分工业原材料和零配件需要进口。

农业在伊朗占有重要地位。伊朗农耕资源丰富，全国可耕地面积超过 5200 万公顷，占其国土面积的 30% 以上。农业人口占总人口的 43%，农民人均耕地 5.1 公顷。农业在国民经济中的作用巨大，农业产值占全国总产值超过 20%。农业主产区集中在里海和波斯湾沿岸平原地带，大部分地区干旱缺水，这对农业的发展极为不利。此外，伊朗农业机械化和现代化程度较低，生产效率不高，原始的农耕技术、过度使用土地、肥料缺乏以及种子品质不足对其农业的发展起到了制约作用。自 2003 年以来，伊朗政府逐渐加大农业扶持力度，在水利灌溉等农田基础设施建设方面作出努力，如在扎格罗斯以及厄尔布尔士山脉中的河流沿岸修建多功能堤坝和水库，以及在农业科研、信贷等方面推出一系列支持措施，此外伊朗政府重视自然环境保护，以便改良农耕环境。厄尔布尔士山脉的北坡森林资源丰富，林业产品对经济发展做出很大贡献，但是政府对砍伐树木有严格限制，制定了专门的植树造林项目。这有利于提高农民生产积极性，有利于实现政

---

[1] Website of Islamic Republic of Iran Ministry of Industry, Mine and Trade, http://eng.tpo.ir/index.aspx?fkeyid=&siteid=5&pageid=1904&newsview=2274，最后访问于 2015 年 7 月 8 日。

府第四个"社会、经济发展五年计划"制定的 13.5% 的行业增长目标。近年来,伊朗政府充分认识到农业对国民经济的重要性,经过数年对农业发展的大力支持,目前伊朗粮食生产已实现 90% 自给自足。

此外,伊朗旅游业也较为发达。作为拥有数千年文明史的国家,伊朗保留了大量的古代文明遗产,此外伊朗自然地理风光也有很高的观光价值,因此伊朗旅游业发展潜力巨大。在伊斯兰革命前,每年到伊朗旅游的人数多达数百万。然而,两伊战争爆发,安全因素成为阻碍伊朗旅游业发展的重大因素,因此旅游业遭到重大打击。据统计,1979 年到 1994 年,到伊朗旅游的人数年均不足 10 万,旅游产业陷入低迷,损失严重。1991 年起,伊朗政府开始致力于发展旅游业,通过采取一系列措施,伊朗旅游业逐渐恢复发展,2011 年游客人数达 300 万,旅游收入 20 亿美元。旅游业作为重要的第三产业,对伊朗国民经济结构的改善起到重要作用。

伊朗主要出口商品为油气、金属矿石、皮革、地毯、水果、干果及鱼子酱等,主要进口产品有粮油食品、药品、运输工具、机械设备、牲畜、化工原料、饮料及烟草等。2012 年,伊朗进出口总额约 1787 亿美元,其中出口额 1117 亿美元,同比下降 21%;进口额 670 美元,同比下降 7%。受制裁因素影响,自 2011 年年底以来,伊朗原油出口大幅下降。

伊朗经济在最近一段时间逐步上升。根据伊朗日报报道,伊朗商业交易所在 2015 年 7 月底的一周内交易了 526,000 吨货物,价值超过 22,000 万美元,分别增长 77% 和 65%。[1] 由此可见,伊朗正在从制裁的阴影中逐步摆脱出来,步入经济发展的正常运行轨道。

伊朗电信行业整体发展水平不高,固定电话和移动电话使用率不高,通信网络不健全,甚至有些村镇无法使用电信服务。但近些年来,伊朗电信行业取得了较大发展,电话和网络用户快速增长。然而,电信行业的基础设施建设有待进一步提高。伊朗国家电信公司是伊朗最主要的电信企业。

截至 2009 年,伊朗约有公路 12,998 千米,其中铺面公路约占三分之二。根

---

[1] Iran Daily, http://www.iran-daily.com/News/123762.html, 最后访问于 2015 年 7 月 9 日。

据 2010 年数据，伊朗铁路总长约为 10,000 千米。伊朗海港多数分布于南部的波斯湾附近，北部的主要港口是位于里海的安萨里港。伊朗也是中东和波斯湾地区拥有油轮最多的国家。此外，伊朗国内现有航空港 64 个，国际航空港 8 个。

伊朗外汇汇出国外受到一定限制。根据伊朗《鼓励和保护外国投资法》第十四条的规定，外资在扣除了税款、费用及法定储备金后，其利润经委员会通过并由财经部部长批准后可汇出伊朗。根据伊朗《鼓励和保护外国投资法》，所有有关资本及其派生利润的离境，首先应当经过伊朗官方审计协会下属的审计部门进行审计，经确认款项在扣除所有合理亏损后方可离境。

伊朗政府制定了一系列"社会、经济发展五年计划"对国民经济的发展起到了宏观指导的作用。根据第五个社会经济发展计划（2010 年到 2015 年），伊朗政府将逐渐降低国有经济在国民经济中的垄断地位，加快私有化发展和与全球经济融合的速度，实现经济模式合理化发展。

（2）投资现状

根据伊朗《德黑兰时报》2014 年 6 月 26 日的报道，根据联合国贸易和发展会议（UNCTAD）的最新世界投资报告，对伊朗的外国直接投资主要集中于石油开发和生产领域，然而经济制裁导致该类投资大幅减少，2013 年下降约 3%，2013 年外国对伊朗直接投资额为 30.5 亿美元，而伊朗对外直接投资为 3.8 亿美元。该报告还指出，2013 年全国范围的外国直接投资总额为 1.45 万亿美元，增长 9%。[1]

联合国贸易和发展组织于 2015 年 6 月 24 日发布的《2015 年世界投资报告》指出，由于全球经济衰退，投资者对经济政策的不确定，以及地缘政治风险提高等原因，2014 年全球外国直接投资（FDI）下降 16%，至 1.23 万亿美元。

据商务部统计，2013 年当年中国对伊朗直接投资达 7.45 亿美元。截至 2013 年年末，中国对伊朗直接投资存量 28.51 亿美元。主要项目包括：创数达涅利冶金设备有限公司的设备生产项目；苏州阀门厂建立合资阀门生产厂；山东伟峰矿业合资成立库马矿业有限公司；等等。

---

[1] *World Investment Report*, 2014, United Nations Conference on Trade and Development.

2014年9月，伊朗央行行长赛义夫（Valiollah Seif）访华。其后伊朗能源部副部长伊斯梅尔·莫萨利（Esmail Mahsouli）表示，中国已同意伊朗央行提出的提高中国在伊朗项目中投资份额的建议，将其投资增加到520亿美元以上。

（二）伊朗《宪法》及基本法律制度

伊朗是政教合一的国家，因此伊朗在《宪法》中规定了伊斯兰教在国家的地位，伊斯兰教教义贯穿全部《宪法》条文。《宪法》规定伊朗的民法、刑法、财政、经济、行政、文化、防务和政治等所有法律和规章必须符合伊斯兰教的准则，而判断法律条文是否符合伊斯兰教原则是监护委员会里的毛拉们的责任。

《宪法》规定了国家权力机关、国家的主权领土完整、伊斯兰教的地位、其他教派自由行事的权利及人民的权利等，尤其以较多条款规定了人民的各项权利，这成为伊朗宪法的一大特点。

《宪法》规定，伊朗国家权力分为三种，即立法权、行政权以及司法权。立法只能由国民议会行使，国民议会由选民代表组成，重要的政治、经济、社会和文化问题可以采取公民投票的形式。《宪法》规定，宪法监护委员会有权审查议会通过的一切决议和提案，监督总统选举、议会选举和公民投票，并有权宣布任何不符合伊斯兰教教义的法律无效。行政权由总统、总理和各部部长行使，但《宪法》规定由领袖行使的除外。司法权由法庭行使，法庭应当根据伊斯兰教教义裁判案件。

由于信奉伊斯兰教，根据伊斯兰教教义，伊朗法律对女性的权利规定了诸多限制。在伊朗，女性是男性的附属。

伊朗《民法典》是一部规定较为完备、理论较为先进的法典。首先具有现代民法典的基本结构，如第一章对不动产、动产、无主财产作出了规定，第二章对各类财产权作出规定，接着对各种事物所有权的取得方式作出了规定，如埋藏物、走失的动物、矿产等，第二部分对于合同权利义务、交易规则作出了规定等。同时，伊朗《民法典》中很多条款反映了伊斯兰教法的影响，与现代民法法律规则有一定差异。

刑法法律制度也受到伊斯兰教教义的极大影响，重视家庭观念，对于有些违背世俗道德观念的行为惩罚非常严厉，等等。伊朗不承认双重国籍，因此外国女性与当地男性结婚后自动取得伊朗国籍，原籍将被注销。伊朗允许一夫多妻制，这是受到传统法影响的结果。

伊朗法律规定，禁止官员收受各种形式的贿赂以及行贿。伊朗司法部、总检察院、内政部负责对政府官员的行为进行司法和行政监督。并且，伊朗是联合国《反腐败公约》的缔约国，该公约于2008年在伊朗国家议会获得批准。此外，伊朗还与伊拉克等国家签订反对商业贿赂的司法协助备忘录，共同打击跨国商业贿赂行为。

(三) 伊朗货币金融法律制度

1. 货币银行法律制度

伊朗货币为里亚尔，伊朗《货币银行法》对里亚尔是否可自由兑换作出具体规定，居民可到当地银行进行兑换。近些年，里亚尔对美元呈现贬值趋势。目前，伊朗外汇自由兑换价格为1美元兑换30,000里亚尔。

伊朗中央银行负责制定和实施货币政策，其主要职能是维护国家货币价值、维持收支平衡、提供经贸便利和改善国家发展潜力。伊朗央行有权发行货币，监管银行和信贷机构，制定有关外汇政策，制定黄金交易规则，等等。此外，伊朗国家银行、伊朗国民银行、伊朗出口银行等都是伊朗重要的商业银行。

2. 信用卡制度

外国公民在伊朗使用信用卡会受到一些限制，多以现金结算为主，当地居民储蓄卡使用率较低，因此应当高度重视资金安全，做好安保工作。

3. 外汇法律制度

受到欧盟和美国制裁的影响，伊朗国内的外汇相对缺乏，现阶段伊朗外汇无法自由出入，需通过中转行代理。伊朗商业部将进口商品分为十类。其中对鼓励进口的涉及国计民生的产品给予优惠汇率。进口商品首先应当取得商业部的进口批准文号，才能在伊朗外汇教义中心按照上述汇率购买外汇。

目前，外国居民及投资者不能在伊朗当地银行直接开设外汇账户，应当首先将外币兑换成当地货币方可进行储蓄。

根据伊朗《鼓励和保护外国投资法》，投资者首先应当完成一定义务并交纳法定的费用，然后提前3个月通知伊朗最高投资委员会，经委员会通过并由财经部部长批准后方可将原投资及利息或投资余款汇出伊朗。

此外，伊朗法律规定携带1000美元以上外币现金进出伊朗需要申报。

4. 证券法律制度

德黑兰证券交易所是中东地区重要的资本市场，成立于20世纪60年代末，由于地区冲突和全球经济波动，其发展受到一定影响。近些年，德黑兰证券交易所资本市场发展迅速，在中东地区发挥重要作用。截至2010年，在德黑兰证券交易所上市企业共300多家，总市值将近1000亿美元。

（四）与外国投资者的商贸、投资活动有关的法律制度

1. 贸易主管部门

伊朗的贸易主管部门是伊朗工业、矿业和贸易部，其主要职责是与其他国家联系并建立经济贸易关系，对各国贸易政策规定进行调查，负责商品进出口相关事务，等等。

伊朗贸易促进组织是伊朗工矿与商业部的下属机构，主要负责伊朗对外贸易政策的制定，促进贸易发展和筹办国际展览等事务。

2. 税收法律制度

《伊朗伊斯兰共和国直接税法》是伊朗主要的税收法律法规，原则上对房地

产、未开发的土地、继承财产、工资、公司等各种来源的收入征收直接税收。伊朗主要的赋税和税率包括以下几种：工资所得税，即自然人受雇于他人获得的工资收入应当缴纳的赋税，该税种根据工资额度的不同税率也不相同；营业所得税，每个自然人通过从事经营或类似活动取得的收入缴纳赋税，该税种根据收入的多少规定了不同的税率；法人所得税，即公司和法人的营业收入和其他营利性活动产生的收入应当缴纳的赋税。

伊朗纳税的主体包括：

①全部收入在伊朗或在国外获得、具有伊朗国籍的公司和全部法人；

②收入在伊朗或在国外获得、居住在伊朗具有伊朗国籍的自然人；

③全部收入在伊朗获得、居住在国外具有伊朗国籍的自然人；

④任何非伊朗国籍的自然人或法人，其收入在伊朗获得，以及通过转移许可和权利、培训、技术支持和出售电影版权获得的收入。

此外，《伊朗伊斯兰共和国直接税法》对一些领域满足一定条件的企业提供不同程度的税收优惠政策。

3. 海关法律制度

伊朗将进出口商品分为3个类别：允许商品，即依照规定无须取得许可的商品；限制商品，即需要取得许可才可以进口和出口的商品；禁止商品，即依照神圣的伊斯兰教教义或根据法律规定禁止进口和出口的商品。

根据伊朗《海关法》，以下商品禁止进口[1]：

①海关税目表和专门法律规定禁止进口的商品；

②根据有关法律规定认为不许进口的商品；

③任何武器、猎枪、炸药、雷管、子弹、炮弹、爆炸物、易燃易爆物品，除非获得国防部和武器部队后勤部的许可；

④任何毒品，除非获得卫生医疗教育部的许可；

---

[1] "对外投资合作国别（地区）指南——伊朗（2014年版）"，中华人民共和国商务部，http://fec.mofcom.gov.cn/article/gbdqzn/，最后访问于2015年3月1日。

⑤空中摄影、摄像专门仪器，除非获得国防部和武装部队后勤部的许可；

⑥任何发射机及其零配件，除非获得邮电部的许可；

⑦经伊斯兰文化指导部认定属于破坏公共秩序、有损国家形象、宗教风化的唱片、录音带、电影片、书籍；

⑧经情报部队认定属于破坏公共秩序、有损国家形象、宗教风化的杂志、报纸、图画、标记、出版物；

⑨外表包装上、提货单及有关文件上有破坏公共秩序、有损国家形象、宗教风化的句子或标记的商品；

⑩在发行国已经作废的外国纸币、仿制的纸币、邮票、货签；

⑪彩票；

⑫会使消费者和购买者因为商品包装上的名字、标志、商标或其他特征而对原产品制造商、生产厂家和其特性产生误解的商品。

伊朗禁止出口古董、古玩，除非获得伊斯兰文化指导部的许可。

旅客不准携带出入境的物品包括：含酒精的饮料、猪肉及相关制品、赌具、迷幻药物、武器、弹药、爆炸品、色情书刊、诋毁伊斯兰教和伊朗国家形象的一切书籍和音像制品及其他被伊朗法律禁止携带的物品。[1]

4. 公司法律制度

外国投资企业可以在伊朗注册代表处、子公司、有限责任公司以及股份公司。企业应当向工业资产和公司注册局申请注册。

在自由贸易工业区内公司、工业以及知识产权的注册应当向各自由贸易区内设立的公司工业和知识产权注册办公室办理注册手续。该办公室的职能为：为伊朗当地以及外国公司和分支机构提供注册服务；负责办理商标注册；负责办理专利、发明和工业设计的注册；注册贸易者的商业书籍；根据自由贸易区货币银行机构的章程注册银行和其他信用机构；根据自由贸易区的规则注册保险公司；

---

[1] 中华人民共和国驻伊朗伊斯兰共和国大使馆，http://ir.chineseembassy.org/chn/smwl1/t574218.htm，最后访问于2015年7月10日。

等等。

5. 外国公司承包法律制度

在伊朗，与建设和设备有关的合同服务、工程服务和咨询服务必须指派伊朗当地公司和机构执行，如果不能指派，则外资与伊朗国内资本可以组成联营体共同提供以上服务。其中，伊朗国内资本占比应当超过51%，特殊情况下得到计划和预算组织和经济委员会批准后允许一定例外。伊朗法律允许分包但禁止转包行为。

根据《关于执行〈最大限度地使用国家的技术、设计、生产、工业及实施能力去执行项目和便利服务出口法〉第三条款的实施细则》，只有伊朗当地公司才有权参与招标项目。只有在当地公司无法实施项目时，才允许国际招标，并且应当符合一系列条件，如招标应当以当地资本和外国公司合作的形式进行，国内资本应当占有超过51%的资金比例。中资企业在伊朗参与大型项目投标时应当首先取得中国驻伊朗大使馆经济商务参赞处的项目支持函。

6. 进出口商品检验检疫

伊朗海关对某些食品、饮料、药品和盥洗设备有检验检疫的规定，比如标签上应当标明产品名称和制造商的地址以及原产地，在伊朗的登记注册号码，卫生部许可证号码和日期。

中国出口至伊朗的法定检验目录里的产品需要中国出入境检验检疫部门出具《装运前检验证书》。

对于进口动植物应当提供原产地证明以及取得伊朗农业部的许可。

7. 劳工法律制度

伊朗《劳工法》对于劳工法律制度作出了规定，如工作合同的签订，解除工作合同的条件，劳动报酬以及职工社会保险等方面。

外国人在伊朗工作应当根据法律的规定取得工作签证以及工作许可，才可在伊朗受雇工作。工作签证以及工作许可证由伊朗劳动及社会事务部根据伊朗法律法规在符合条件的情况下予以发放。

8. 知识产权法律制度

《伊朗伊斯兰共和国商标专利注册法》是伊朗保护知识产权的专门法律法规。伊朗本国人和外国人可以申请注册商标和专利，商标有效期为10年。侵犯知识产权者将被处以监禁或罚金等措施。

9. 环保法律制度

伊朗《宪法》对保护环境作出了规定，由此可见，环境保护在伊朗至关重要。在伊朗建立可能带来环境污染的企业需要经过环保测试，如炼油厂、大型发电厂、大型轧钢厂、产量多的矿山开发等。企业排放污水应当得到政府的许可；此外，开发水资源，建立供水系统需要获得许可证。具体环保法律法规体现在《伊朗"五五"计划执行法》中。

10. 其他商贸投资有关法律制度

根据伊朗《鼓励和保护外国投资法》，外国投资者不允许在伊朗以任何名义拥有任何种类、数量的土地。但是根据该法实施细则第三十三条的规定，因外国投资而设立的伊朗公司，在经过伊朗投资与经济技术援助组织批准后，可根据其投资项目需要拥有适当土地。

《鼓励和保护外国投资法》对于外资在伊朗投资的原则性行为准则作出了规定：

①有利于经济的增长，技术水平和产品质量的提高，就业机会的增加和出口的增长。

②不威胁国家安全和公共利益，不破坏生态环境，不扰乱国家经济，不破坏依靠国内投资而进行的生产活动。

③不导致政府向外国投资者提供特权，特权是指使外国投资者处于垄断地位

的权利。

④本法中外国投资所生产的产品及服务价值与颁发许可时国内市场的产品及服务价值的比例，在每个经济部门不超过25%，国内行业不超过35%。

用于生产出口和提供出口服务（原油除外）的外国投资不受上述比例限制。

二、中资企业对伊朗投资的主要产业及法律流程

（一）市场准入

根据伊朗《鼓励和保护外国投资法》的规定，在工矿业、农业和服务行业进行建设和生产活动的外国资本的准入，必须同时符合伊朗现行法律法规的要求，并符合下列条件：首先，不得危害国家安全和公共利益，不得对生态环境造成破坏、扰乱国民经济及阻碍国内投资产业的发展；其次，该投资活动应当有利于伊朗经济的增长、技术的发展，有利于提高产品质量，增加就业机会或者国际市场的开发。

伊朗《鼓励和保护外国投资法》第五条规定，伊朗投资和经济技术援助组织是国家鼓励外国投资、处理与外国投资有关所有事务的唯一官方机构。外国投资者必须向伊朗投资和经济技术援助组织递交有关投资、资本进入、项目选择、资本撤出的申请。伊朗投资和经济技术援助组织接到申请后，将初审意见提交外国投资委员会，委员会在1个月内公布书面审批结果。

投资者应当认真研究伊朗对于不同产业的不同准入要求，办理相关手续，及时、足额缴纳税费，以便合法在伊朗开展相关业务。

（二）重点/特色产业

农业在伊朗国民经济中占有重要地位，2007—2008年度伊朗农业产值占GDP的9.3%。伊朗的主要农产品包括：小麦、大麦、茶叶、大米、棉花等。

农业人口占总人口的43%。但是由于农业机械化、现代化程度较低，伊朗粮食不能自足，每年10%以上的粮食依赖进口。伊朗盛产干鲜果品，是中东地区主要的生产和出口国，其中开心果、核桃、无花果、石榴、柠檬、猕猴桃、橘、柑等是主要出口产品。并且，伊朗是世界第一大藏红花生产国，总产量占世界总量的90%以上。

伊朗拥有储量巨大的石油资源，相应的石油工业在国民经济的地位非常重要。截至2011年年底，已探明石油储量1545.8亿桶，占世界总储量的11%，是世界第三大石油存储地。伊朗已探明天然气储量33.69万亿立方米，占世界总储量的17%，仅次于俄罗斯。据国际货币基金组织（OPEC）公布数据，2010年伊朗原油净出口收入约为750亿美元，占伊朗国家财政收入的60%左右。伊朗油气业企业主要是伊朗国家石油公司和伊朗国家天然气公司。根据官方数据，伊朗每年可生产6000万吨石油。伊朗每年平均出口石油量约为1700万吨。2014年6月，伊朗国家石油公司执行董事表明伊朗计划将年均石油产量提高至18,000万吨[1]。目前伊朗油气工业的发展导向仍然是增加石油和天然气产量。第一方面是鼓励与其他国家合作开发油气田，从而保持伊朗在OPEC中的石油份额；第二方面是积极吸引外资和国外先进技术，在加大开发油气资源的基础上扩展炼油工业等油气深加工业；第三方面是保持伊朗对油气田的主权；第四方面是发展里海地区油气的过境运输（将里海地区油气经伊朗输往其他国家）；第五方面是增加天然气生产；第六方面是扩大天然气作为其他油品代用燃料的范围。这对于我国能源安全极为有利，因此我国企业应当积极抓住机会，开展相互合作。[2]

伊朗在海湾和西亚地区是工业强国之一。由于丰富的油气资源，伊朗工业以石油勘探开发为主，另外还有相应周边工业如炼油、石化等。此外，伊朗其他矿物资源也十分丰富，矿产种类较多，且各种矿藏可采量巨大。目前，伊朗已探明各类矿山达3800处，储量达270亿吨；其中，铁矿储量47亿吨；铜矿储量30亿吨，约占世界总储量的5%，位列世界第三；锌矿储量2.3亿吨，居世界第一

---

[1] Website of Islamic Republic of Iran Ministry of Industry, Mine and Trade, http：//eng.tpo.ir/index.aspx?fkeyid=&siteid=5&pageid=1904&newsview=2274，最后访问于2015年7月10日。

[2] 王勇："新时期中国-伊朗跨国投资领域及实施初探"，载《重庆工商大学学报》第15卷第2期。

位；铬矿储量2000万吨；金矿储量150吨。锰、硼、铅、重晶石、锑、大理石等矿产资源也十分丰富。因此，钢铁、电力、冶金、有色金属、汽车零部件装配等工业发展较为迅速。此外，纺织业、造纸、食品加工、建材、地毯、家用电器、化工、制药、水泥和榨糖等轻工业发展也较为均衡。

根据伊朗第五个"社会、经济发展五年计划"，伊朗加速了国民经济私有化的步伐，其中包括电信行业。2009年9月，伊朗电信和信息技术部（Ministry of Telecommunications and Information Technology）下属的伊朗国家电信公司（Telecommunication Company of Iran，TCI）在德黑兰证券交易所挂牌上市，并以78亿美元的总市值成为伊朗最大的上市公司。信息是当下经济发展至关重要的因素，目前伊朗政府正积极引进外国先进通讯电信技术，对本国电信网络进行改造，符合世界发展潮流，因此伊朗电信行业市场发展潜力巨大。

伊朗拥有数千年的人类发展文明史，历史古迹保存较多，登记在册的历史和文化遗迹约4000个。此外，伊朗还拥有大量的自然景观，因此旅游资源极为丰富。伊朗旅游业从业人数占总人口的1.8%，2010年，伊朗入境游客总量超过280万人次。提高第三产业占国民经济的比重是世界各先进国家的一致做法，在创造经济价值的同时最小限度地损耗自然资源，有利于经济的可持续发展。

据伊朗《财经论坛报》2015年7月30日消息，伊朗民航组织副主席霍达卡拉米（Mohammad Khodakarami）日前表示，伊朗现有航班不足以满足经济发展的需求，正在考虑增加与欧洲、土耳其、丹麦、波斯湾国家和其他邻国的航线。外国航空企业对伊朗民航产业兴趣越来越大，很多国际航空企业希望向伊朗销售飞机、飞机设备、导航设备等，并争相开通与伊朗的航班。根据伊朗法律，外商投资只能占伊朗航空公司股份的49%，其余51%必须由伊朗合作伙伴占股。[1]

伊斯兰革命后，伊朗的银行全部收归国有，但该做法不符合世界经济发展潮流，不利于伊朗金融市场的发展。从2000年开始，伊朗政府批准可以成立私人

---

〔1〕 中华人民共和国驻伊朗伊斯兰共和国大使馆经济商务参赞处，http：//ir.mofcom.gov.cn/article/jmxw/201507/20150701066708.shtml，最后访问于2015年7月12日。

银行。伊朗现行银行金融体系发展还不够完善，垄断现象明显，主要由中央银行和下属的10家主要商业银行组成，因此建立更多银行有利于加强银行间的竞争，提高银行效益，打破国家垄断。同时，伊朗一部分现有的国有银行也将逐步实现私有化，全方位实施银行业改革。

（三）发展规划

伊朗政府制定了一系列"社会、经济发展五年计划"，旨在通过这些计划为国民经济的发展提供纲领和指导。根据现行实施的第五个"社会、经济发展五年计划"，伊朗政府决定加大私有化改革力度，降低国有成分在国民经济中的比重，刺激市场竞争，增加经济发展的活力，积极推进国民经济结构改革；努力发展经济现代化，引入先进理念和技术，与国际市场逐步接轨，融入国际经济发展潮流，与世界市场开展交流合作。

但由于欧盟与美国经济制裁仍在持续，伊朗经济能否按照规划发展，前景仍不明朗。

（四）投资法律流程

1. 设立企业形式

外国资本可在伊朗设立代表处、子公司、独立的有限责任公司和股份公司。

2. 注册企业法律程序

企业应当向伊朗工业资产和公司注册局提出书面注册申请。提出申请的同时应当提交一系列附件，如注册申请表、公司书面申请注册函、母公司董事会决议、母公司章程、母公司资产负债表、母公司在伊朗主要代表授权书、子公司或分公司的可行性报告、子公司资金来源说明、伊朗合同方出具的介绍信等，其中一些文件应当在母国办理公证，并且需要外交部和伊朗驻母国使领馆办理认证。提交的文件应当翻译成波斯语。最后需要交纳一定金额的费用。

3. 承包工程项目程序

伊朗规定外国企业在伊朗不能独立承包工程，因此外资公司应当选取有能力承担项目的当地公司进行合作。外国企业应当密切关注伊朗相关报刊、网站等媒体，可以从中获得招标信息。

重大项目一般由政府专门机构进行公开招标，私营项目多委托咨询公司招标，有时也存在议标的情形。外国公司应当和伊朗当地公司进行合作，以符合伊朗对于工程项目国内资本比例的要求。招标单位一般需要投标公司提供本公司基本情况的介绍以及相关项目取得的业绩。投标公司还应当按照招标公司的要求提供投标文件、保函等文件。需取得政府许可的项目，外国企业应当与伊朗当地企业合作，积极配合以取得相关审批。

4. 申请专利和注册商标

伊朗工业资产和公司注册局负责办理专利注册相关事项。注册专利需要提交的文件有专利注册申请表，专利内容说明，并且需要交纳一定金额的注册费。

办理商标注册的伊朗机构也是工业资产和公司注册局。企业需要提交商标注册申请表，产品品牌、特性和等级，商标的各部分说明，并且需要交纳一定金额的注册费。

5. 企业的社会责任

在伊朗的外国企业应当承担必要的社会责任，回报当地社会。企业从事的业务应当有利于当地社会，有利于增加就业和改善当地民众收入。外国企业所作所为应避免引起当地居民反感和抵制，注意产品质量，加强安全生产，避免安全事故，合理支付当地员工工资酬劳，妥善处理生产中的污染等，并根据财力可能积极参与赈灾、人道救助、慈善活动、公益事业，合理回报社会。外资企业人员在伊朗要入乡随俗，遵守当地的法律和风俗习惯，尤其应当注意伊斯兰教的各项规定，注意自身言行，不做损害国家和企业形象之事。

（五）优惠政策

根据伊朗法律规定，外国投资者在伊朗享有同本国投资者相同待遇。伊朗允许外资本金、利润以及其他衍生利益按照规定以外汇或商品的方式转移。伊朗保证外资使用单位生产商品的出口自由。

此外，私人在伊朗投资应当获得许可，但对外资在私人经营企业的比例不设限制。

伊朗政府对重点扶持的行业给予特殊鼓励政策。如伊朗建立了专门的石化工业特区，在这两个特区内石化工业的原材料进口和外国投资均享有税收、审批手续和其他政策方面的优惠。此外，伊朗对钢铁行业、轨道交通、高速公路、水利工程、清洁能源以及汽车制造等方面也有一系列优惠政策。

伊朗目前建立了基什、凯什姆、查赫巴哈尔、锡尔詹、安扎里5大自由贸易区。根据伊朗相关法律规定，所有允许进入自由贸易区的物品无须有关部门的特别许可。进口到自由贸易区的商品可以转口到第三国，但应当遵守相关转口国家的海关法规。海关还提供活物存放服务。此外，各个省份可以根据自身条件设立各类工业园区并制定相应的优惠政策。

（六）伊朗对中国企业的保护政策

伊朗与中国签订了一系列经贸协定，对双方相互提供的经贸优惠和政策作出约定。2000年，中国与伊朗签署了《关于相互促进和保护投资协定》；2002年，中伊签署《关于对所得避免双重征税和防止偷漏税的协定》。此外，中国与伊朗还签订了一系列特殊协定，如《中华人民共和国政府和伊朗王国政府贸易协定》、《中国工商会和伊朗商会合作协议》、《中国国家质量检验检疫总局与伊朗标准与工业研究院合作谅解备忘录》、《中国商务部与伊朗工业矿业和贸易部官员开展中伊产业园区合作的备忘录》等。

三、中国与伊朗投资争端解决程序与案例

（一）投资争端解决程序及现状

伊朗是联合国《承认及执行外国仲裁裁决公约》（又称《纽约公约》）和《保护工业产权巴黎公约》的签字国。

伊朗是《承认及执行外国仲裁裁决公约》的缔约国，因此外国仲裁裁决在伊朗具有法律执行力。选择仲裁方式需要经过以下程序。首先，签订仲裁协议或合同中存在有效的仲裁条款。其次，根据仲裁协议或条款的规定明确有权的仲裁机构。然后进入正式的仲裁程序，仲裁机构作出仲裁裁决。最后，当事方可以凭借有效的仲裁申请有关国家的法院予以承认并执行。仲裁机构的选择对于仲裁程序至关重要，它是律师和法官关注的首要问题。当事双方应当在平等自愿的基础上选定仲裁机构，可以事先约定，也可以在纠纷产生后约定。双方可以选择国际仲裁机构或者国内仲裁机构。对于中国的投资者而言，选择国内的仲裁机构具有较大优势，但是对方当事人往往不愿意作出妥协。较好的选择是选择国际仲裁机构，尤其是一些中立国家的仲裁机构，其作出的裁决往往较为公平，双方较易达成一致。如瑞典斯德哥尔摩商会仲裁院、国际商会仲裁院，此外还有英国伦敦国际仲裁院、美国仲裁协会以及香港仲裁中心也为可以考虑的选择。瑞典斯德哥尔摩商会仲裁院隶属于斯德哥尔摩商会，在该仲裁院进行仲裁的双方当事人可以自行指定仲裁员，仲裁院内部并不设固定的仲裁员名单。国际商会仲裁院隶属于国际商会，总部设在巴黎，作为专业经贸纠纷解决机构具有较强的独立性，不易受外界压力的干扰，致力于促进世界各国在商事领域的合作与发展。与斯德哥尔摩商会仲裁院不同，英国伦敦国际仲裁院内部备有仲裁员名册，供当事人自行选择。此外，仲裁机构的选择对于裁决作出后的执行也非常重要。如果选择伊朗仲裁机构，执行的难度将会大大降低，避免了当下普遍存在的承认和执行难的

问题。

中国与伊朗企业之间发生纠纷主要集中在以下几类：产品质量问题；付款违约问题；诈骗问题。发生纠纷后，中资企业可以选择以下几种纠纷解决方式：第一，双方可以本着平等友好协商的态度对纠纷事项重新达成一致，实现当事人意思自治，共同遵守新约定，以期实现双方利益最大化。该种方式成本较低，并且能最大限度地反映当事人的意愿，有利于当事人双方进一步开展合作，但是由于缺乏公权力的介入，解决纠纷没有强制力保障，弱势当事人一方利益可能会受到一定损害。第二，中资企业可以在中国驻伊朗大使馆经商参赞处网站下载纠纷投诉表格，请求经商参赞处作为第三方协调解决。经商参赞处代表中国公民的利益，会最大限度地保护中国公民和企业的权利，并且经商参赞处与当地政府有相关合作和互助关系，加之参赞处拥有大量专业人员，对于解决纠纷十分有利。但经商参赞处所作的决定没有法律约束力，只能期待从外交方面解决问题。第三，在前两种方法无法解决问题的情况下，当事企业可以寻求司法途径解决纠纷。双方可以选择仲裁或者诉讼的方式。当事人应当充分考虑自身利益，可以事先在合同中约定仲裁地、适用的法律等，但不得违反两国关于涉外诉讼法律的规定。双方可以选择瑞典斯德哥尔摩仲裁院等中立国的仲裁机构，该类机构作出的仲裁裁决一般不存在有失公正的情况。

（二）中国在伊朗投资案例

1999年9月，伊朗私人企业萨彼德煤气公司与海尔集团正式签订合资合同，海尔集团公司在伊朗伊斯法罕工业园合资成立伊朗海尔公司，生产海尔最新型的双桶洗衣机。从筹建到运营仅1年时间，由于质量较好以及价格优势，海尔双桶洗衣机就占据了伊朗洗衣机市场的大量份额。此外，海尔空调和电冰箱出口产品也在伊朗市场上供不应求。合资双方已经着手兴建不同品种的生产线，除在当地规模化生产空调和冰箱外，对于包括电脑、手机和微波炉等海尔系列产品在伊朗的生产和销售前景也十分看好。[1]

---

[1] 人民网，http://www.people.com.cn/GB/paper53/4257/490947.html，最后访问于2015年7月13日。

中国汽车在伊朗市场发展较为迅速，虽然进入伊朗市场较晚，但发展速度迅猛。2002 年，伊朗最大的汽车零部件生产公司之一的 MST 集团（MAJMOEH SAZI TOOS）和奇瑞汽车厂开始谈判，最终于 2007 年 2 月双方开始以 CKD 方式合作生产 A15CNG 车；在奇瑞的带动下，其他中国汽车公司纷纷跟进，如东风公司、中国重型汽车集团、北京福田汽车、福建东南汽车工业有限公司等。

此外，苏州阀门厂在伊朗投资建立合资阀门生产厂；秦皇岛市冠宇鸵鸟发展有限公司在伊朗投资建立合资鸵鸟养殖场；北方工业公司、长春客车厂与德黑兰城乡铁路公司合资组装地铁客车以及大众陶瓷厂在马什哈德投资生产磁砖等。

四、中国与伊朗经贸法律特征专项研究

（一）双方合作不断深化，经贸法律制度有待进一步完善

近年来，两国经济互补性日益增强，为两国经贸关系的发展奠定了坚实的基础。由于伊朗受到欧盟以及美国的经济制裁，经济发展受到很大影响。与此同时，原油是中国进口第一大商品，中国不断强调能源安全，积极拓展能源进口渠道。在这样的历史契机下，双方能源合作不断加强。2010 年中伊原油贸易达到了 121 亿美元。伊朗已成为我国第三大原油进口来源地，占我国原油总进口量的 9%。中国可以采用直接从伊朗进口原油及天然气的方式开展合作，也可以到伊朗建立企业开采能源。

面对国际经济制裁的困境，伊朗近年来已转向中国、俄罗斯和土耳其，为其重大项目融资。伊朗能源部副部长马苏力说，能源部门的政府项目（包括水、电、石油、天然气和石化工业）和建筑与工业部门的其他项目将获得中国的融资，其中 15 亿美元到 20 亿美元分配给水电项目。

除去能源方面，同时，伊朗政府非常重视其非石油产品对中国的出口。主要

有矿产品、金属产品、化工品和一定数量的农副产品，如生铁、钢坯、钢材、粗铜、铬矿石、铁矿石、葡萄干、开心果、带鱼和藏红花等。

中国在铁路建设、机械制造、汽车制造等方面拥有一定经验和先进技术，符合伊朗经济发展的需求。双方还在文化、社会等方面开展合作，加强两国人民相互了解和交流，促进两国关系长期稳定发展。

目前，中伊两国合作缺乏大型项目，只有小规模的合作，但双方经济互补。伊朗拥有储量巨大的资源，同时需要引进先进技术。中国在矿藏开发方面已经积累了很多经验，技术较为成熟，设备先进，已经在很多国家开展援助和投资项目。中国一向本着互利共赢的原则，在尊重对方领土主权完整、双方平等协商一致的基础上，同他国开展经贸合作。中国与伊朗开展合作必将对两国经济发展起到促进作用。

据《伊朗日报》2015年7月27日消息，伊朗石油部负责国际事务的副部长扎马尼-尼亚尔（Amir Hossein Zamani-Nia）表示，该部门正在与若干外国企业商讨该国油气开发项目。[1] 报道称，扎马尼-尼亚尔表示，为了筹备与外国合作商的洽谈，伊方制定了一套新的石油协议，称为综合石油协议（IPC）。目前，阿塞拜疆代表团已抵达德黑兰，包括石油、通信、银行和能源公司的代表，旨在讨论与伊朗达成能源领域共同开发项目的日程以及活动安排[2]。中国企业应当抓住机遇，积极与伊朗开展合作。

在此情况下，中伊双方应当进一步签订双边条约，为丰富双方合作领域提供法律基础，明确规定各方权利与义务。此外，目前伊朗在某些法律制度方面存在空白，需要尽快立法以满足不断加深的合作需求，提供明确法律指引，从而最大程度地避免纠纷产生，为中国企业在伊投资提供便利。

（二）伊朗法律体系存在一定问题

总体来说，伊朗法律制度偏于保守、不透明程度高。此外，法律贯彻实施效

---

[1] 中华人民共和国驻伊朗伊斯兰共和国大使馆经济商务参赞处，http://ir.mofcom.gov.cn/article/jmxw/201507/20150701063631.shtml，最后访问于2015年7月15日。

[2] Iran daily，http://www.iran-daily.com/News/123763.html，最后访问于2015年7月15日。

率低下。伊朗司法机关独立性受到宗教以及政治力量的影响可能较大，从而导致其执行法律具有一定的不确定性。虽然伊朗制定了《鼓励和保护外国投资法》等经贸法律，但是在实践中存在许多问题，如缺乏统一完善的配套实施规定。此外，伊朗国内的《电力法》、《供水保障条例》等公共服务保障法律体系不健全，这对于在伊企业开展业务极为不利，会导致其合法权益受到侵害却投诉无门的后果，并且伊朗国内市场尚无较成熟的《反不正当竞争法》、《反垄断法》等规定，地方政策朝令夕改，从长远来看都对投资产生不利影响。

（三）伊朗法律受伊斯兰教影响较大

伊朗宪法规定民法、刑法等全部法律都应当符合伊斯兰教教义，因此伊朗法律在很多方面都与现代法律制度不同。法庭判案一方面遵守制定法的规定，另一方面也要遵循伊斯兰教法的规则，甚至很多情况下，更多法官更倾向于使用伊斯兰教法判案。同时，在解释制定法的时候，往往要参考伊斯兰教法的规则。宗教至上的原则使得法律从制定到贯彻实施的过程中存在较大干扰。外国企业及人员应当认真研究伊朗法律制度以及风俗习惯，谨慎行事，切不可以不恰当言行冒犯当地风俗习惯。

五、经贸、投资法律风险因素及应对策略

（一）政治风险

1. 政治基本信息

伊朗实行总统内阁制，但是有严重的宗教色彩。宗教领袖拥有国家最高权力，凌驾于一切权力机构之上，享有任免宪法监护委员会、司法总监、军方高官、宣战或停战、委任和罢免总统等重大权力。同时，伊朗总统、中央和地方

各级议会都采用直接选举制度。总统任期4年,可连选一次。议会是国家最高立法机关,但议会制定的法律必须经过宪法监护委员会通过后才可生效。司法总监是伊朗司法最高领导,任期5年。伊朗多数政党和组织都没有严密的体系和组织,缺乏章程和相关纲领,主要政党或组织包括战斗教士联盟、伊斯兰联盟党、节制和发展党、伊斯兰参与阵线党等。伊朗现任总统是温和保守派哈桑·鲁哈尼。

2. 政治局势分析

第一,伊朗现行政体运转日益成熟。伊朗政坛大体有三大势力,以哈梅内伊为代表的保守派、前总统拉夫桑贾尼为代表的务实派和前总统哈塔米为代表的改革派。三大势力政见有一定分歧,但权力斗争大都在体制内进行,均认可神权政体,重大问题的立场基本一致。伊朗宗教和世俗两大系统对立共生,使伊朗内外政策既有僵化保守的一面又有灵活务实的一面,政治体系运转日益成熟。2005年和2009年内贾德两次当选总统使保守派势力大大增强,2013年哈桑·鲁哈尼当选使得伊朗政治势力趋于平衡。

第二,伊朗教派构成较为简单,对伊朗安全形势影响不大。伊朗绝大部分居民信仰伊斯兰教,其中91%为什叶派。1979年伊斯兰革命后,伊朗政府将伊斯兰教教义和意识形态融入权力体系,极大地减少了极端宗教组织出现的可能性。同时,伊朗宗教信仰自由,包容少数宗教,议会中还专门为少数宗教保留部分席位。因此,境内宗教势力本身对政治稳定和国内安全影响有限,反政府力量多是将宗教问题与民族问题混合在一起,伺机向政府发难。

第三,最高领袖权力交替暗含不确定因素。哈梅内伊年事已高,健康状况不佳,接班人问题日渐急迫。鉴于最高领袖是伊朗内政外交路线的真正制定者和决策者,立场往往偏于保守,而新总统鲁哈尼明显偏向改革派,由此使伊朗最高领袖权力交替变数增多,并可能影响伊朗政局稳定和政策方向。

第四,民族分离势力是伊朗主要安全隐患。伊朗是多民族国家,波斯人占66%,其余为阿塞拜疆人、土库曼人、库尔德人、俾路支人、阿拉伯人等少数民族。由于少数民族边缘化，国际和地方民族分离运动影响，再加上西方暗中支持，伊朗国内民族分离势力始终没有平息，针对政府的暴力恐怖活动时有增加。一是俾路支民族分离活动频繁。俾路支人主要居住在西南部锡斯坦—俾路支省，任期中央政府有计划地对少数民族及逊尼派推行歧视及文化镇压政策，主张自治甚至独立。其民族分离组织"真主旅"频频对政府及什叶派目标发动袭击。二是库尔德人分离运动影响国内秩序。库尔德人约占伊朗人口的5%，主要聚居在西北部的库尔德斯坦省。受伊拉克库尔德人地位提升的刺激，伊朗库尔德反政府武装重新趋于活跃，组建了"库尔德斯坦民主联盟"及"库尔德自由生命党"等组织，并对政府目标发动袭击。三是阿拉伯人也频繁发动反政府暴力活动。阿拉伯人占总人口的2%—3%，主要聚居在伊朗西南部胡齐斯坦省。阿拉伯人声称在波斯人主导的政府中受到歧视，反政府情绪激烈。四是阿塞拜疆人聚居区暗含不稳定因素。阿塞拜疆人占伊朗总人口的25%，是人数最多的少数民族。"二战"后曾建立独立共和国。苏联解体后，南阿塞拜疆国民独立运动曾谋求伊朗阿塞拜疆人独立，并与阿塞拜疆共和国合并，与波斯主体民族隔阂较深。此外，伊朗各大城市存在比较严重的社会治安隐患，犯罪问题突出。在边境地区，有组织犯罪成为严重的社会问题。

第五，伊朗与邻国关系也成为非常重要的政治问题。伊朗奉行独立自主、不结盟的外交政策，反对强权政治，倡导不同文明进行对话以及建立合理的国际政治、经济新秩序。愿同除以色列以外的所有国家在相互尊重、平等互利的基础上发展关系。坚决维护国家主权和领土完整，反对霸权主义，提倡各国根据自己的历史、文化和宗教传统选择社会发展道路，反对西方国家以民主、自由、人权、裁军等为借口干涉别国内政或把自己的价值观强加给他国。但是，在地区范围内，伊朗是什叶派掌权的波斯国家，与逊尼派掌权的阿拉伯国家政见不同，矛盾较多，如教派纷争、地区领导权之争、领土纠纷、核立场分歧等。2011年中东剧变后，伊朗与海湾国家在巴林教派抗议、叙利亚危机等问题上针锋相对，双方矛盾日趋尖锐。

(二) 经济贸易风险

1. 经济波动风险

伊朗经济呈下滑趋势。从2011年年末开始，美国和欧盟推出严厉的制裁措施打击伊朗，包括对石油的完全禁运、禁止为运输伊朗石油的油轮提供保险和再保险等服务、切断伊朗金融机构与全球金融系统的联系等。这些制裁的实施给伊朗经济特别是石油工业带来了巨大冲击。在美欧制裁不断升级的局面下，为保证本国石油工业的正常发展，伊朗政府一方面向外国石油公司施压，要求其按照合同尽快完成伊朗油气的投资项目；另一方面则要求本国银行向国内重要企业，特别是油气企业提供信贷支持，以保障国内企业特别是油气企业的正常运行。但是，伊朗政府所作的努力并未改变石油产量持续下滑的局面。石油工业是伊朗经济的重要支柱，80%的出口额和50%的财政收入依赖石油出口。同时，金融领域的制裁使得伊朗企业融资和交易等经济活动受到相当大的限制，整体经济面临较大困境。

2. 国际收支失衡风险

第一，商品出口明显下降。伊朗自然资源丰富，工业欠发达，农业落后，对外贸易在本国经济中占有重要的地位。伊朗每年需要进口大量生产资料、零配件和生活必需品，并主要通过出口石油、天然气和石化产品换取所需外汇。从伊朗商品进出口贸易结构看，石油、天然气和石化产品常年占出口总额的80%以上。石油出口收入的多寡不仅直接决定出口商品的规模，还影响商品进口的支付能力。因此，伊朗商品贸易的发展和国际收支的平衡主要取决于石油出口收入的变化。

2012年，受欧美制裁升级的影响，伊朗石油产量大幅下降，商品出口额由2011年的1448.7亿美元降至668.8亿美元，同比下降50%；商品进口额为700.3亿美元，较2011年的778.1亿美元下降10%左右。近年来，伊朗对外贸易第一次出现逆差，受此影响，伊朗经常账户也改变过去一直盈余的状况，出现赤字，占 GDP 的比重为 2.1%。

第二，伊朗国际储备下降。石油收入是伊朗国际储备的重要来源。2012 年，尽管伊朗政府采取措施，减少进口，取消或削减国内价格补贴，在一定程度上降低了伊朗国有部门的用汇需求，但国际储备整体依然大幅下滑，2012 年较 2011 年下滑 12%，但依然能满足十个月的进口用汇需求。

3. 汇率波动风险

第一，伊朗货币政策倾向宽松。伊朗中央银行的货币政策一直缺乏独立性，受到政府部门的较大影响。2007 年 4 月，政府解散中央银行货币和信贷委员会的行动进一步削弱了伊朗中央银行的独立性。在解散中央银行货币委员会后，伊朗开始执行宽松的货币政策，将利率大幅削减至 12%，希望借助较低的利率来刺激国内经济的发展。2007 年至 2011 年，伊朗一直维持在 12% 的较低利率水平。2012 年以后，由于欧美经济制裁和石油禁运导致里亚尔大幅贬值，为维持汇率稳定，短期利率水平有所提高。但调整后的利率水平与较高的通货膨胀水平相比依然偏低，上调利率也未改变货币市场长期存在的负利率环境。目前，尽管通货膨胀水平不断攀升，但为了提供足够的流动性，维持经济增长和促进就业，伊朗政府和中央银行仍倾向于维持负利率环境。

第二，伊朗汇率大幅贬值。2012 年欧美加强制裁之后，伊朗里亚尔一直面临较大的贬值压力。伊朗中央银行一方面宣布提高借贷利率，另一方面宣布里亚尔贬值，2015 年 8 月，里亚尔对美元汇率仅为 1∶0.00033[1]，同时政府还宣布非官方换汇属于违法行为，将严厉打击黑市外汇交易。然而，新汇价仍远低于外汇交易所和换汇点的成交价，而政府的市场交易禁令也未能阻止大规模黑市外汇

---

[1] 国家外汇管理局，http：//www.safe.gov.cn/wps/portal/! ut/p/c5/hc7LDoIwEAXQT-qUFijLPuxLRFF BZENYGIMRcGH8fiHuSNS5y5ObO6hGU4b21V3bZzcO7R1VqI4aCnBgAnNgOk3AhVwxnFCx0-Hk56i2Rh lsapwCMGgBHxTazMsfgyJ_2ad6LGiuV3KwNBlMUAlx-VJqFJAg8LF3LyfmhJNpQTEq8cEadBOd8vvLe4rKP_7 rv9nhy3FAmR37C3r0FXTuRt_u3gAV/dl3/d3/L2dJQSEvUUt3QS9ZQnZ3LzZfSENEQ01LRzEwODRJQzBzSU pRRUpKSDEySTI！/？WCM_GLOBAL_CONTEXT=/wps/wcm/connect/safe_web_store/safe_web/tjsj/nod e_tjsj_hbdm/node_tjsj_hbdm_store/a0e1930049acc121b619fef7db892e76，最后访问于 2015 年 8 月 25 日。

交易的存在。2012年3月，环球同业银行金融电讯协会表示中断与受欧盟制裁的伊朗金融机构与全球金融系统的联系后，面对进出口贸易交易的困难，伊朗中央银行宣布放松外汇管制，允许交易商按照非官方汇率进行货币交易。伊朗中央银行的上述决定表明伊朗已向市场妥协，正式承认汇率双轨制的存在。此后，在自由市场上里亚尔对美元的汇率多次跳水。2012年10月1日，伊朗外汇市场里亚尔对美元、欧元和日元等外币的汇率出现暴跌，当天跌幅在13%以上。其中，里亚尔对美元汇率跌至1美元兑3.6万里亚尔。进入2013年，里亚尔继续面临贬值压力。

4. 外债偿付风险

第一，伊朗偿付状况良好。伊朗已支付偿债率一直较低，2012年为1.7%。在联合国、美国和欧洲制裁接连升级的情况下，伊朗政府在国际金融市场获得贷款的难度越来越大，伊朗政府十分重视能够获得的、为数不多的贷款渠道。近年来，伊朗偿还到期债务都比较及时，在国际借贷市场上积累了良好信誉，未来主动拖欠债务的可能性不大。

第二，伊朗外债水平较低。2002年到2007年，为促进本国非油气工业的发展，伊朗政府从国际社会借入大量债务，再次导致债务水平的快速上升，在五年间内外债规模由87亿美元飙升至210.7亿美元。但是，伊朗政府寄予厚望的非油气工业发展并不顺利，进展缓慢，且浪费了大笔外汇储备。因此，从2008年开始，政府逐渐减少了对非油气工业的支持力度，外债水平也有所下降。据《伊朗日报》4月5日消息，伊朗中央银行周日（5日）发布报告称，伊历1393年第三季度末，伊朗外债为55.27亿美元。报道称，据央行报告，同期该国进口了价值82.89亿美元的商品，出口了455.11亿美元的产品。[1]

从外债构成看，短期外债占有较高的比例。2010年，短期外债占到外债总额的43.8%，2011年有小幅下降。从债务来源看，伊朗获得的大部分贷款来自主要石油贸易伙伴。2007年以前，日本是伊朗主要的债权国，但是从2007年开

---

[1] 中华人民共和国商务部，http://www.mofcom.gov.cn/article/i/jyjl/j/201504/20150400933677.shtml，最后访问于2015年7月15日。

始,在美国的要求下,日本开始限制对伊朗贷款,此后中国成为伊朗的主要债权国,此外世界银行、伊斯兰发展银行等国际组织也是伊朗的主要债权人。

5. 双边经贸风险

中国与伊朗贸易互补性强,经贸合作空间和潜力巨大。目前,中国是伊朗的最大贸易国,伊朗也是中国在中东的主要贸易国家之一。当前中伊经贸合作深化的主要障碍包括西方国家制裁、伊朗国内加强对进口控制、伊朗对中国产品反倾销倾向增加。近年,伊朗为抵御制裁,削减170多种商品进口,其中绝大部分是中国产品。此外两国距离遥远,运输线脆弱,语言文化差异较大也是影响双方经贸合作的重要因素。

(三) 商业及投资环境风险

伊朗的商业环境较差。企业没有建立起完备的信息披露体系,电力基础设施不足,对投资者保护不足,伊朗在世界银行发布的《2015年营商环境报告》中排名第30位,[1] 低于中东和北非地区国家的平均水平。不过,伊朗在执行合同效率方面高于这一地区的平均水平。此外,伊朗政府行政腐败较为普遍,行政效率低下,透明度低,官僚主义盛行。

伊朗在1979年伊斯兰革命成功后,一度在经济领域掀起国有化浪潮,禁止外资进入。近年来,出于发展经济的需要,政府对外资持鼓励态度,对于大部分领域,外资可以合资、合作或独资方式经营,但在油气、大型矿山等国有垄断经营领域,外资仅允许以回购等特定形式进入。[2] 伊朗政府还承诺外资国民待遇,并在税收方面给予优惠。伊朗投资环境趋于恶化,一是进口设备难度加大,二是本币持续贬值带来的汇率兑换风险,投资伊朗石化领域面临的政治和安全风险增大。伊朗运输设施在两伊战争中遭到严重破坏。战争结束后,伊朗政府致力于重建运输系统,但取得的成效不大。目前,全国道路交通较为便利,拥有多条

---

[1] *Doing Business* 2015, 12th edition, World Bank.
[2] 中国出口信用保险公司:《国家风险分析报告2013》,中国财政经济出版社2013年版,第181页。

铁路线，航空运输较为发达，共有机场 30 多座。

伊朗是联合国《承认及执行外国仲裁裁决公约》和《保护工业产权巴黎公约》的签字国。

（四）法律风险

伊朗法律体系偏于保守，透明程度低、效率低下且具有一定的不确定性，因此整体上讲，法律风险偏高。司法受伊斯兰教法和军队影响较大，司法独立难以保证。

伊朗外商投资法律制度虽然较为完整，但在相关具体法律规范和司法、执法实践中仍存在阻碍伊朗吸引外资的因素。一是宗教法至上导致基本市场经济规则无法得到立法和司法的完全承认和保护。伊朗《宪法》强调各项法律法规不得与伊斯兰教教义相冲突。伊朗宗教法至上的法律原则必然导致市场经济的基本原则无法得到立法和司法的完全承认和保护。二是外籍人员在伊朗工作居留困难。伊朗对外籍人员在伊朗的长期居留和工作严格限制。三是外资准入的法律规则分散且不透明。目前，伊朗没有出台一部外资准入指南性质的政策文件，而主要是由许多单行法规进一步规定了外资准入某一特定产业领域的门槛或限制条件。此外，伊朗政府内阁会议决议、各地方政府出台的管理文件中都有一些对外资准入或本地化经营的限制条件。上述法律规范相对分散，有些规范性文件不透明，地方产业政策朝令夕改，使外商投资者在进入伊朗某一产业领域时面临各类不可预见的法律风险。四是外资运营的相关法律保障不健全。伊朗《鼓励和保护外国投资法》及其实施细则中规定了外国投资者与伊朗国内投资者享有同等待遇的一般国民待遇原则，但在实践中因缺乏统一完善的配套实施规定，使外资企业本应享有的许多正当权益得不到保障。此外，伊朗国内的《电力法》、《供水保障条例》等公共服务保障法律体系不健全，许多地区难以做到"供应稳定、价格合理、监管到位"。这些对生产型外资企业的正常经营带来很大风险。在市场竞争法方面，伊朗国内市场尚无较成熟的《反不正当竞争法》、《反垄断法》等规定。从长远来看，外资企业在伊朗长期经营，势必会遭遇此类法律问题。

（五）应对策略

1. 注意事项

伊朗国内治安情况总体较好、较安全，但中国公民遭到入室抢劫、盗窃或在行走时被飞车贼掠走钱物的情况偶有发生，伊警方较重视并正加大打击力度。

企业到伊朗投资应当首先谨慎决策。投资前，应对从技术、经济及安全三个方面综合评估，高度重视安全问题，合法经营，照章纳税。在和当地政府部门沟通的过程中，有理有节，不要采用贿赂等不法竞争手段，避免与当地利益集团发生利益冲突或竞争；履行社会职责，支持当地福利和慈善事业，为自身争取良好的立足和生存环境。尽量避免前往游行集会地区，不在政府部门、军事管理区、游行集会场所等敏感区域拍照录像等。

2. 具体措施

第一，处理好与政府及其他公权力机关的关系。伊朗的政治体制决定了政府、议会和法院三者之间相互作用、相互制衡的关系。中国企业在伊朗开展商务活动，既要处理好与政府的关系，还要加强与议会、法院的联络，与之建立较好的关系，取得他们的支持，以利于在当地营造和谐环境。

第二，密切与当地居民的关系。中国企业需要了解并尊重当地文化、习俗，时刻注意自身言行，不得冒犯当地居民的风俗。尽量聘用当地劳工，多为当地创造就业机会。适当回馈当地社会，有条件的企业可帮助当地修建学校、医院、道路等。

第三，尊重当地风俗习惯。伊朗人虔诚信仰伊斯兰教，伊斯兰教具有很多特殊习惯，中国企业应予以充分理解和尊重。中国企业人员要平等对待当地人民，充分尊重当地人的风俗习惯。例如，伊朗人不喜欢与外国人有身体上的密切接触；不得用手触摸小孩子的头部；称好时不能竖大拇指；乘坐公交车辆须男女分开，女士乘坐公共汽车的后部；地铁有女士专用车厢，男士不得入内，但女士可乘坐男士车厢；等等。中国企业人员在伊朗要入乡随俗，遵守当地的法律和风俗习惯。

第四，依法保护生态环境，坚持以可持续发展和以人为本为理念，指导企业的行动。了解伊朗环境保护法规，对企业生产中可能产生的废气、污水和其他废弃物设计好处理方案，积极引进先进的污染物处理系统，保护当地生态环境。

第五，企业应当承担必要的社会责任，回报当地社会。避免引起对方政府及民众产生我方攫取其资源、掠夺其市场的误解。尽可能实现人力资源本地化，在节省管理成本的同时对提高当地民众就业率做出贡献。企业应避免安全事故，妥善处理生产中的污染，及时支付当地员工工资酬劳等，并根据财力尽可能参与慈善活动、公益事业，合理回报社会。

第六，懂得与媒体以及执法人员打交道。企业既可通过媒体了解当地新闻、获得与企业生存发展有关的信息，也可借助媒体宣传自己。此外，与执法人员保持良好的关系有利于企业在当地的发展。

第七，在贸易方面，应当注重产品质量，拒绝假冒伪劣产品，为中国品牌建立良好的信用，为双方进一步开展合作创造基础。切勿一味降低价格而忽视质量，最终影响中国品牌在伊朗市场的份额。

3. 紧急措施

首先，积极寻求法律保护。法律是公民保护自身权益的最有力武器。由于伊朗法律体系和语言的差异，为方便沟通和提高效率，中国企业应尽可能聘请当地律师处理纠纷。当地律师与政府部门和执法部门都有较好的关系，一旦出现经济和法律纠纷，借助律师帮助更为有利。

其次，可寻求当地政府的帮助。由于当地政府对情况相对了解，相比中国企业解决问题的能力更强，解决问题也就更加容易。当地企业更易听取政府的建议。因此，中国企业在伊朗投资，如遇困难或麻烦，应与相关政府机构和主管部门进行联系，取得支持和帮助。

再次，企业和人员还应向中国驻伊朗大使馆寻求保护。中国驻伊朗大使馆保护在伊朗公民合法权益，中国公司首先应该遵守伊朗法律法规。为较好获得大使馆保护，中国公司和公民到伊朗进行贸易应事先征求大使馆经商处的意见，获得国内主管商务部门批准或支持。

最后，注意提前建立应急预案并及时启动。在伊朗，中国企业务必高度重视安保工作，应当建立安全措施和应急预案。应急预案应当针对不同的紧急情况制定不同的应对措施，预先对突发情况下如何良好、有序、有效组织应对作出部署，包括企业如何组织自卫，如何联系外界营救等。这些预案应建立在对形势和存在威胁进行客观评估及对周围环境和可得的资源进行认真调查研究并建立相应联系机制基础之上。在条件允许情况下应进行演练，争取将损失控制在最小范围之内。

综上所述，伊朗拥有较好的外部投资环境，政府政策支持力度较大，资源、公共服务较为充足。同时，欧美制裁使伊朗积极寻求新的经济合作伙伴，为中国企业在伊投资、开展经贸合作提供了契机。此外，伊朗商贸法律制度较为完善，但受伊斯兰教影响较大，执行效率有待提高。

第二章 伊拉克

一、伊拉克法律制度介绍

(一) 中国与伊拉克经济贸易关系起源及现状

1958年8月25日中伊正式建立外交关系。2004年3月,伊拉克临时管理委员会主席穆罕默德·巴赫尔·乌鲁姆访华。2007年6月,塔拉巴尼总统对中国进行国事访问,他是中伊1958年建交以来首位访华的伊拉克总统。

在双边经贸关系方面,1981年5月,中伊签订贸易协定,成立贸易经济技术合作联委会。2007年6月在北京召开了中伊第十二届联委会会议。

1990年海湾危机爆发后,中国根据联合国有关决议,终止了与伊拉克的经贸往来。1996年,联合国"石油换食品"计划启动,中伊在该计划框架下恢复了经贸交往。2003年,受伊拉克战争影响,中伊双边贸易额大幅下滑,此后逐步回升。

在双边合作方面,中伊承包工程合作始于20世纪70年代,进入80年代后,伊拉克成为我国海外承包劳务的重要市场。目前,进驻伊拉克的中资企业主要集中在伊拉克的北部省份(库尔德斯坦地区)。[1]

---

[1] "伊拉克与我国的友好关系",中华人民共和国驻伊拉克大使馆经济商务参赞处,http://iq.mofcom.gov.cn/article/zxhz/200809/20080905798854.shtml,最后访问于2015年8月27日。

总体来看，中国与伊拉克经济贸易关系起源较早，经历了一个较长的发展过程，受中东地区局势和伊拉克国内局势的影响，两国经济贸易关系的发展历经反复，一度出现后退局面，在未来的经济贸易关系合作中，仍有大量的障碍有待克服，而稳定的地区形势作为基础条件在此过程中不可或缺。

（二）伊拉克《宪法》及基本法律制度

1. 伊拉克《宪法》

伊拉克《宪法》结构简明，除前言外，主体内容包括基本原则、权利和自由、联邦权力、联邦政府的权力、地区权力及过渡性规定等部分。伊拉克《宪法》全文共计一百四十四条，其前言部分以"以最慈悲最仁慈的真主的名义"为引，具有典型的伊斯兰宪法的特征。依据伊拉克《宪法》，伊拉克共和国是一个联邦、独立和完全自主的国家，采用共和、代表、议会和民主政体，《宪法》是伊拉克统一的保障。

伊拉克《宪法》明文规定：伊斯兰教是伊拉克的官方宗教，是立法的基础。任何法律都不得违反伊斯兰教的规定。任何法律都不得违反民主原则。任何法律都不得违反《宪法》中规定的权利和基本自由。《宪法》保证大多数伊拉克人的伊斯兰身份，并保证所有人的宗教信仰和实践的自由权，比如基督教、雅兹迪。伊拉克同其他伊斯兰国家一样，宗教法色彩浓厚。同时本部宪法作为战后重建的产物，设立了大量的过渡条款，对战争遗留问题以宪法形式进行处理。[1]

2. 伊拉克基本法律制度

在伊拉克，联邦权力包括立法、行政和司法权力，上述权力部门按照分权原则执行他们的职责和任务。联邦立法权应来自国民议会和参议院。国民议会拥有制定联邦法律、监督行政部门的执行等权力，并可以通过法律规定国际公约和协

---

[1]《伊拉克宪法》，中石油伊拉克公司编译，http://www.mofcom.gov.cn/404.shtml，最后访问于2015年8月28日。

议的批准流程，该法律应通过国民议会的三分之二成员同意。

伊拉克司法部门独立。各种类型和级别的法庭应按照法律的规定行使司法权和作出判决。法官独立，除法律之外，没有任何职权凌驾于法官之上。任何权力部门都没有权力干涉法官和司法事务。联邦司法权由高级司法委员会、联邦最高法院、联邦最高上诉法院、公诉部、司法监督委员会以及受到法律规范的其他联邦法院组成。高级司法委员会负责监督司法委员会的事务，具体行使管理司法事务，监督联邦司法部，提名联邦最高上诉法院的首席法官和成员、首席检察官以及司法监督委员会的首席法官，将上述提名提交给国民议会审批，以及提交联邦司法机关的年度预算草案，并将其提交给国民议会审批等职权。

联邦最高法院是财务和行政上独立的司法机构。联邦最高法院应由多名法官、伊斯兰法律专家和法律学者构成，其人数、选择方法以及法院的工作由国民议会的三分之二成员通过的法律来确定。联邦最高法院对于以下方面拥有司法管辖权：监督现行法律法规的合宪性；解释宪法的规定；解决联邦司法部门与地区和地区内没有组织的省的司法机构之间的管辖权争议；解决地区或地区内没有组织的省的司法机构之间的管辖权争议。联邦最高法院的裁决为最终裁决，对于所有主管部门均具有约束力。[1]

伊拉克禁止建立特殊法庭或特别法庭，同时伊拉克《宪法》明文规定，法律应规定军事司法以及军事法庭的司法管辖权，军事法庭的司法管辖权仅限于军队和安全部队成员实施的军事性质的犯罪，而且在法律规定的限制范围内。

（三）伊拉克货币金融法律制度

1. 当地货币

伊拉克货币是第纳尔（或称伊拉克新第纳尔）。从2004年开始伊拉克新货币第纳尔入市流通，当时1美元兑换1500第纳尔。得益于伊拉克央行外汇储备的

---

[1]《伊拉克宪法》，中石油伊拉克公司编译，http：//www.mofcom.gov.cn/404.shtml，最后访问于2015年8月28日。

增多和阻止第纳尔贬值的金融政策,第纳尔逐渐升值。除石油外,伊拉克可供出口的产品很少。与工业化国家货币升值后影响出口的情形不同,伊拉克与其他产油国家一样,本国货币价值升降与油价关系不大。

伊拉克央行采取措施促使第纳尔升值,这对一直遭受联合国禁运和伊拉克战争影响的伊拉克经济具有一定稳定作用。

2. 外汇管理

伊拉克政府明确表示,凡得到有效文件或证件支持,对涉及汇率的现钞和资本交易在实际中没有任何限制。但这并不意味着货币兑换可以完全自由进行,在实际操作中尚存在许多未定之数。根据伊拉克国家投资法条款规定,外国投资者可以通过银行将资本或资金转至伊拉克境内或境外。

3. 银行机构

伊拉克央行(CBI)负责制定货币政策。根据伊拉克注册会计师法案第56号令,政府对央行进行了重组,使它成为一个法人公共实体,具有财政和行政独立性。伊拉克的银行体系包括7个国有商业银行,最大的两个分别是拉菲丁和拉希德银行,其资产约占伊拉克银行资产的96%;还有央行批准的32个私人银行和6个伊斯兰银行;另有央行批准的11个外资银行在伊拉克银行中有战略投资。目前伊拉克银行尚没有信用等级评定。

然而,绝大多数的银行业务仅限于为基本客户提供个人转账或信贷业务。私人银行的主要业务是为中央政府向省级主管部门或个人进行财务转账,而不是提供企业贷款等业务。伊拉克的货币流通仍主要基于现金。对于真正意义上的金融中介而言,伊拉克银行相差甚远。

根据注册会计师法案第20号令,伊拉克贸易银行作为一个独立的政府机构于2003年成立。贸易银行的主要目的是提供金融及相关服务,以促进进口贸易。该银行的支付系统于2006年8月开始有限地运行。

伊拉克6家上市股份制银行规模较小,只能经营国内业务,仅限于国内货币

(伊拉克第纳尔)储蓄结算和项目融资等商业服务。

4. 融资条件

伊拉克《投资法》允许外国投资者在伊拉克证券交易所买卖股票和证券。它还允许外国投资者对投资进行组合。贸易交割和买卖票据均是用手书写。这一制度对于市场参与者入场时间或了解谁已经出价并不总是能够提供充分的透明度。伊拉克证券交易所交易的自动化将提供更大的透明度,并为外国投资交易、股票非实物化和减轻后勤负担提供便利。[1]

(四) 与外国投资者的商贸、投资活动有关的法律制度

1. 投资主管部门

伊拉克投资委员会是投资主管部门。为吸引外国投资,伊拉克政府于2006年颁布了一项投资法并不断予以补充修订。隶属于伊拉克政府内阁的伊拉克投资管理委员会就是根据该项法案成立的,负责相关外资政策制定、执行和外资企业监督管理等。该委员会对外国投资者提供一站式服务,外资管理职能与我国商务部相似。获得该委员会批准颁发的投资许可证后,外国投资者还需到伊拉克贸易部公司注册处登记注册并领取营业执照,到内政部登记备案。手续费各20万伊拉克第纳尔(约200美元)。[2]

2. 投资相关规定

依照国民议会根据《宪法》第六十一条第一款和第一百八十三条第五款第一项规定作出的决定,伊拉克颁行了《伊拉克投资法》,旨在吸引投资、现代技术转让以及扩大和丰富产品和服务基础,以促进伊拉克国家发展和繁荣;通过提

---

[1] "对外投资合作国别(地区)指南——伊拉克(2014年版)",中华人民共和国商务部,http://fec.mofcom.gov.cn/gbzn/guobiezhinan.shtml? COLLCC=2870020802&,最后访问于2015年8月28日。
[2] 中华人民共和国驻伊拉克大使馆经济商务参赞处,http://iq.mofcom.gov.cn/article/jmjg/201405/20140500601021.shtml,最后访问于2015年8月29日。

供投资项目实施所需的便利条件，增强投资法范围内的项目在本地和国外市场的竞争力，以鼓励国内外私营部门在伊拉克投资；根据市场需求发展人力资源并为伊拉克国民提供就业机会；保护投资人的权利和财产；扩大出口，改善伊拉克的国际收支和贸易平衡。

投资人有权按照投资法规定以及伊拉克中央银行的指示，在兑换货币后将其在伊拉克投入的资本及收益收回，但前提是应优先向伊拉克政府和其他主管部门清偿所有税费和债务。外国投资人有权交易在伊拉克证券交易市场流通的股票和债券，以股票和债券的投资组合形式进行投资。经投资委员会同意后，在投资项目的有效期内出租或租赁项目所需的土地，租期不得超过50年，具体租期由项目性质及其对国民经济的贡献等因素来决定。自行选择适当的伊拉克境内外保险公司为投资项目投保。外国投资者可在伊拉克或国外银行，为批准成立的项目开立伊拉克新第纳尔或外币账户。所有外国投资者和批准成立投资项目的非伊拉克籍雇员均有权居住在并自由进出伊拉克。非经法定程序裁决，不得征收或国有化已批准成立的项目或其任何部分。在向伊拉克政府及有关当局机构付清应缴税款和债务后，投资项目的非伊拉克人员可将其收入汇出伊拉克。

投资法规定下的投资项目，除非已作出最终司法裁决的项目外，不得将其部分或全部没收或国有化。任何在项目中工作的非伊拉克技术人员和管理人员在向伊拉克政府和所有其他主管部门清偿税款和债务后，均有权根据法律将其收入或补贴转移到伊拉克境外。[1]

根据投资项目性质和经济发展程度，以及根据国家投资委员会提出的建议，投资项目享受从开始商业化运作之日起为期10年的税费免征待遇。内阁有权起草法律草案延长或授予前述免税优惠之外的免税待遇，并可按照项目的性质、地理位置及其对就业率和经济发展的贡献以及对国家利益的影响，给任何项目、行业或地区提供相应年限及比例的优惠待遇、保障或其他利益。国家投资委员会有权根据伊拉克投资者在项目中的股份增加，成正比地延长税费的免税年限，如果

---

[1]《伊拉克投资法》，中石油伊拉克公司编译，http://iq.mofcom.gov.cn/article/ddfg/201301/20130100003657.shtml，最后访问于2015年8月29日。

伊拉克投资人在项目中的股份超过50%，最长可将免税期限延长至15年。如果某一项目在授予的免税期内从一个开发区域转移到另一个开发区域，根据前述免税规定，在剩余的免税期内该项目仍享受其所在开发区内的项目免税待遇，但应事先通知国家投资委员会。投资项目需进口的物资在项目批准之日起3年内入关，即可免征关税。自将投资项目发展及扩大有关计划通知投资委员会之日起3年内，相关计划所需物资进口入关可免征关税。

进口部件价值如未超过相关物资的20%，免征关税。[1]

此外，在伊拉克进行投资还需遵守相应的投资者义务，根据情况不同，投资者必须向国家、省级或地区投资署书面提供商业运营开始的时间。投资者必须保留合法的会计记录，并交由伊拉克注册会计师进行审核。投资者提交核准申请时必须同时提交一份经济和技术可行性报告，且投资者必须定期向国家、省级或地区投资署以及其他相关机构提供当期预算和项目进展情况。对所有被免除进口相关费用的项目所需进口物件，投资者必须留存记录。其中，相关记录应详细说明折旧期。此外，投资者不能损害伊拉克环境，同时必须遵照伊拉克法定质量控制体系以及国际质量标准（国际标准化组织和欧盟）。投资项目必须符合伊拉克安全、卫生以及公共秩序，并尊重伊拉克社会普遍价值，遵守伊拉克劳工法中薪酬、工休、工作时长以及其他工作条件的最低限度规定。

3. 税收体系和制度

（1）税率

依据伊拉克《所得税法》的相关规定，每一课税年度对纳税人征税的税率如下：

①扣除税收减免之后的居民收入：250,000第纳尔以下，3%；250,000第纳尔以上500,000第纳尔以下，5%；500,000第纳尔以上1,000,000第纳尔以下，10%；1,000,000第纳尔以上，15%。

---

[1]《伊拉克投资法》，中石油伊拉克公司编译，http://iq.mofcom.gov.cn/article/ddfg/201301/20130100003657.shtml，最后访问于2015年8月29日。

②非居民的收入：250,000 第纳尔以下，3%；250,000 第纳尔以上 500,000 第纳尔以下，5%；500,000 第纳尔以上 1,000,000 第纳尔以下，10%；1,000,000 第纳尔以上，15%。

③有限责任公司的收入，固定税率 15%。

④私人股份公司的收入，固定税率 15%。

⑤合营股份公司的收入，固定税率 15%。

对于非本地居民的伊拉克人从伊拉克国内获得的收入按照针对伊拉克居民的税率征税。

（2）公司税收

在向公司的股东付款之前，应对公司的收入征税。公司及其董事应各自负责扣税并向财政当局缴税、提交账目和必要的文件以及处理所有所得税法要求的事宜。

伊拉克境内注册的公司可以按照规定从他们支付给股东的股息中扣除他们的总收入中已支付或应支付的税款。该扣税仅限于公司已缴税或应缴税的股息。如果上述公司分配的股息，按所得税法相关规定，股息的一部分应缴税，公司有权从每一部分中以已经支付此种股息的该部分收入中已支付或应支付的税率扣税。公司在支付股息时应向股东提供证明书，证明支付给每一个股东的股息金额以及从此种股息中已经扣除的税额或有权从中扣除的税额。有限责任公司应向财政当局提供该证明书的一份副本。

公司解散或清算应视为等同于已分配股息，股东在购买其股份而支付的最初价值上应获得的任何款项都应纳税，但是已经纳税的准备金金额除外。清算人和创始成员应以上述方式支付应缴税款，清算只有在获得财政当局的批准后方可最终完成。

（3）合伙企业税收

合伙企业的收入应整体课税并按照各自的份额在合伙人之间分配，然后将每个合伙人从其他收入来源获得的收入增加到该收入之后征税，前提条件是合伙企业的地位应通过法定文件和记录或者财政当局认可的其他文件予以证明。

如果财政当局认为合伙企业地位无效或如果合伙企业建立的目的是为了避税或减税，或者如果合伙企业没有证据证明每一个合伙人以适当的资金实际参与了合伙或者实际参与了合伙企业的经营管理，则财政当局可以对其认为收入所属的人员课税。

高级合伙人或者合伙人的授权代表应向财政当局提交纳税申报单，列明合伙企业的收入、每个合伙人的份额、地址以及账目表。另外还应提交财政当局要求的所有文件、记录和声明。

高级合伙人是合伙协议或继承证明书中列在首位的合伙人或者（如果合伙人之间没有书面协议）在合伙企业名称中单独提到的或列在其他合伙人的姓名之前的合伙人。如果其中一名合伙人不在伊拉克居住，代理人、代表或负责合伙企业事务的经理应提交必要的说明和纳税申报单。

如果合伙企业受到有关所得税的商业账簿保存方面的法规的约束，但是未能遵守该法规的规定，财政当局可以就合伙企业的所有利润对高级合伙人或拥有最大份额的合伙人课税。该合伙人有权向其他合伙人追偿。除非获得高级合伙人或以其名义提交纳税申报单拥有最大份额的合伙人的许可，否则不得从合伙企业的利润中扣除。[1]

（4）上诉

如果纳税人关于收入金额或纳税额的异议被财政当局拒绝，纳税人可以通过在收到拒绝通知后的 21 天内向上诉委员会或中央税务委员会的任何办公室提交上诉书的方式对拒绝决定提出上诉。纳税人应通过文件、记录和其他报表证明其主张。财政当局如果认为上诉人因为不在伊拉克、因病无法工作或其他不可抗力事件的原因而未能及时提交上诉书而且上诉人向财政当局提交上诉时不存在不应有的延误，则财政当局可以接受在上诉书的法定期限到期后提交的上诉书。如果纳税人没有支付要求的分期税款，则上诉委员会不会受理上诉，除非纳税人主动纳税。

---

[1]《伊拉克所得税法》，中石油伊拉克公司编译，http：//iq.mofcom.gov.cn/article/ddfg/201301/20130100003652.shtml，最后访问于 2015 年 8 月 28 日。

上诉委员会应至少提前 7 天将上诉审理日期告知上诉人和财政当局。双方都应在规定的日期和时间亲自或通过代表参与上诉审理，或者也可以说明他们同意已经提交给上诉委员会的书面声明。上诉委员会可以取消、确认、增加或减少征税额，并在其决定中说明原因。上诉委员会还可以在双方或任何一方没有合法的理由未能参与审理的情况下确认征税额或者将上诉的审理推迟至上诉委员会认为适当的日期。

4. 公司

依据伊拉克《公司法》的规定，伊拉克的公司主要分为混合领域和私营领域，其中混合领域的公司类型包括股份有限公司和有限责任公司，而私营领域公司可以是股份有限公司、有限责任公司、共同责任公司、一人公司或简单公司。

其中，混合或私营股份有限公司应由不少于 5 人设立，通过公开认购获取其在公司的股份并对公司的债务负责，以各自认购的股份的名义价值为限；混合或私营有限责任公司应由不少于 25 个自然人或法人设立，认购其股份并对公司的债务负责，以各自认购的股份的名义价值为限；共同责任公司应由不少于 2 人且不多于 25 人设立，各自拥有公司的资本股份。他们对公司全部债务承担个人无限责任；一人公司是由 1 人设立的公司，其拥有公司股份并对公司全部债务承担个人无限责任。

此外，在伊拉克境内设立的金融投资公司的主要活动是将储蓄投资于伊拉克的金融证券，包括股票、债券、国库券及定期存款。金融投资公司被视为是根据 1976 年第 64 号令伊拉克《中央银行法》设立的金融中介机构。中央银行作为管理部门，关注其活动并对其进行监督和控制。依据伊拉克《公司法》的规定，参与保险和再保险、金融投资等活动的公司必须成为股份有限公司。[1]

5. 贸易管理的相关规定

通常，没有进口许可证进入伊拉克的商品将被视为走私物品予以没收并拍

---

[1] 伊拉克《公司法》，1997 年第 21 号法律（2004 年修订），中石油伊拉克公司编译，http://iq.mofcom.gov.cn/article/ddfg/201301/20130100003661.shtml，最后访问于 2015 年 8 月 28 日。

卖。一般地，进口许可证只发给确定的进口商，包括国有商业公司，政府采购代办或者拥有商务处的伊拉克商会成员。进口许可证自发证之日起12个月内有效。国家贸易部负责向私营企业发放补充进口许可证。发放给私营企业的许可证自发放之日起4个月内有效。进口许可证内容必须包括进口商名称、商品名称、商品说明书、价值（价格和运费，不包括保险费和包装费）、数量（以吨计或以件计）、装船地、原产地、时间、商品分类号及其海关规则。

进口商品必须缴纳关税、印花税和国防税，某些国家急需的产品和机械设备免收关税，对临时进口的商品，必须先缴纳关税，在其再次出关时，这部分关税可予以偿还。伊拉克制定了单一的进口税率表。有不少项目是从量征税，然而主要还是征收从价税。通过邮寄入关的物品，其关税不超过一定标准的，可以免税进关。此外，对所有应征收进口税的项目都必须课征相当于关税一定比例的附加费。没有商业价值的样品和贸易目录（包括价格表、广告传单和海报）准许免税进关。[1]

总体来看，伊拉克与投资相关的法律有《投资法》、《公司法》、《商业法》、《劳动法》以及进出境、海关和纳税相关规定。除《投资法》是2006年出台外，其他均是萨达姆政权时期颁布实施和欧美联军临时管理委员会颁布实施的，随意性较大，存在诸多不明确和不平等之处。根据伊拉克内阁2009年9月的决定，对所有在伊拉克公司包括外国公司征收35%的所得税，如经特批，可以免税或按15%的税率纳税。对来伊拉克的外国人，除申办入境签证外，外国人出境时还要申办出境手续。

---

[1] 商务部：《对外投资合作国别（地区）指南——伊拉克》（2014年版），中华人民共和国商务部网站：http://fec.mofcom.gov.cn/gbzn/guobiezhinan.shtml?COLLCC=2870020802&，最后访问于2015年8月28日。

二、中资企业对伊拉克投资的主要产业及法律流程

(一) 投资产业

伊拉克经济高度依赖石油工业，随着战后经济复苏，石油工业带动整体经济发展势头渐渐好转。工业主要有石油开采、提炼和天然气开采。油气产业在国民经济中始终处于主导地位，为伊拉克支柱产业。伊拉克于1973年实现了石油工业的国有化。由于两伊战争、海湾战争以及国际社会对伊拉克实施全面制裁，其石油设施遭到严重破坏，经济基础设施也基本陷于瘫痪。近年来，石油工业逐步走上正轨，石油产量及出口量稳步增长。总体来看，伊拉克在对外贸易中，主要出口原油、天然气、椰枣、化肥等，主要进口各种食品、药品和工业制成品。

在利用外国投资方面，伊拉克外国公司投资、工程承包、技术服务等领域作用显著，主要集中在房地产、石油、电力三大行业。

伊拉克《投资法》不允许外国人拥有土地，但是允许外国投资者为项目租用土地达50年，并且可以续租。同时，外国投资者可以拥有投资项目的股票和证券。

(二) 优惠措施

伊拉克《投资法》在理论上可以让国内外投资者有资格获得同样奖励。它还允许投资者依照法律规定汇出投入伊拉克的资本和获得的收益。外国投资者可以在伊拉克证券交易所买卖股票和申请股票上市。法律原则上还允许获得投资许可的投资者享有10年免除税费的优惠。投资的酒店、旅游机构、医院、保健机构、康复中心和科研机构也享有进口家具和其他设备环节中的免税优惠。如伊方合作伙伴的投资份额大于50%，合作项目的免税期限可延长至15年。但由于缺乏实施细则导致法律在实际操作中存在较大不确定性。

石油等优势产业为伊拉克向海外投资者提供鼓励政策的重点行业。战后，伊拉克修改了某些条款，向跨国石油企业投资者提供了更为优惠的政策。例如，英国石油、荷兰皇家壳牌、雪佛龙和道达尔等石油公司如果成功中标，将可获得相关项目75%的权益，而非49%。伊拉克还降低了最初要求这些公司在获得报酬前必须完成的生产指标。[1]

自由贸易区管理局第 3/1998（FZL）令规定，允许通过工业、商业和服务项目投资自由贸易区。从理论上讲，资本、利润和投资收益项目在运营期间免除一切税费，包括基础和建设阶段。然而，实际操作中，进口货物通过自由贸易区时仍需征收5%的关税。在自由贸易区的业务活动包括：工业活动，如装配、安装、整理、填充过程；贮存、再出口和贸易业务；各种服务项目及储存和运输项目；银行、保险和再保险业务；补充和辅助的专业和服务活动。被禁止的活动包括：其他现行法律不允许的活动，诸如武器制造、环境污染行业和原产地被禁止的活动。伊拉克各自由贸易区主要为货物的储存、装配、再包装、清洗和整理提供方便。伊拉克各自由贸易区进出口将享受一定程度的贸易通关便利化措施。

（三）投资方式

依据伊拉克《投资法》的规定，除军工、自然资源和土地（库区除外）领域外，其他领域均可投资。生产性企业，外国投资者投资不少于25万美元，伊拉克雇员不少于全部雇员的50%并负责各项福利待遇。投资方式可以是独资、合资、合作、股份制等。

伊拉克政府欢迎有实力的外国公司到伊拉克承包当地工程，特别是带资或以EPC、BOT、BOOT 的形式承包，并欢迎分包给当地公司或雇佣当地工人。根据承包工程的种类，实行向伊拉克有关政府部门申请批准的许可制度。

---

[1] "对外投资合作国别（地区）指南——伊拉克（2014年版）"，中华人民共和国商务部，http://fec.mofcom.gov.cn/gbzn/guobiezhinan.shtml? COLLCC=2870020802&，最后访问于2015年8月28日。

（四）法律流程

1. 企业在伊拉克报税的相关手续

对于缴纳公司所得税，企业每年向伊拉克财政部所属的税务总局和首都巴格达 18 个税所及各省税务分局报税。一般由注册会计师事务所负责编制纳税报告。每年前 6 个月为公司上年度纳税报告准备阶段，如 2014 年上半年准备 2013 年的纳税报告。纳税报告包括完成项目的名称、成本及利润等详细信息并附上所有发票。在伊拉克，纳税报告编制费用约为 200 美元。目前中国与伊拉克尚没有签订避免双重课税协定，如已在伊拉克纳税，相关文件须经中国驻伊拉克大使馆认证后报国内有关单位批复，从而免征国内相关税赋。

2. 承包工程

首先是获取招标信息。政府项目可以通过伊拉克各个政府部门，如石油部、交通部、通信部等召开的新闻发布会以及媒体和相关网站上获得招标信息，然后购买标书，在规定的时间内递交投标书并经过技术资格审查和交纳履约保函，参加开标会确定是否中标。如中标，则需到伊拉克贸易部公司注册处注册公司，如并非法人公司，而是承包公司，则之后再到伊拉克财政部预先缴纳所得税，约占合同金额的 3%，多退少补。对于某些项目，也可以由伊方邀请进行议标。私人项目则由业主自己或委托代理公司发布招标信息和进行招标，或邀请承包商议标。签订政府项目承包合同有时需向伊拉克交纳签字费，约占合同金额的 1%。承包合同还规定，合同签字后半年内必须动工，否则将处以罚金。

3. 投资和项目立项许可证的发放程序

依据伊拉克《投资法》的规定，除为了享受国家投资委员会提供的优惠和免税待遇而获得其他许可证之外，投资人还应获得立项许可。委员会应根据投资人提交的申请并按照委员会规定的条件对投资人发放投资或立项许可证。投资人提出的投资项目申请应包括以下内容：填写委员会制定的申请表；由符合资格的银行出具财务状况证明；投资人在伊拉克境内外运营的项目；计划投资的项目的详细内容及其经济可行性；完成项目的日程表；等等。

国家投资委员会通过建立由各部委及相关部门授权代表参与的地区或省级服务窗口发放项目立项许可证。委员会应按照相关法律规定发放项目立项许可证并获得有关部门的批准。委员会须协助投资人联络主管部门和寻求主管部门关于项目立项许可证发放的意见，以获取项目立项许可。主管部门必须在被告知之日起15天内作出拒绝、批准或者要求对申请进行修改的决定。如果未能及时作出答复，则应视为批准申请；如果拒绝申请，则发证机关必须说明原因。

如果在发放许可证问题上，国家投资委员会的决定和其他相关部门的决定（地区委员会除外）发生冲突，则应将争议提交总理解决。如果立项申请被拒绝，申请人可以在收到拒绝通知书后的15天内向相关地区或省级委员会主席提起申诉。委员会主席应在7天内就申诉涉及的问题作出决定。申请人可在申诉驳回之日起的15天内就委员会主席驳回申诉的决定再上诉至委员会上级机构，该机构的决定视为最终决定。[1]

4. 公司设立

（1）设立要求

公司创始人应拟定公司章程，由创始人或其法定代理人签署。合同应至少包括：公司名称和法人形式（如果为混合领域公司，需添加"混合"字样）以及任何其他可接受的元素；公司总部必须在伊拉克境内；公司设立的目的和交易的一般性质；按限额和股份分配的公司资本；在共同责任公司中分配损益的方法；私营股份有限公司董事会中选举的成员数量；创始人的姓名及其国籍、职业、永久地址及其拥有的股份数量和资本占比。

有限责任公司创始人（如果没有其他创始人）或一人公司的创始人应该拟

---

[1] 伊拉克《投资法》，中石油伊拉克公司编译，http://iq.mofcom.gov.cn/article/ddfg/201301/20130100003657.shtml，最后访问于2015年8月29日。

定公司章程，并遵循《公司法》中出现的适用于公司章程的条款。

公司的创始人应根据其约定认购公司资本。创始人应将《公司法》规定的公司资本金存入伊拉克境内经授权的一个或多个银行账户。

股份有限公司成员不得多于100人，应从中选举产生"创始人委员会"。该委员会将由不少于3个且不多于7个成员组成，并承担以下职责：以专业化和经验签订合同，以便对公司即将开展的业务进行经济和技术可行性研究；按照公司设立的程序向公司注册局提交合作合同和认购文件，包括创始人的姓名、签名、地址和国籍及其他要求；在完成公司设立程序之前支付费用；以委员会的名义在伊拉克境内经授权的一个或多个银行开设联名账户；对已作决议和已完成职责进行记录；在公司注册局作出批准设立公司的决议后，如需要，获取公司营业执照并签订必要的合同；编制创始人报告，详细列示公司设立的各项支出并召集创始人大会。创始人委员会的职责应在董事会选举后终止，创始人委员会成员应对创始人负责。

(2) 设立程序

在伊拉克注册公司时，应向公司注册局提交设立申请并提供以下附件：公司章程；创始人签署的股份有限公司认购文件；证实第二十八条要求的资本已经存入的银行声明；股份有限公司的技术和经济可行性研究。

提交申请后，除非公司注册局发现公司设立申请与《公司法》某一特定条款相悖，否则应予以批准。公司注册局应自收到设立申请之日起10日内批准或否决设立申请。除股份有限公司外，应在批准申请之时颁发营业执照并作为公司设立的证据。如注册局否决申请，则应出具书面决议说明否决原因。对于股份有限公司，注册局应在批准或否决时出具书面决议。不支付申请费的，不得颁发营业执照。

公司注册局应将批准公司设立的决议发布在特定公告板上，对于股份有限公司，应在公开认购股份之后且自创始人提交《公司法》规定的相关数据之日起15日内颁发营业执照。自营业执照颁发之日起，公司获得法人资格。该证书作为该资格的证明。如果公司注册局否决了公司注册申请，必须书面说明违反的法律规定和违法事实。申请人有权自被告知之日起 30 日内就公司注册局的否决向贸易部提出抗辩。贸易部必须自收到之日起 30 日内进行复核。如果贸易部也否决了申请，则申请人有权于 30 日内就贸易部的决议向法院起诉。一旦否决理由消除，创始人可以就公司设立提出新的申请。[1]

5. 申请专利

伊拉克工业矿产部负责受理商标注册、专利申请等知识产权保护等相关事务。其他部委如文化部、卫生部负责相关事务的审查和登记。根据伊拉克专利法，批准后的专利有效期为 20 年。

申请专利时需提供下列文件或证明：专利申请报告，包括专利名称、所属科技领域、专利特点、用途及效能等；理解专利必要的说明和图示；寻求专利保护的文字说明，包括申请人姓名、地址、相关技术细节等；如专利申请人是法人，需提供公司或其他实体的授权书；需提供阿拉伯语的翻译版本；对伊拉克本地人收费约为 680 美元，对外国人或外国公司收费约为 1.5 万美元。[2]

6. 注册商标

伊拉克《商标法》于 1957 年颁布实施，萨达姆政权倒台后，经联军临管局政府于 2004 年修订后沿用至今。目前伊拉克工业矿产部商标注册处负责受理商标注册。世界著名商标即使未在伊拉克注册，政府也给予保护。如触犯商标法，最高刑期为 5 年监禁，或罚款 5000 万第纳尔—1 亿第纳尔（约 3.4 万美元—6.8 万美元），严重者，二者并罚。

根据伊拉克《商标法》，注册后的商标保护期为 10 年，可另续 10 年。可在到期前半年内申请延期。商标注册后使用期超过 5 年，其所有权不容置疑。需提交的文件包括申请表、商标说明书、相关证明等。

---

[1] 伊拉克《公司法》，1997 年第 21 号法律（2004 年修订），中石油伊拉克公司编译，http://iq.mofcom.gov.cn/article/ddfg/201301/20130100003661.shtml，最后访问于 2015 年 8 月 28 日。
[2] "如何在伊拉克申请专利和注册商标"，中华人民共和国驻伊拉克大使馆经济商务参赞处，http://iq.mofcom.gov.cn/article/sqfb/201104/20110407514123.shtml，最后访问于 2015 年 8 月 28 日。

具体收费如下：注册费 30 万第纳尔；发布消息费 30 万第纳尔；注册证书费 15 万第纳尔；注册延续费 40 万第纳尔；所有权转让费 30 万第纳尔。[1]

7. 投资许可程序

伊拉克投资委员会成立了一站式办理部门，协助投资者通过以下程序取得投资许可：

①投资者向投资委员会提交投资申请，包括计划投资的行业和地理区域，申请需填写在制式文本上，投资者可向投资委员会索取或从投资委员会网站下载；

②外国投资者必须提供由一家经认证银行提供的存续证明书；

③投资者可提供一份此前在伊拉克境内外完成的项目清单；

④投资者必须提供投资项目具体信息，包括一份经济和技术可行性报告；

⑤投资者必须提供落实项目的时间表；

⑥投资委员会将于自收到相关材料之日起 45 日内，完成投资许可审核工作。

综观伊拉克国内关于投资的相关规定，可以发现，为了尽快恢复国内秩序，稳定国内投资环境，吸引外来资金进行重建，伊拉克政府作了诸多努力，但是除了良好的投资政策，客观投资环境对于投资者的投资具有十分重要的影响。因此，相关规定能否有效落实直接影响了伊拉克的投资吸引力。

三、中国与伊拉克投资争端解决程序与案例

（一）争端解决程序

1. 多边投资担保机构

作为担保业务的一部分，多边投资担保机构也帮助投资者和政府解决可能对

---

[1] "如何在伊拉克申请专利和注册商标"，中华人民共和国驻伊拉克大使馆经济商务参赞处，http://iq.mofcom.gov.cn/article/sqfb/201104/20110407514123.shtml，最后访问于 2015 年 8 月 28 日。

其担保的投资项目造成不利影响的争端,防止潜在索赔要求升级,使项目得以继续。多边投资担保机构还帮助各国制定和实施吸引和保持外国直接投资的战略,并以在线服务的形式免费提供有关投资商机、商业运营环境和政治风险担保的信息。公约将争端分为三类:有关公约的解释和施行而发生的争端,机构与会员国之间的争端,有关被保险人或再保险人的争端,对于不同的争端应适用不同的程序解决。多边投资担保机构遏制可能中断投资的政府行为,从而为投资者提供保护伞。如遇争议,多边投资担保机构将启用其争议调节机制协助政府和投资者解决分歧,而无须费用昂贵的仲裁介入。该机制服务于两方面的需要:其一,使投资继续及帮助相关国家维护其良好的投资环境和信誉。其二,多边投资担保机构作为公正的中间人的角色能增强投资者向发展中国家投资的信心。

2. 解决国家与他国国民之间投资争端的国际中心

我国与伊拉克同为国际投资争端解决中心(ICSID)的缔约国,在投资过程中遇到的争端,也可以通过提交国际投资争端解决中心仲裁裁决。

具体而言,中心根据争端双方当事人之间的书面仲裁协议受理案件。ICSID提供的投资争端解决方式包括调解和仲裁两种。其中,仲裁是 ICSID 框架下广泛适用的争端解决方式,仲裁裁决具有法律约束力及广泛的可执行力。当事人要求仲裁的,应向秘书长提出书面申请,经同意登记后组成仲裁庭进行仲裁。仲裁庭可以由双方同意的独任仲裁员或三名仲裁员组成。在后一种情况下,由当事人双方各任命一名仲裁员,第三名仲裁员由双方协议任命,并担任仲裁庭庭长。如果双方不能在公约规定的期限内组成仲裁庭,由行政理事会主席任命仲裁庭的组成人员。生效后的仲裁裁决对双方都有法律拘束力,并应在各缔约国领土上得到承认和执行。此外,ICSID 框架下还设立了调解程序作为争端解决方式,调解程序无法律约束力,是独立于仲裁程序之外的。当事人可以只要求调解,而不要求仲裁;也可以先要求调解,调解不成再行仲裁,但须另组仲裁庭。双方当事人任命的调解委员会有责任就解决争端提出建议,但建议对当事人没有法律约束力,在调解下达成的协议也无约束力。

我国的对外投资者应该积极妥善利用这一争端解决机制来保护自身海外经营的正当权益,但在 ICSID 受理的投资争端仅限于东道国政府与外国投资者直接因国际投资而引起的法律争端。此外,由于 ICSID 仲裁是终局性的,不得上诉,即使裁决认定事实或适用法律有误时也是如此,救济手段十分有限,只能通过撤销裁决寻求救济,法院也无法对 ICSID 的裁决进行监督,所以一旦提请 ICSID 仲裁,一定要高度重视,积极配合。且一旦决定选择 ICSID 仲裁,则不能再寻求外交保护、当地救济或者国际法院仲裁庭等解决方式。ICSID 的排他性管辖权,毕竟是一把双刃剑,如何能够避免伤及自身,取得双赢,还是要依靠投资者自身进行衡量和判断。因此,对于政治风险保险人来说,是否建议被保险人选择或排斥 ICSID 仲裁,也要根据不同国别、不同行业、不同项目的具体特点和现实状况来判断。[1]

3. 世界贸易组织

迄今伊拉克尚未正式成为 WTO 成员,而是观察员的身份,目前伊拉克正在积极推进加入 WTO 的进程。WTO 中观察员的权利义务具有一定限制,其权利分为两类:一是《政府间国际组织在 WTO 享受观察员地位的指南》直接授予观察员的基本权利,包括第八条规定的陈述权,即"观察员组织的代表经邀请可以在 WTO 成员方之后进行陈述",以及第九条规定的获得文件权,即"观察员组织可以取得 WTO 的主要文件以及与该组织工作相关的 WTO 下属机构的文件"。二是具体接受机构授予的权利,《政府间国际组织在 WTO 享受观察员地位的指南》通过授权性规范赋予了接收观察员的 WTO 具体机构在更加实质性问题上的控制权。例如第八条规定:"观察员不能参加政策制定过程,除非受到特别邀请。"实际上是将授予观察员的建议权,甚至参加政策制定过程权利的自由裁量权赋予了接收机构。此外,取得 WTO 下属机构相关文件的权利也需要在该观察员组织与 WTO 的正式合作协议中确定。这正是观察员制度灵活性的体现——当观察员是某方面专家时,规模较小、专业性较强的机构可以充分利用外来资源。

---

[1] 余劲松主编:《国际投资法》,法律出版社 2007 年版,第 285-288 页。

然而，与其诸多权利不相映衬的是对观察员义务规定的缺失。虽然原则上要求国际组织观察员要促进全球经济合作，但并无具体的规制措施。因此，目前WTO 的观察员仅负有出席会议的义务——两年不出席部长会议，一年不出席其他会议的国际组织将被取消观察员资格。因而，我国投资者与伊拉克之间的投资争端难以通过 WTO 的争端解决机制得到解决。[1]

4. 其他争端解决方式

由于伊拉克国内法律体系的完备程度、透明度、独立性等都有待提高，涉及具体投资争议时，应尽可能避免采用东道国当地救济，防止错失争议解决的最佳时机，导致投资损失的扩大。

总体而言，我国投资者与伊拉克发生投资争端时，可采用的争端解决方式较少，因此要结合事前预防等措施，尽量将损失控制在可预见的范围内，发生争议时积极采取措施，维护自身合法权益。

（二）投资案例分析

杭州三泰电子技术有限公司是一家从事医疗器械、软件开发、通信及其周边产品以及其他民用产品开发及贸易的股份制高科技企业，公司总部设在杭州东部软件园。公司目前主要市场在中东地区，并在也门萨那、伊拉克北部城市苏莱曼尼亚和阿尔比尔设有办事处和服务中心。

目前三泰已在伊拉克北部城市苏莱曼尼亚建立常驻机构，可以支持在伊拉克全境的医疗设备销售、网络、上门三个级别的技术支持，为客户提供优质、快捷的售后服务。目前在苏莱曼尼亚已经顺利安装 8 台 CT，1 台 MRI，以及多台CCU，并为该地区卫生部培训了近 50 名专业医生以及技术人员。公司积累了大量丰富的伊拉克地区的安装服务经验，并建立了稳定的安装维护技术队伍，为该地区乃至整个伊拉克地区的安装服务工作做了充分的准备。

---

[1] E. g, *The Declaration of 12 November 1959 on behalf of the provisional accession of Tunisia*, BISD 8S (1960), p. 15.

在通信设备方面，三泰科技拥有丰富的通信领域周边产品的开发经验，成功研发了包括无线公话、应急通信、SIM 卡等周边产品，不仅在国内通信领域占有一席之地，还通过国际合作步入海外市场，对国外运营商的需求特点有深刻的体会，积累了丰富的海外项目研发以及工程服务的经验。

四、中国与伊拉克经贸法律特征的专项研究

（一）主要双边协定

中国与伊拉克经贸往来的主要法律依据包括：双方于 1994 年 4 月 23 日签订的《中华人民共和国政府和伊拉克共和国政府一九九四至一九九六年文化合作执行计划》、1997 年 8 月 6 日签订的《中华人民共和国政府与伊拉克共和国政府贸易和经济技术合作协定》、1975 年 11 月 30 日签订的《中华人民共和国政府和伊拉克共和国政府关于修改贸易协定、取消支付协定和修改支付协定议定书的议定书》、1966 年 6 月 4 日签订的《中华人民共和国和伊拉克共和国广播电视合作议定书》、1969 年 11 月 7 日签订的《中华人民共和国政府和伊拉克共和国政府航空交通运输协定》、1981 年 5 月 8 日签订的《中华人民共和国政府和伊拉克共和国政府贸易协定》、1981 年 5 月 8 日签订的《中国和伊拉克关于相互购买商品及作价等问题的换文》、1975 年 7 月 6 日签订的《中国和伊拉克关于中国帮助伊拉克建设体育馆、公路桥并增派农业技术人员赴伊的换文》和 1981 年 5 月 8 日签订的《中国和伊拉克两国政府联合会谈纪要》等，这些双边协定构成了双方经贸往来的主要法律依据。[1]

（二）经贸法律特征

依据上述一系列双边协定：

---

[1] 全球法律法规网，http://policy.mofcom.gov.cn/，最后访问于 2015 年 9 月 1 日。

首先，我国与伊拉克政府签订的一系列协定时间较早，大多集中在二十世纪八九十年代。受伊拉克战争的影响，两国经贸往来一度中断，战后恢复经贸往来以来，尚未签订新的双边条约，这使得双方贸易往来和投资活动相对而言缺乏法律文件的支持，投资者的投资活动尚处于实践探索阶段。

其次，我国与伊拉克政府签订的一系列双边协定大多集中于某一领域，尚未出现统领全局的双边投资条约，这些细分领域协定的适用有利于为双边投资条约的签订奠定基础，但是这一进程的推进有赖于伊拉克国内局势的稳定和投资环境的改善。

最后，由于伊拉克目前仅以观察员的身份列席世界贸易组织，伊拉克入市的进程仍在积极推进过程中，因此具体涉及双边贸易的适用规则、争端解决等难以通过WTO框架内的相关机制得到解决，这大大增加了对伊贸易的时间成本和投资成本，也使相关风险因素难以得到有效规避和控制。

总而言之，我国和伊拉克之间的投资目前而言具有行业集中度高、项目周期长、项目风险高等典型的特征，相关法律基础和实践经验都较为欠缺，有待实践发展的进一步推进。

五、经贸、投资法律风险因素及应对策略

（一）风险因素

1. 司法体系不健全

伊拉克隶属伊斯兰法系，其法律体系具有伊斯兰国家固有的特征，偏于保守、缺乏透明度，宗教色彩浓厚，司法独立性难以保障。此外，伊拉克历经战争的破坏，国内局势尚不稳定，安全局势依然脆弱，不确定因素众多，除库尔德地区外，尚不具备投资兴业的外部条件和管理机制，人身安全得不到保障。在安全

局势缺乏稳定性的情况下，其法律的制定和实施缺少必要的社会环境，司法混乱，当地政府对国家局势的控制力不足，导致其相关法律、制度和条约不能得到很好的落实。因此，面临具体的投资、贸易争端时，往往难以通过当地救济维护合法权益。

2. 违约风险

由于伊拉克国内局势混乱，商事领域从业人员鱼龙混杂、缺乏诚信，企业在伊拉克进行贸易和投资时面临的违约风险较高，且缺乏有效的法律环境和诚信体系约束，违约成本较低，逃避处罚较为容易，往往导致违约事件频发，投资者追责成本高，无法有效地维护自身合法权益。

3. 争端解决机制不健全

伊拉克与我国签订的双边条约和协定大多签订于伊拉克战争之前，历经战争的破坏和伊拉克国内局势长期动荡的冲击，其有效性和执行力难以获得保障。中伊双方并未签订双边投资保护协定、避免双重征税协定等实质性保护程度较高的条约和协定，争端解决机制不健全，争端解决成本较高，易导致投资价值的减损。

4. 投保成本高

受伊拉克国内投资环境的影响，风险事故发生率较高，从而导致以中国出口信用保险公司为代表的保险公司，在对涉外项目提供政治风险、商业风险在内的信用风险保障产品时，往往审查较为严格，更趋于保守。这种政策性的保险，其保险费率的厘定主要取决于进口国状况、进口商情况和付款方式等。一般来说，进口国风险越高、放账期越长，保险费率就越高，因此在对伊拉克投资项目进行评估时，保费相对于其他国家投资项目而言较高，导致投资成本大大增加。

5. 合同履行困难

受地区局势的影响，投资合同履行面临的风险较高，特别是投资周期较长的项目，合同履行中断的可能性大，容易导致前期成本的浪费和投资周期的拖延，使得项目成本缺乏可预见性，投资者对于预期投资成本失去控制。

6. 缺乏有效经验

在其他国家和地区进行投资的成功案例和经验，在局势动荡的伊拉克往往难以复制，项目承包、项目建设、争端解决等项目运行的各个阶段缺乏有效的经验可供采用，增加了合同履行过程中的不确定性。

（二）应对策略

1. 事前防范

在伊拉克开展投资、贸易、承包工程和劳务合作的过程中，要特别注意事前调查、分析、评估相关风险，事中做好风险规避和管理工作，切实保障自身利益。包括对项目或贸易客户及相关方的资信调查和评估，对投资或承包工程国家的政治风险和商业风险进行分析和规避，对项目本身实施的可行性分析等。企业应积极利用保险、担保、银行等保险金融机构和其他专业风险管理机构的相关业务保障自身利益。包括贸易、投资、承包工程和劳务类信用保险、财产保险、人身安全保险等，银行的保理业务和福费廷业务，各类担保业务（政府担保、商业担保、保函）等。与伊方进行贸易，为谨防上当受骗，最好与伊拉克国营大公司进行交易，并详查其背景和资信情况。

2. 进行投保

建议企业在开展对外投资合作过程中使用中国政策性保险机构——中国出口信用保险公司提供的包括政治风险、商业风险在内的信用风险保障产品；也可使用中国进出口银行等政策性银行提供的商业担保服务。中国出口信用保险公司是由国家出资设立、支持中国对外经济贸易发展与合作、具有独立法人地位的国有政策性保险公司，是我国唯一承办政策性出口信用保险业务的金融机构。公司支持企业对外投资合作的保险产品包括短期出口信用保险、中长期出口信用保险、海外投资保险和融资担保等，对因投资所在国（地区）发生的国有化征收、汇兑限制、战争及政治暴乱、违约等政治风险造成的经济损失提供风险保障。

同时，多边投资担保机构旨在向外国私人投资者提供政治风险担保，包括征收风险、货币转移限制、违约、战争和内乱风险担保，并向成员国政府提供投资促进服务，加强成员国吸引外资的能力，从而推动外商直接投资流入发展中国家。伊拉克作为多边投资担保机构的成员国，投资者在对伊拉克进行投资时也可投保多边投资担保机构，积极对相关项目进行投保，有利于实现风险的分化，降低风险成本。[1]

3. 及时追偿

即使在没有有效风险规避情况下发生了风险损失，也要根据损失情况尽快通过自身或相关手段追偿损失。通过信用保险机构承保的业务，则由信用保险机构定损核赔、补偿风险损失，相关机构协助信用保险机构追偿。

总而言之，伊拉克市场蕴含着无限商机，但也充满了风险。一是安全方面，除北部库尔德自治区较安全外，伊拉克其他地区包括巴格达在内，人身安全得不到保障；二是交通不方便，往来伊拉克的飞机航班少且经常会被取消或误点，陆路交通几乎中断；三是伊方信用证付款方式，中国国内银行出于疑虑不直接托收，需要中东或欧美著名银行进行担保，导致程序复杂和交易延误。总体来看，伊拉克的投资环境状况有待改善，受国内局势的影响，美国在伊拉克多项投资项目频繁因遭受冲击而中断，我国投资者应当谨慎决策，注重风险防范，最好寻找当地信誉较好的大公司进行交易，以防止投资利益的损失。

---

[1] "对外投资合作国别（地区）指南——伊拉克（2014年版）"，中华人民共和国商务部，http：//fec.mofcom.gov.cn/gbzn/guobiezhinan.shtml？COLLCC=2870020802&，最后访问于2015年8月29日。

第三章 叙利亚

叙利亚地处中东，拥有丰富的石油资源，此外，社会经济发展滞后，拥有巨大的发展空间。但是自 2011 年爆发大规模武装冲突以来，叙利亚经济遭受极大破坏，社会发展停滞甚至倒退，法律制度进步空间较小。另外，叙利亚法律体系受到伊斯兰教法的严重影响，存在与当代社会流行价值取向、社会制度与习惯等相矛盾之处，对叙投资者应当做好准备工作，进行风险评估，从而作出合理的投资决定。

一、叙利亚法律制度介绍

（一）中国与叙利亚经济贸易关系起源及现状

1. 双边经贸关系

1956 年，中华人民共和国与阿拉伯叙利亚共和国建立了外交关系，此后两国关系稳步发展。1999 年 4 月，李鹏委员长率代表团对叙利亚进行为期三天的访问。2001 年 1 月，时任副主席的胡锦涛同志访问叙利亚，签订了新的经济、贸易和技术合作协定。2004 年 6 月，叙利亚总统访华，签订了经济、文化等多项合作协定。巴沙尔总统是首位访华的叙利亚总统，这使双方关系进一步发展。2005

年 6 月我国外交部部长李肇星访问叙利亚，双方签署经济援助协定。2005 年 9 月，叙经贸部副部长穆哈迈德·戈桑博士和投资办主任卡夫里博士，赴华参加第九届中国投资贸易洽谈会及中国—阿拉伯国家经贸合作研讨会。这是叙利亚第一次派出政府高层出席中国投资贸易洽谈会。[1] 此后，中叙经贸往来密切，呈现稳步发展提高的趋势。

2011 年，叙利亚境内爆发大规模冲突，经济遭受大规模破坏，中国与叙利亚经贸合作受到阻碍，双边贸易额有所下降。

（单位：亿美元）

年份	进出口	增幅（%）	出口	增幅（%）	进口	增幅（%）
2005 年	9.07	25.8	8.89	28.3	0.18	-36.7
2006 年	14.07	55.2	13.56	52.6	0.51	283.3
2007 年	18.70	32.9	18.62	37.3	0.08	-156.8
2008 年	22.72	21.1	22.62	21.1	0.10	16.9
2009 年	22.20	-3.6	22.10	-3.6	0.10	1.5
2010 年	24.80	11.9	24.40	10.5	0.40	302.8
2011 年	24.55	-1.16	24.29	-0.6	0.26	-35.1

2013 年，中叙贸易逐步恢复。据中国海关统计，双边贸易方面，2013 年中叙双边贸易总额达 24.8 亿美元，同比增长 11.9%。其中中国出口 24.4 亿美元，比上年增长 10.5%；中国进口 4000 万美元，比上年增长 302.8%。

2. 双边投资

（1）投资环境

叙利亚全称为阿拉伯叙利亚共和国。该国位于中东地区，濒临地中海。国土总面积为 185180 平方公里，其中领土面积为 183630 平方公里，领水面积为 1550 平方公里。边境总长为 2413 公里，其邻国为伊拉克、以色列、约旦、黎巴嫩以

---

[1] 中华人民共和国驻阿拉伯叙利亚共和国大使馆经济商务参赞处，http://sy.mofcom.gov.cn/article/zxhz/200508/20050800291222.shtml，最后访问于 2015 年 8 月 18 日。

及土耳其。其中与土耳其边境线长899公里，与伊拉克边境线长599公里。叙利亚地形以草原、沙漠和高原为主，沿海平原狭窄，西部为山地。

叙利亚大部分地区是沙漠；靠海地区夏季炎热、干燥、阳光明媚（6月到8月），冬季温和多雨（12月至2月）。75.8%的土地为农业用地，2.7%为林地，其他用地占21.5%。

叙利亚主要自然灾害是沙尘暴。环境面临的主要问题是砍伐森林、过度放牧，水土流失、荒漠化严重，未经处理的污水和炼油废物污染，以及饮用水不足。叙利亚加入了《联合国气候变化框架公约的京都议定书》、《保护生物多样性国际公约》、《联合国防治荒漠化公约》、《国际濒危物种贸易公约》、《控制危险废料越境转移及其处置巴塞尔公约》、《保护臭氧层维也纳公约》、《国际防治船舶污染公约》、《国际湿地公约》等。

叙利亚主要自然资源为石油、磷酸盐、铬和锰矿石、沥青、铁矿石、岩盐、大理石、石膏、水力发电等。叙利亚2013年原油出产量为每天74820桶，原油出口量为152440桶，世界排名第33位。已探明原油储量为25亿桶，世界排名第33位。天然气储量为2407亿立方米，世界排名第45位，2012年天然气产量为64.42立方米，但基本不用于出口，多数情况下需要进口。

截至2014年7月，叙利亚人口约为2215.78万人，主要为阿拉伯人，占90.3%，库尔德人、亚美尼亚人和其他人占9.7%。阿拉伯语为官方语言，此外库尔德语、亚美尼亚语、亚拉姆语、切尔克斯语也被较多人使用，小部分人使用法语、英语。叙利亚官方宗教为伊斯兰教，占87%，其中逊尼派占74%，什叶派占13%。基督徒（包括正统派、东仪天主教和聂斯托利派）占10%，德鲁兹教派占3%，还有少数居住在大马士革和阿勒坡的人信仰犹太教。[1]

第二次世界大战后，法国曾经获得对奥斯曼帝国叙利亚省北部地区的托管权。法国管理叙利亚地区，直到1946年才获得独立。新成立的国家政治上缺乏稳定，经历了一系列军事政变。1958年，叙利亚与埃及合并成立了阿拉伯联合

---

[1] Central Intelligence Agency U.S.A, http://www.cia.gov/library/publications/the-world-factbook/geos/sy.html, 最后访问于2015年8月25日。

共和国。1961 年 9 月，两个国家分立，阿拉伯叙利亚共和国再次成立。1967 年以色列叙利亚战争中，叙利亚将戈兰高地割让给以色列。20 世纪 90 年代，以色列和叙利亚关于戈兰高地的回归举行了几次临时和谈。1970 年 11 月，哈菲兹·阿萨德在非流血政变中夺取政权，国家获得了政治稳定。阿萨德总统死后，其子巴沙尔·阿萨德在 2000 年大选中获胜，成为总统。叙利亚军队从 1976 年就驻扎在黎巴嫩维持安定，直到 2005 年 4 月才撤回。2006 年 7 月到 8 月，叙利亚和真主党发生冲突，叙利亚军队进入备战状态，但并未直接加入军事冲突。2007 年 5 月，巴沙尔·阿萨德再次赢得大选，继任总统。

叙利亚的政府形式主要为独裁专制的共和国政体。首都是大马士革。全国分为 14 个省。叙利亚国家元首是总统巴沙尔·阿萨德（自 2000 年 7 月 17 日），副副总统为纳贾赫阿塔尔（自 2006 年 3 月 23 日），政府首脑是总理哈勒吉（自 2012 年 8 月 9 日）。内阁由总统任命的部长委员会组成。总统由简单多数投票直接选举产生，任期 7 年，有资格的可获得连任。上次选举于 2014 年 6 月 3 日举行，巴沙尔·阿萨德以 88.7% 的票数当选总统。下届选举将于 2021 年 6 月举行。总统直接任命副总统、总理和副总理。

叙利亚的立法机关为一院制的人民议会，有 250 个席位，成员由各选区按照比例选任代表直接选举，每届任期 4 年。下届选举于 2016 年举行。

叙利亚最新《宪法》颁布于 2012 年 2 月 15 日，2012 年 2 月 26 日由公民投票通过。公民年满 18 周岁享有选举权。法律体系为民法法系与伊斯兰法的混合法律体系，其中伊斯兰教法主要用于家事法院。叙利亚目前不承认国际法院的管辖。

叙利亚最高法院称为上诉法院（Court of Cassation），分为民事、刑事、宗教和军事法庭，每个法庭有 3 位法官。此外，叙利亚有最高宪法法院，由四名法官组成。法官选任和任期制度为，上诉法院法官由最高司法委员会任命，最高司法委员会是一个由国家总统领导包括司法部长与其他七位成员的司法管理机构；最高宪法法院法官由总统提名，最高司法委员会任命；法官任期为四年。叙利亚下级法院包括一审法院、治安法院、宗教和军事法院、经济安全法院。

叙利亚主要党派包括全国进步阵线，由叙利亚总统巴沙尔·阿萨德领导，包括阿拉伯复兴社会党、社会主义统一民主党、叙利亚阿拉伯社会主义联盟（ASU）、叙利亚共产党（两个分支）、叙利亚社会民族党、统一社会主义党等，以上党派在叙利亚被认定为合法党派。而一些库尔德政党则被认为是不合法的，如库尔德自由党、库尔德民主协议党、叙利亚库尔德民主党（KDP-S）等。此外还有一些其他政党，如叙利亚民主党。叙利亚存在一些政治反对势力，如自由叙利亚军、叙利亚穆斯林兄弟会、叙利亚反对派联盟或叙利亚反对派和革命力量全国联盟等，此外还有数以百计的地方团体组织抗议和武装袭击。[1]

叙利亚加入的国际组织有：阿拉伯非洲经济开发银行，阿拉伯经济和社会发展基金组织，亚洲货币基金组织，阿拉伯经济统一委员会，粮农组织，二十四国集团，七十七国集团，国际原子能机构，国际复兴开发银行，国际民用航空组织，国际商会，国际开发协会，工业开发委员会，农发基金，国际金融公司红十字与红月会国际联合会，国际航道组织，国际劳工组织，国际货币基金组织，国际海事组织，国际刑警组织，国际奥委会，国际标准化组织，国际电信卫星组织，国际电信联盟，阿拉伯国家联盟，多边投资担保机构，不结盟运动，阿拉伯石油输出国组织，伊斯兰会议组织，禁止化学武器组织，联合国，联合国贸发会议，联合国教科文组织，联合国工业发展组织，联合国难民救济及工程局，联合国世界旅游组织，万国邮政联盟，世界海关组织，世界工会联合会，世界卫生组织，世界知识产权组织，世界气象组织，世界贸易组织（观察员）。

持续的冲突始于2011年，随之而来的是叙利亚的经济继续恶化。经济进一步萎缩是在2014年，源于国际制裁、大量基础设施被破坏，国内消费和生产减少，补贴减少，以及高通货膨胀率。政府一直在努力消解经济衰退，其中包括减少外汇储备，增加预算和贸易赤字，增强家庭购买力。在2014年期间，持续的冲突动荡和经济衰退，使叙利亚的人道主义危机继续恶化，引发叙利亚对国际援

---

[1] Central Intelligence Agency U.S.A., http://www.cia.gov/library/publications/the-world-factbook/geos/sy.html，最后访问于2015年8月17日。

助的更大需求。如在叙利亚需要援助的人数从 930 万增加到 1220 万，叙利亚难民的数量从 220 万人增加到超过 330 万人。在危机之前，大马士革开始实行经济自由化政策，包括降低贷款利率、开办私人银行、合并多个汇率、提高资助项目金额、建立大马士革证券交易所等，但经济仍然处于高度管制之下。长期经济制约因素包括外国贸易壁垒、石油产量下降、失业率高、预算赤字上升、农业大量用水造成的供水压力增加、快速的人口增长、工业扩张、水污染和大量基础设施的破坏。

叙利亚 2011 年国民生产总值为 1076 亿美元，2010 年为 1101 亿美元，2009 年为 970.3 亿美元。但是 2012 年与 2013 年，由于战争给经济带来极大破坏，使得这两年缺乏确切的经济数据。2011 年人均国民生产总值为 5100 美元，世界排名第 165 位。2014 年，叙利亚国民储蓄占国民生产总值的 13.5%，2013 年占 10.2%，2012 年占 12.8%，世界排名第 126 位。国民生产总值根据最终使用情况分析，居民消费占总值的 67.8%，政府消费占 19.4%，投资固定资产的占 18.2%，投资存货的占 9.5%，出口商品和服务占 7.5%，进口商品和服务抵消 22.4%。根据来源产业分析，2014 年，叙利亚农业为国民生产总值贡献 16.4%，工业贡献 22.7%，服务业贡献 60.9%。[1]

叙利亚 2014 年预算中，收入为 17.3 亿美元，支出为 55 亿美元。税收占国民生产总值的 2.7%，世界排名第 214 位。叙利亚 2014 年公共债务为国民生产总值的 57.3%，世界排名第 61 位。2014 年通货膨胀率为 34.8%，世界排名第 222 位。2014 年外债为 116.4 亿美元。叙利亚 2014 年中央银行贴现率为 0.75%，2013 年为 5%。2014 年 12 月 31 日，商业银行优惠贷款利率为 17%。2014 年 12 月 31 日，叙利亚狭义货币存储量为 70.01 亿美元，广义货币存储量为 110.5 亿美元。截至 2014 年 12 月 31 日，叙利亚外汇和黄金储备为 17.25 亿美元，2013 年为 18.95 亿美元，世界排名第 125 位。

叙利亚主要农产品为小麦、大麦、棉花、扁豆、鹰嘴豆、橄榄、甜菜、牛

---

[1] Central Intelligence Agency U.S.A., http://www.cia.gov/library/publications/the-world-factbook/geos/sy.html，最后访问于 2015 年 8 月 17 日。

肉、羊肉、蛋类、禽类、牛奶。主要工业为石油、纺织、食品加工、饮料、烟草、磷矿采矿、水泥、榨油、汽车组装等。

2014年叙利亚出口额为20.31亿美元，世界排名第145位。主要出口产品为原油、矿产、石油产品、水果、蔬菜、棉花纤维、纺织品、服装、肉类和活体动物、小麦等。其主要出口贸易伙伴为其邻国，2013年出口伊拉克占59.9%，沙特阿拉伯占10%，科威特占6.5%，阿联酋占5.6%，利比亚占4.3%。2014年叙利亚进口额为76.57亿美元，世界排名第113位。主要进口产品为机械和运输设备、电力机械、食品和牲畜、金属和金属制品、化学品和化工产品、塑料、纱线、纸张等。2013年叙利亚的第一大进口贸易伙伴为沙特阿拉伯，占进口总额的24.6%，阿联酋占12.1%，伊朗占8.9%，伊拉克占7.3%，土耳其占6%，中国占4.6%，乌克兰占4.1%。

叙利亚2014年劳动力为402.2万人，世界排名第91位。其中从事农业者占17%，从事工业者占16%，从事服务业者占67%。叙利亚失业率较高，2014年达33%，2013年为35%，世界排名第186位。

叙利亚固定电话使用率世界排名第41位，移动电话使用率世界排名第66位。叙利亚电话系统正在进行数字升级，改善显著，光纤技术和网络扩展到农村地区。始于2011年的武装叛乱导致主要网络中断，使全国电话和互联网运行受到严重影响。

叙利亚国家运营着两个电视台网络和一个卫星频道。几乎三分之二的叙利亚家庭都安装卫星电视天线以收看外国电视频道。此外还有三个国营广播频道。叙利亚第一个私人广播站于2005年成立。叙利亚互联网使用者有480万人，占人口的26.7%，世界排名第71位。

截至2013年叙利亚共有90座机场，其中多数为无铺面机场。铁路总长2052千米，公路总长为69872千米。主要港口为巴尼亚斯、拉塔基亚、塔尔图斯。

戈兰高地目前被叙利亚占领，有近1000人的联合国脱离观察员部队自1964年以来在一个缓冲地区巡逻。由于缺乏规定边界的条约或其他文件，黎巴嫩和叙利亚的部分边界不能确定，有几个区域存在争议。自2000年以来，黎巴嫩宣称对戈兰高地的舍巴农场享有主权。2004年协议和待定划界解决了与约旦的边界争端。

由于叙利亚的政治暴动和暴力骚乱，成千上万的叙利亚人、外国移民工人和难民逃离这个国家，这些人很容易遭遇人口贩卖。缺乏安全性和接触该国大多数人的难度导致不可能对叙利亚人口贩卖情况的范围和规模进行彻底分析。对于男性、女性和孩子来说，叙利亚既是人口贩卖的源头国家，也是目的国家，他们遭遇强迫劳动和性交易。叙利亚难民中的妇女和女童被迫忍受不平等婚姻或在周边国家卖淫，而难民男童被迫在街头乞讨，叙利亚武装部队和叙利亚反对派力量使用儿童战斗或作为人体盾牌。叙利亚是鸦片、大麻和可卡因地区市场和西方市场的转运点。此外，叙利亚的反洗钱系统较为无力，银行私有化也使洗钱活动更为猖獗。

(2) 投资现状

尽管政府法令禁止没收外国投资，但事实上却没有防范财产国有化的机制。原则上司法系统维护合同的履行，但在实践中决策仍受到外界压力的影响。此外，基础设施差、停电、缺乏金融服务以及复杂的外汇管理规定都导致叙利亚未能吸引大量的外国投资。四部主要的立法用以鼓励外国投资。1985年发布的186号决定旨在鼓励投资旅游业。1986年发布的第10号法令旨在鼓励合资农业企业。在海湾战争后，1991年6月，政府发布的第10号投资法通过给当地和外国投资者提供相同的鼓励措施，旨在促进所有经济部门的投资。合格投资者享有免税期和生产资料的进口免税特权。这些法律成功吸引了投资，尤其是纺织、制药、食品加工等轻工业。主要的投资者大多来自海湾国家。2000年5月，1991年第10号法令第7修正案使投资更有吸引力，该法规定延长免税期，增加硬通货的灵活性，减少股份制公司所得税，并提供行业和地区的鼓励措施。企业出口超过产出的51%，免税期从五年延长到七年。

叙利亚最重要的外国投资一直集中在天然气和石油领域。1990年，12个外国石油公司在叙利亚运营，但截至2002年年中，只剩下5个，分别是壳牌石油公司、道达尔（道达尔、菲纳、埃尔夫）、摩尔公司（匈牙利）、INA-Naftaplin

公司（克罗地亚）和康菲石油。其他外国投资者包括三菱、三星、美孚、雀巢和沙特阿拉伯王子瓦利德·本·塔拉尔。外国投资因叙利亚对于进口然后再出口的货物实行条目繁杂的进出口许可证制度变得更加复杂。叙利亚公共部门的平均工资仍然低于最低生活水平，这为普遍的腐败现象提供了一个强大的动力。2002年，阿拉伯联盟抵制以色列的产品使获取供应物资更加复杂。美国政府对外国投资者的保险项目，如海外私人投资公司，不适用于在叙利亚的投资者。美国国际开发署在叙利亚的援助于1983年结束。

2011年以来叙利亚的政治动荡已经阻碍了叙利亚境内的大型投资项目，也直接影响到叙利亚获得经济发展必备资金的能力。

对叙投资方面，据中国商务部统计，截至2010年，中国对叙非金融类直接投资存量为1681万美元。承包劳务方面，据中国商务部统计，截至2010年年底，中国企业在叙累计签订承包工程合同额为18.2亿美元；累计签订劳务合作合同额为482万美元；在叙利亚劳务人数为1100人。在叙开展合作业务的主要中资企业有中石油、中石化、中石化十建公司、中纺、中材建设、北方公司、湖北宏源电力、中兴、华为、四川机械设备公司等。

（3）叙利亚自由区现状

叙利亚目前有8个自由区。根据第18号法令，叙利亚开始设立自由区。最初设立的自由区有4个，后来逐步增加。2002年根据第301号法令设立了阿亚罗比亚自由区（Alyaroubia），根据第302号法令成立了德尔祖尔自由区，2003年根据第257号法令设立了塔尔图斯自由区，2005年根据第20号法令设立了哈西亚自由区，在伊德利卜（Adleb）设立自由区也已提上日程。全国统一收费标准，自由区内空地租金为13美元/平方米，厂房租金为20美元/平方米。此外，叙利亚新建了四个工业城。

大马士革自由区位于大马士革市中心，占地面积为71000平方米。1971年，大马士革自由区从海关总署独立。随着2003年第40号法令的颁布，大马士革自由区拥有更大的经营自主权。第40号法令规定投资者可以在自由区内开展各种业务，因此许多服务业企业随之在该自由区迅速建立，并且规模也不断扩大。目前,大马士革自由区已成为叙利亚条件最好的投资区域,拥有雄厚的资金和先进的技术。大马士革自由区经理曾说:"我们希望大马士革自由区成为叙利亚的香港。"

大马士革作为叙利亚的政治中心和经济中心,各行各业都在此有所发展。以下这些行业在大马士革自由区内都有涉及,包括机械组装、铝业、电脑组装、印刷业、纺织业、软件类、影视业、制药业、化妆品生产等。大马士革自由区近年来发展的服务业有:汽车零配件维修、航空服务、快递、猎头公司、医药服务、化工服务和传媒等,金融和股票等商业服务也开始展开。

大马士革自由区内开设的银行较多,主要有 Blom Bank、SAC、Bank SBA、Bemo Bank、France Bank、Bank of Beirut、Arab Countries SAL、Soceite General Bank、SGBL 和 Al Basrah National Bank。[1]

阿德拉自由区被称作叙利亚自由区的"王冠"、"经济蜂巢",其行业齐全、设备先进。该自由区于 1972 年建立,位于大马士革东北 25 公里处,其临近大马士革的区位因素是其成功发展的重要保障。阿德拉自由区还是阿拉伯地区最大的汽车市场,吸引了各国投资者来此投资。该自由区占地面积为 71000 平方米,并规划在南部继续扩大 30 万平方米,扩容后对外资将更具吸引力。

在阿德拉自由区投资的企业共 341 家,其中商业 303 家,工业 28 家,服务业 10 家,汽车行业占地面积最大。自由区内行业包括纺织业、皮革加工、化妆品生产、电器制造、农用设备制造、钢铁、建材、塑料制造、车辆组装、发电机制造等行业。服务业包括宾馆、饭店、电信等行业。阿德拉自由区的投资者主要来自阿拉伯地区,有埃及、黎巴嫩、沙特、也门、伊拉克和约旦,还有其他投资者来自塞浦路斯、土耳其、中国、欧洲和美国。

塔尔图斯自由区临近拉塔吉亚高速路和塔尔图斯港,交通便利,占地面积约为 43.6 万平方米。进口货物在塔尔图斯港口卸货后,通过一站式服务办理手续,即可直接运到塔尔图斯自由区。办理手续便利、效率较高,海关、动植物检疫等

---

[1] 中华人民共和国驻阿拉伯叙利亚共和国大使馆经济商务参赞处,http://sy.mofcom.gov.cn/article/ddfg/200902/20090206056142.shtml,最后访问于 2015 年 8 月 21 日。

部门的手续都将在时限内完成,如果发生延误,投资者可以要求相应补偿。

塔尔图斯自由区投资企业 154 家,其中服务业 2 家,工业 2 家,商业 150 家。

目前,塔尔图斯自由区在发展传统行业的同时也在积极开展新的项目,许多投资者开始在此投资建厂,主要包括香蕉种植,大米分类、杀菌、抛光和包装,油品包装,等等。随着投资者不断增多,塔尔图斯自由区收入不断增大。根据塔尔图斯自由区报告,目前该自由区内投资名额已满,申请投资的企业需要等候。

(二) 叙利亚《宪法》及基本法律制度

叙利亚最新《宪法》颁布于 2012 年 2 月 15 日,2012 年 2 月 26 日由公民投票通过。《宪法》规定共和国总统必须为穆斯林,伊斯兰教对叙利亚法律体系影响深远。《宪法》规定,叙利亚是人民民主的社会主义国家。《宪法》强调整个阿拉伯民族的统一团结。《宪法》第七条规定誓词:"我以全能的真主的名义宣誓:忠诚维护人民民主共和体制,尊重宪法和法律,捍卫人民利益和祖国安全,为实现阿拉伯民族统一、自由和社会主义的目标而努力奋斗。"《宪法》第一章第二部分规定了经济原则;第十三条规定,国家经济是社会主义计划经济;第一章第三部分规定了教育和文化原则;第一章第四部分规定了公民的自由、权利和义务;第二章规定了国家权力。

叙利亚法律体系多以旧奥斯曼帝国和法属殖民地时期的法律为基础,伊斯兰教法也发挥着较强影响力。《宪法》第三条第二款规定,伊斯兰教法是立法的本源。法律体系为民法法系与伊斯兰教法的混合法律体系,其中伊斯兰教法主要用于家事法院。

(三) 叙利亚货币金融法律制度

1. 货币银行法律制度

叙利亚货币是叙利亚镑,人民币和叙利亚镑不能直接兑换,需要通过中间货币进行结算。叙利亚货币近些年大幅贬值，2010年叙利亚镑对美元汇率为11.225∶1，2011年为48.371∶1，2012年为64.39∶1，2013年为108.426∶1，2014年为152.9∶1。

叙利亚2014年中央银行贴现率为0.75%，2013年为5%。2014年12月31日，商业银行优惠贷款利率为17%。叙利亚中央银行的职能是管理外汇，维持货币稳定等，但中央银行独立性不足，受到政府政策的制约。此外，叙利亚还有农业合作银行、储蓄银行、房地产银行等国有银行，还有一些外资银行，目前没有中资银行在叙利亚开设分支机构。

2. 信用卡制度

叙利亚接受维萨卡（VISA）和万事达卡（MASTER）等信用卡，目前国际信用卡在叙利亚无法使用。

3. 外汇法律制度

截至2014年12月31日，叙利亚外汇和黄金储备为17.25亿美元，2013年为18.95亿美元，世界排名第125位。外资企业在叙利亚开立外汇账户不受限制。根据叙利亚《投资法》的规定，投资者按照规定纳税后有权将剩余所得汇出。叙利亚自由区的产品免除海关收费和税收。外国人携带外币出境也不受限制。

4. 证券法律制度

叙利亚唯一的证券交易所是大马士革证券交易所，2008年4月开始运行，现有22家公司上市。

（四）与外国投资者的商贸、投资活动有关的法律制度

1. 贸易主管部门

叙利亚的贸易主管部门为经贸部，负责制定宏观经济贸易政策，并且负责监

督该政策的实施。经贸部负责发放进口许可证。

2. 税收法律制度

叙利亚税收主要由三类组成，直接税、间接税和登记注册税，实行属地税制。直接税收是对特定的人或单位征收的赋税，包括企业所得税、个人所得税、流动资金税、非农房地产税等，此外还有许可税等。间接税是对特定交易征收的赋税，包括关税和消费税等。注册登记税是叙利亚政府提供一定服务所征收的补偿税，包括所有权转让费、领事费等。[1] 对企业征收的企业税，税率为企业净利润的10%—28%，个人所得税税率为5%—20%，流动资本收益税税率为7.5%，印花税税率为0.8%。从2009年1月起，叙利亚开征增值税。[2]

此外，为了鼓励出口，叙利亚政府对于出口产品给予一定税收优惠。对于出口产品免除所得税和农业税。同时，实行国际通用的协调税则，对于用于工业生产和出口的进口原材料给予关税调减。[3]

3. 海关法律制度

叙利亚制定了专门的《海关法》用以规定海关法律制度。根据《海关法》的规定，所有进出口商品均执行现行海关关税，除非有特别协议或者符合豁免条件。

4. 公司法律制度

2008年巴沙尔·阿萨德签署了第3号法令，即叙利亚新《公司法》。新《公司法》适应叙利亚经济体制转变的形势，规定了更为简便、现代的公司法律制度。第一章规定了公司的成立及终止法律制度与规制，明确了公司的形式、种类、注册及其注销程序。但是在叙利亚自由区内注册成立的本国公司，由自由区

---

[1] 高光福：《叙利亚投资市场分析》，载《西亚非洲》2009年第10期。
[2] "对外投资合作国别（地区）指南——叙利亚（2015年版）"，中华人民共和国商务部，http://fec.mofcom.gov.cn/article/gbdqzn/upload/xuliya.pdf，最后访问于2016年8月28日。
[3] 高光福：《叙利亚投资市场分析》，载《西亚非洲》2009年第10期。

专门法律进行规制。

新《公司法》第二章规定了担保公司相关法律制度，如其成立程序、名称确定、资本规定、担保公司的治理机制、利益分配制度等，第三章规定了合作公司的法律制度，第四章规定了联合公司的制度，第五章规定了有限责任公司的法律制度，第六章规定了股份公司制度，第七章规定了控股公司条款，第八章规定了对外资公司的法律要求，第九章规定了公司形式转变程序，第十章明确了公司兼并程序。

5. 外国公司承包法律制度

叙利亚法律规定与叙利亚国营公司签订承包工程合同的外国公司和机构必须有在叙利亚注册的商务代理。[1] 叙利亚没有明确限制外国公司承包领域限制。承包项目通常通过招标进行，但是由于招投标相关法规不健全、不完善，有时会出现废标或者屡次招标的现象。

6. 进出口商品检验检疫

叙利亚负责商品进出口检验检疫的机构是隶属于经贸部的进出口商品检验检疫中心，该中心在海关有分支机构。此外，叙利亚卫生部负责对药品的进出口进行检验检疫。

7. 劳工法律制度

根据叙利亚《劳动法》的规定，劳资双方应当签订劳动合同。劳动合同分为两种，第一种是单独劳动合同，第二种是共同劳动合同。单独劳动合同需要写明3个月的试用期，共同劳动合同期限最长不能超过3年。此外，二者的续签制度也有所不同。叙利亚《劳动法》对于劳动合同的解除作了较严格的限制，体现了对劳动者的保护。只有在公司破产、雇员生病等少数情况下才可以解除劳动

---

[1] "对外投资合作国别（地区）指南——叙利亚（2015年版）"，中华人民共和国商务部，http://fec.mofcom.gov.cn/article/gbdqzn/upload/xuliya.pdf，最后访问于2016年8月28日。

合同。解雇劳动者还需要提前申请，取得相关机构的批准，并提前通知劳动者合同解除的事项。

《劳动法》规定每周最长劳动时间为 48 小时，一般劳动者每年可以享有 14 天的带薪休假。叙利亚星期五为公众假日。

8. 知识产权法律制度

《工业产权法》是叙利亚保护知识产权的专项法律，涉及内容有：商标、外观设计、地理标志、展品临时保护、不公平竞争和知识产权代理人活动等。

2006 年，叙利亚内阁通过了《知识产权法（草案）》，对商标申请的程序、驰名商标等作出规定，如在叙利亚国内及国际知名商标，即使未在叙利亚注册也可享受法律保护，体现了现代知识产权保护法律制度。

9. 环保法律制度

叙利亚《环境法》由总统巴沙尔颁布。环境事务总局为叙利亚主要环境保护政府机构。其职能为制定环境保护的基础政策、环境保护规划、环境要素评估标准；监督企业经营活动，防止其对环境造成危害；参与环境污染事件的处理；等等。此外，叙利亚环境保护委员会由各部部长组成，负责制定环保政策、法规、条例、决定等。《环境法》第七章规定了破坏环境的责任和赔偿标准。

此外还有《环境法实施细则》、《叙利亚国家环境战略及其实施规划》、《环境卫生法》等。违反《环境法》的规定对空气、水体、土壤、动植物造成危害的将被处以罚款甚至拘禁，公司可能被判处责令关闭、消除危害等责任。

10. 其他与商贸投资有关法律制度

叙利亚实行土地私有制，本国公民可以拥有土地。外国投资者也有权购买和拥有不动产或土地。除非因公共事业征用的，一般不得征收私人土地，如果发生征收征用，应当给予等价补偿。

叙利亚《鼓励外商投资法》自颁布以来对叙利亚经济发展起到了重要的推

动作用。该法规定，对于满足以下条件的企业给予税收优惠：第一，必须与发展规划相适应；第二，能充分利用国内资源；第三，可以促进国民生产增长和增加工作岗位；第四，能够增加出口和理性进口；第五，使用适合国民经济发展需求的先进设备和技术；第六，固定资产额不低于1000万叙利亚镑，所有进口设备、工具、机械、车辆全部投入项目建设。[1]

二、中资企业对叙利亚投资的主要产业及法律流程

（一）市场准入

根据叙利亚《投资法》的规定，外国投资者可以投资涉及国家安全和军事之外的其他领域。叙利亚政府鼓励外国投资者投资以下产业：农业和土地改良项目、工业项目、运输项目、环保项目、电力项目、服务项目、石油和矿产项目、电信项目等。

（二）重点/特色产业[2]

石油矿业在叙利亚经济中占有重要地位，产值占叙利亚国民生产总值的19%。已探明石油储量为25亿桶，世界排名第33位。然而从2011年9月开始，欧盟、美国等陆续对叙利亚实施石油制裁协议，包括禁止进口叙利亚原油及石油产品，以及对叙利亚石油出口相关融资和保险进行限制。由于原油无法输出，叙利亚政府不得不采取石油减产措施，经济因此遭受极大打击。叙利亚2010年原油月产40.1万桶，原油出口量为13.5万桶。

农业是叙利亚经济的重要产业，生产总值约占国民生产总值的17%。小麦年均生产480万吨，出口约200万吨，棉花年均产80万吨，出口约40万吨，豆类年均

---

[1] 严庭国："叙利亚经济发展的基石"，载《阿拉伯世界》2002年第4期。
[2] "对外投资合作国别（地区）指南——叙利亚（2015年版）"，中华人民共和国商务部，http://fec.mofcom.gov.cn/article/gbdqzn/upload/xuliya.pdf，最后访问于2016年8月28日。

产 24 万吨，各种水果蔬菜年产 85 万吨。2011 年农畜产品出口额为 23 亿美元，受到原油及石油产品出口量锐减的影响，农畜产品出口额占当年出口总额的 22%。

（三）发展规划

叙利亚政府制定了五年计划（从 2011 年到 2015 年）作为经济建设和社会发展的指导方针。在五年计划初期，叙利亚逐步从计划经济向社会主义市场经济转型。2011 年，叙利亚国内爆发动乱，加之欧盟、美国经济制裁，叙利亚经济遭到极大破坏，经济下行，财政收入减少。政府为了安抚民心，加大支出以控制物价、维持社会稳定，致使叙利亚财政赤字进一步扩大。叙利亚 2014 年预算中，收入为 17.3 亿美元，支出为 55 亿美元，财政赤字高达 37.7 亿美元。在此情况下，叙利亚政府不得不动用外汇储备，使得外汇储备逐年递减，濒于枯竭。如果叙利亚局势不能扭转，未来几年叙利亚经济形势将难有突破性好转。

（四）投资法律流程

1. 设立企业形式

外资可在叙利亚投资设立分公司、公司代表处、有限责任公司、股份公司和控股公司五种，各类公司的具体规则由 2008 年《公司法》予以规定。

2. 注册企业法律程序

外国企业在叙利亚设立分支机构应当向叙利亚经济贸易部企业司提出申请，应当聘请叙利亚经济贸易部批准的代理机构办理相关手续。外资企业首先应当委托律师办理在叙利亚注册的相关手续；其次需要办理一系列认证公证手续，如需要在中国境内经过中国商会公证、中国外交部领事司认证、叙利亚驻中国大使馆的认证；最后需要将经过认证的文件传给叙利亚境内的指定翻译机构翻译成阿拉伯文，然后报叙利亚经贸部、外交部审批。[1]

---

[1] 关于外国企业在叙设立分支机构的详细的法律规定请登录中国驻叙利亚大使馆经济商务参赞处网站查阅。

中国企业在叙利亚注册分支机构可以是分公司、临时办公室、代表处和区域办事处，需向叙方提供的文件包括：①公司章程；②公司执照复印件；③公司授权书；④公司资质证明；⑤承办人的身份证明（护照）。[1]

3. 承包工程项目程序

在叙利亚的外国公司应当通过指定当地代理商参加投标，并与其签订代理协议。中标的外国公司需要向招标方出示代理文件。叙利亚的招标信息可以通过官方报刊以及招标信息报获取，个别部门会将标书发给中国驻叙利亚大使馆经济商务参赞处，可以通过其网站查询。在叙利亚参加招标项目应当提交1%—10%的投标保函。除以色列外的任何公司均可以参加叙利亚招标项目，投标方需要提交企业资质和业绩等证明。

4. 申请专利和注册商标

叙利亚负责商标和专利申请注册的机构是经济贸易部下属的知识产权局（IPD）。叙利亚商标和专利许可注册以1946年通过的第47号法令为准。申请人可以自己申请或授权叙利亚当地代理机构向知识产权局申请专利。需提交的文件包括：①用阿拉伯文起草的申请书，包括发明人的姓名、申请人或申请机构的名称、地址；②如果通过代理申请专利，则需要提交与代理签订的授权书；③该项发明的技术说明。可以使用法文或英文，但最好能翻译成阿拉伯文，该文字说明应当以必要的图纸和其他材料辅助以便理解。此外，申请人应说明该项专利是否已在其他国家登记注册以及要申请的该项专利的有效期（5年、10年或15年）。

叙利亚负责商标注册的机构也是知识产权局。在先使用是对商标保护的原则。商标持有者或其授权的机构向知识产权局提交以阿拉伯文起草的申请注册的文件，申请书应包括申请人的姓名、国籍、地址、经营范围和授权机构（如有），以及对于商标的简单说明，向代理机构授权的日期。此外还需提交以下辅

---

[1] 中华人民共和国驻阿拉伯叙利亚共和国大使馆经济商务参赞处，http://sy.mofcom.gov.cn/article/ddfg/201106/20110607594849.shtml，最后访问于2015年8月24日。

助文件：①彩色商标样稿两份；②授权书原件（同专利申请）；③在其他国家商标注册证明的复印件一份；④该商标的印刷铅版或其他印刷版；⑤已登记该商标的其他国家名单（如有）。商标将会在官方报刊上予以公示。商标申请需要首先向知识产权局交纳前十年的费用。商标没有特定的保护期限规定。保护期届满后，只需要支付登记费就可延长保护期。商标可以有偿或无偿转让，但须在一个月内向知识产权局报告。

（五）优惠政策

《投资法》规定了优惠税收政策，符合条件的企业可以享受优惠税率。基础税率以《所得税法》为基准，为22%，根据企业在国家保险名册登记雇用人员数量的不同而给予相应税收减免，最低可下调3个百分点。此外，对于在工业城建立的企业可以下调1个百分点。

另外，叙利亚对于个别鼓励行业也实行税率优惠政策，如对可再生能源企业、化肥企业、电力企业、在哈西工业城和德尔祖尔工业城建立的企业在企业税收调减一个百分点的基础上再调减两个百分点，使用当地原材料生产的企业、节能企业及出口额占产值50%以上的企业在有关部门批准的情况下可以调减2个百分点。[1] 此外，为了鼓励区域均衡发展，叙利亚对于在边远地区投资的企业税收调减2个百分点。

（六）叙利亚对中国企业保护政策

1996年中国与叙利亚签署了《投资保护协定》；2007年中国和叙利亚签署了《中华人民共和国政府与阿拉伯叙利亚共和国政府避免双重征税和防止偷漏税的协定》。

---

[1] "对外投资合作国别（地区）指南——叙利亚（2015年版）"，中华人民共和国商务部，http：//fec.mofcom.gov.cn/article/gbdqzn/upload/xuliya.pdf，最后访问于2016年8月28日。

三、中国与叙利亚投资争端解决程序与案例

(一) 投资争端解决程序及现状

叙利亚目前不承认国际法院的管辖。叙利亚最高法院称为上诉法院,分为民事、刑事、宗教和军事法庭,每个法庭有 3 位法官。此外叙利亚有最高宪法法院,由 4 位法官组成。法官选任和任期制度为:上诉法院法官由最高司法委员会任命,最高司法委员会是一个由国家总统领导的由司法部长与其他 7 位成员组成的司法管理机构;最高宪法法院法官由总统提名,最高司法委员会任命;法官任期为 4 年。叙利亚下级法院包括一审法院、治安法院、宗教和军事法院、经济安全法院。

(二) 中国在叙利亚投资案例

2003 年 7 月 26 日中国石油公司与叙利亚正式签署《格贝贝油田开发生产合同》,合同期为 23 年。在 2001 年的国际招标中,中石油下属的中国石油天然气勘探开发公司击败了来自美国、加拿大、俄罗斯等国的竞争对手,取得了叙利亚格贝贝油田的开发生产项目。该公司为中石油专门负责海外合作的子公司。为执行这一项目,中国石油天然气勘探开发公司和叙利亚石油公司决定联合组建"考卡布"公司,双方各持股 50%。随着双方合作的深入,叙利亚每年向中石油派遣工程技术人员接受培训。此外,叙利亚还计划与中方合作建立石油产业相关设备及零部件制造工业,从而加强两国在石油领域的合作关系。中石油在格贝贝油田的投资将近 3 亿美元,曾经一度是中石油在海外回报率最高的项目。

但是,受到 2011 年欧盟和美国对叙利亚经济制裁、石油禁运后,叙利亚石油出口受到严重打击,该油田被迫减产,公司损失严重,如果叙利亚动荡局势没有好转,并且找不到出口替代国家,则该公司的损失将进一步扩大。

此外，中国电信行业巨头华为、中兴等公司也在叙利亚开展项目。为扩容叙利亚宽带容量，2008 年华为公司与叙利亚电信总局（STE）签署扩容合同，合同总金额达 87.7 万欧元。多年以来，叙利亚宽带网容量一直处于相对较低的水平，一些对宽带网扩容的项目几经推延或取消。截止到今年 3 月，叙利亚网络总容量只有 9133 线，这次扩容部分将首先满足政府机构、各部委及私营企业的需要。叙利亚电信总局预计在 2010 年年底时将 ADSL 的容量提升到 40 万线。为如期完成此目标，叙利亚电信总局准备于近期公开招标，项目截至 2009 年年底前对 ADSL 扩容 30 万线，预计项目耗资 900 万欧元。[1]

四、中国与叙利亚经贸法律特征专项研究

（一）叙利亚法律受伊斯兰教影响较大

叙利亚《宪法》第三条第二款规定，伊斯兰教法是立法的本源。伊斯兰教法对整个叙利亚法律体系的形成影响深远。叙利亚法律体系是伊斯兰教法与民法法律体系的混合产物，其中伊斯兰教法主要用于家事领域。中国企业在叙利亚投资应当着重注意伊斯兰教法规则，做好准备工作，避免因无意行为冒犯合作对方以及当地员工，从而对双方进一步合作以及中国企业形象造成损害。

（二）叙利亚法律执行易受行政机关影响

叙利亚行政机关权力较大，如《宪法》赋予总统较大的权力，可以否认议会的立法。此外，叙利亚中央银行独立性不足，受到政府政策的制约。虽然叙利亚政府制定了各项鼓励外资的法律法规，但因官僚体系的臃肿、效率低下，这些法律也未能发挥应有作用。外国投资者能否在叙利亚开展商业活动仍然取决于相

---

[1] 中华人民共和国商务部，http://www.mofcom.gov.cn/aarticle/i/jyjl/k/200807/20080705646897.html，最后访问于 2015 年 8 月 24 日。

关政府机关的批准。

(三) 叙利亚对外资限制较少

叙利亚允许外国投资者在叙利亚购买和拥有土地。此外，对于外资投资领域的限制也仅仅排除了军事和涉及国家安全的领域。叙利亚政府鼓励外国投资者控股叙利亚私有银行，规定持股上限可达60%。在叙利亚遭受内战和经济制裁的双重打击下，叙利亚政府被迫将发展目光投向东方国家，对外资的态度将更为积极，虽然风险较大，但随之带来的机遇也较多，投资者应当综合考虑风险与收益，理性投资。

(四) 双方法律差异较大

由于历史、地理、发展道路等方面的因素，中国与叙利亚法律体系存在较大差异。此外，宗教在叙利亚占有重要地位。中国企业应当重视两种法律体系的差异，在投资前认真做好准备工作，咨询相关法律人士，以便更好地在叙利亚开展经济活动。尽管叙利亚政府鼓励外国投资，但是安全问题依然是外国投资的限制因素。叙利亚的官僚主义依然阻碍外国投资，尤其当外国投资者不熟悉该系统的时候。投资者获得许可或者其他管理官员的书面承诺非常重要，而非依赖非政府人员的口头承诺。

五、经贸、投资法律风险因素及应对策略

(一) 政治风险

1. 政治基本信息

叙利亚的政权形式为共和国政体。首都是大马士革。国家元首是总统。总统

由简单多数投票直接选举产生，任期7年，有资格的可获得连任。巴沙尔·阿萨德于2000年7月17日以88.7%的票数当选总统。上次选举于2014年6月3日举行，下届选举将于2021年6月举行。总统任命副总统、总理和副总理。内阁由总统任命的部长委员会组成。叙利亚的立法机关为一院制的人民议会，成员由各选区按照比例选任代表直接选举，每届任期4年。

2. 政治局势分析

第一，叙利亚内战状态难以在短时间内结束。2011年3月，叙利亚南部德拉省爆发大规模反政府示威游行，随后迅速蔓延至国内各大城市。政府无法满足反对派要求巴沙尔·阿萨德下台的呼声，双方矛盾激化，动荡局面逐渐升级成为政府军与反对派之间的激烈内战。2012年4月，内战两派曾经暂时停火，联合国派遣监督团，叙利亚局势一度有所缓和，但5月底局势急转直下，战况再度升级。2012年7月中旬，大马士革遭到严重袭击，包括国防部长在内的多名叙利亚高官身亡。此后，内战局势持续恶化，冲突越发明显。叙利亚政府军因获得来自黎巴嫩真主党、伊朗革命卫队、伊拉克民兵组织等周边多股势力直接或间接的支持，在战场上稍占优势。不过政府军因实力不断损耗，已经无力彻底消灭反对派，内战状态将持续。截至2013年7月，叙利亚内战已经造成超过10万人丧生。

第二，内战导致叙利亚碎片化严重。叙利亚内战持续三年多，各武装相互斗争导致国家完整性遭到破坏，未来国内局势有进一步碎片化的可能。目前，叙利亚已经从地理上分为几个区域，政府军控制的"东部叙利亚约旦边境—大马士革—西部沿海地区"一线人口相对密集的狭长地带，各反对派武装割据一方，使叙利亚实际陷入分裂状态。

第三，叙利亚动荡局势使叙利亚社会遭受严重损失。受到其他地区的暴动影响，2011年3月叙利亚南部省份爆发了反政府抗议，抗议者要求废除《紧急状态法》。该法允许不经起诉而直接采取逮捕措施，关于政治党派立法，以及处置贪腐官员。此后，示威游行和暴力动荡几乎扩展至每个叙利亚城市，其规模和强度也在增加。在此种情况下，政府作出了一系列让步，包括废除《紧急状态法》。新法允许成立新的政治党派，实现地方和全国选举自由化。然而，政府的反应无法满足要求巴沙尔·阿萨德下台的呼声，政府目前暴力镇压暴动的行为以及广泛的武装反对活动已经导致政府势力与反对派的更大矛盾。巴沙尔·阿萨德政权面临的国际压力加剧了自2011年年底以来的阿拉伯联盟、欧盟、土耳其和美国对阿萨德政权的经济制裁的影响。2012年12月，叙利亚国家联盟被130多个国家承认为叙利亚人民的唯一合法代表。在2014年联合国日内瓦第二次会议上，联盟与叙利亚政权之间的和平谈判未能产生一个解决冲突的方案。叙利亚的动荡仍在继续，据联合国2015年1月估计，叙利亚政府军、反对派部队和平民的死亡人数已经达到22万。到目前为止，这场冲突已经导致1160万人流离失所，包括760万国民，这使叙利亚局势成为全世界最严重的人道主义危机。[1]

（二）经济贸易风险

1. 经济波动风险

第一，叙利亚经济主要依赖石油收入。2011年叙利亚爆发动乱以来，石油产量受到严重影响，加之欧盟对叙利亚石油禁运等措施使得叙利亚石油出口量大幅减少，从而导致经济发展趋势下滑。预计未来短期内叙利亚经济还将处于低迷状态，短时间内难以出现突破。

第二，叙利亚通货膨胀率较高。始于2011年的持续冲突使叙利亚的经济继续恶化。2014年，叙利亚经济进一步萎缩，由于国际制裁、大量基础设施被破坏，国内消费和生产减少，通货膨胀率一路走高，中央银行调控能力明显不足。因此，总体上叙利亚经济波动风险较大。

2. 国际收支失衡风险

第一，受到内战影响，叙利亚对外贸易严重下滑。近些年来，叙利亚调整对

---

[1] Central Intelligence Agency U.S.A.，http://www.cia.gov/library/publications/the-world-factbook/geos/sy.html，最后访问于2015年8月17日。

外贸易战略，从与欧洲经贸关系紧密转而重视加强与阿拉伯邻国的经济联系，结果是对欧盟出口下滑，主要出口国家转变为阿拉伯国家。自 2011 年叙利亚国内动荡以来，欧盟、阿盟均对叙利亚施加严厉的贸易制裁和石油禁运措施，导致叙利亚对外贸易额大幅下滑，贸易逆差较大。从贸易结构来看，石油仍是叙利亚主要的出口商品，此外还有乳制品、纺织品、药品等。近年来，叙利亚增加了从沙特阿拉伯和中国的进口量，进口商品主要为机械和运输设备、电力机械、食品和牲畜、金属和金属制品、化学品和化工产品、塑料等。

第二，叙利亚经常项目赤字长期处于高位。2000 年以来，叙利亚国内石油产量持续下滑，自然灾害冲击农业生产，导致叙利亚主要对外出口商品量不断萎缩，经常账户盈余逐渐减少。2011 年国内动乱爆发后，受到外部贸易制裁以及内部动荡的影响，叙利亚对外贸易遭受毁灭性打击，经常账户赤字飙升至 77.3 亿美元。[1] 2012 年有所下降，但仍保持高位。预计未来短时间内难以恢复正常。

第三，外援及外国直接投资大幅缩水导致国际储备降低。近年来，外部援助和外国资本流入极大地改善了叙利亚的国际收支情况。2010 年叙利亚国际储备上涨至 195.2 亿美元，约可满足 12 个月的进口用汇要求。国内动荡开始后，政府为了安抚民心，重新恢复了一些价格补贴政策，在财政收入大幅减少的情况下，只能动用外汇储备维持支出。2011 年叙利亚国际储备降至 148.3 亿美元，随着国内战乱的持续，2012 年国际储备下降至 47.7 亿美元，2013 年情况继续恶化。

3. 汇率波动风险

第一，叙利亚货币政策主要取决于政府的政治考虑。叙利亚政府近年来不断放松对外汇市场的管控，并不断促进银行业私有化进程，但在货币政策制定中政治因素的影响仍然高于市场。中央银行缺乏足够的独立性，私营商业银行发展不成熟，叙利亚货币供给量受经济走势影响较为明显。据路透社报道，为了应对因

---

[1] 中国出口信用保险公司：《国家风险分析报告 2013》，中国财政经济出版社 2013 年版，第 156 页。

内战导致的巨额花销，叙利亚政府决定提高流通环节的货币发行量，新增货币将在俄罗斯印制并先行投放至大马士革和阿勒坡。未来如果叙利亚局势稳定，政府可能会以行政命令方式要求各大银行提供特别优惠政策，刺激工业、农业的复兴。

第二，叙利亚镑持续贬值。2007年8月，叙利亚政府调整货币政策，宣布叙利亚镑与美元脱钩，转而与国际货币基金组织的特别提款权挂钩。新汇率政策实施以后，叙利亚镑兑美元大幅升值。然而2011年叙利亚局势动荡开始，中央银行被迫动用国际外汇储备保持本币兑美元的汇率稳定，但随着外汇储备大幅缩水，中央银行干预外汇市场的能力受到削弱。2015年8月底，叙利亚镑对美元汇率为1∶0.0045，[1] 贬值幅度巨大。考虑到欧盟对叙利亚当局的石油禁运短期内没有解除的可能，因此预计未来叙利亚国际储备将徘徊在枯竭的边缘，叙利亚镑贬值趋势将难以逆转。

4. 外债偿付风险

第一，叙利亚外债偿付压力呈上升趋势。2005年，叙利亚与俄罗斯达成了外债减免和重组协议。根据该协议，俄罗斯将免除叙利亚73%的债务，免除债务总额约为98亿美元，并将余下的债务分10年进行偿还。协议规定，叙利亚将所偿还的款项用于俄叙合资的部分项目。叙利亚后来又与欧洲债务人签署了一系列类似协议。这些债务免除和重组激化的实施大大减轻了叙利亚的债务负担。2008年，随着国际油价上升，叙利亚彻底偿清了与捷克、斯洛伐克的债务。2010年叙利亚债务总额为74.4亿美元，但进入2011年，受到国内局势动荡的影响，叙利亚外债总额不断上升，保持高位。随着叙利亚内战不断持续，外债规模仍将保持较高水平。

第二，未来债务风险将继续增加。2011年的局势动荡使叙利亚债务风险大幅

---

[1] 国家外汇管理局，http：//www.safe.gov.cn/wps/portal/！ut/p/c5/hc7LDoIwEAXQT-qUFijLPuxLRFFBZENYGIMRcGH8fiHuSNS5y5ObO6hGU4b21V3bZzcO7R1VqI4aCnBgAnNgOk3AhVwxnFCx0-Hk56i2RhlsapwCMGgBHxTazMsfgyJ_2ad6LGiuV3KwNBlMUAlx-VJqFJAg8LF3LyfmhJNpQTEq8cEadBOd8vvLe4rKP_7rv9nhy3FAmR37C3r0FXTuRt_u3gAV/dl3/d3/L2dJQSEvUUt3QS9ZQnZ3Z3LzZfSENEQ01LRzEwODRJODQzQJSUpRRUpKSDEyStI！/?WCM_GLOBAL_CONTEXT=/wps/wcm/connect/safe_web_store/safe_web/tjsj/node_tjsj_hbdm/node_tjsj_hbdm_store/a0e1930049acc121b619fef7db892e76，最后访问于2015年9月3日。

提高。从叙利亚国内局势的发展来看,政治动荡短期内难以结束,随着经常项目赤字不断扩大和国际储备日渐枯竭,叙利亚的偿债能力将持续下降,债务风险将与日俱增。目前,国际评级机构对叙利亚债务前景持负面态度。

5. 财政失衡风险

第一,叙利亚财政赤字不断增加。叙利亚国内动荡以前,叙利亚政府财政收入与支出基本处于平衡状态。从财政收入构成来看,税收和石油收入构成了叙利亚的主要收入来源;从财政支出来看,叙利亚用于经常项目支出略高于用于发展项目的支出。然而,2011年,叙利亚国内动乱开始,财政收入锐减,而财政支出大幅增加,导致财政赤字不断扩大。

第二,叙利亚财政失衡进一步恶化。预计未来短期内,财政失衡状况有进一步恶化趋势,内战局势的不断升级导致石油生产受到严重破坏,加之欧盟的石油禁运政策,石油收入保持较低水平。同时,叙利亚国内民生凋敝,税收收入提高较少。目前,叙利亚政府依靠削减燃油、食品补贴等方式削减财政支出,但短期内难以从根本上改变巨额赤字局面。叙利亚2014年预算中,收入为17.3亿美元,支出为55亿美元,财政赤字高达37.7亿美元。财政赤字高使得政府偿还公共债务能力受到限制,叙利亚2014年公共债务为国民生产总值的57.3%。[1]

6. 双边经贸风险

中国与叙利亚于1956年正式建交,此后双边关系长期稳定发展,高层领导互访不断,未发生明显外交摩擦。在经贸、能源、文化等领域,两国先后签署了包括《叙利亚石油及矿产资源部与中国石油天然气集团公司石油领域合作协议》、《中华人民共和国政府与阿拉伯叙利亚共和国政府避免双重征税和防止偷漏税协定》、《中华人民共和国政府与阿拉伯叙利亚共和国政府文化合作协定2010—2013年度执行计划》等多项双边合作协议。两国贸易稳步发展,但受到2011年爆发的叙利亚国内暴乱的影响,中叙双边贸易规模明显下滑。目前,中叙双边经贸合作存在两大问

---

[1] 中国出口信用保险公司:《国家风险分析报告2013》,中国财政经济出版社2013年版,第159页。

题。一是受叙利亚内战局势冲击较大。长期以来，中叙双边贸易与中国同中东其他国家相比处于较低水平，随着动荡局势的不断持续，本来就相对有限的两国贸易规模进一步萎缩。二是中叙贸易不均衡持续。中国长期处于贸易顺差地位，从双边贸易的商品结构来看，中国向叙利亚出口的主要产品有汽车及配件、钢铁制品、化工原料、机电产品及轻工产品等。中国从叙利亚进口的主要商品为棉花和橄榄油。中叙贸易发展仍有较大潜力。

（三）商业及投资环境风险

叙利亚的商业环境相对较差。企业的公共财务信息获取较为困难，电力基础设施相对较差，近期又因战乱影响，情况有所恶化，企业合同执行效率低下。在世界银行发布的《2015年营商环境报告》的189个经济体中排名第175位，低于中东及北非国家的平均水平。[1] 叙利亚政府腐败较为普遍，行政效率低下，透明度较低，官僚主义盛行，在透明国际公布的清廉指数中排名第144位，在中东及非洲国家中排名倒数第4位。

叙利亚对企业、个人征收的税率处于中等水平，但是由于对进口商品课以较重关税，造成叙利亚整体税负较高，对经营活动负作用明显。2004年，叙政府表示要进行税制改革，减轻关税和贸易限制，但是政治因素导致改革受阻，未来税制走向仍不明确。

叙利亚运输设施在战争中受到较大损失，公路和铁路运力受到战争影响，大幅减弱。叙利亚截至2013年共有5座大型机场。铁路总长2052千米，公路总长69872千米。主要港口为巴尼亚斯、拉塔基亚、塔尔图斯。网络遭受战争影响较大。

（四）法律风险

叙利亚法律体系多以旧奥斯曼帝国和法属殖民地时期法律为基础，伊斯兰教法也发挥了较强影响力。法律体系为民法法系与伊斯兰教法的混合法律体系，其中伊斯兰教法主要用于家事法院。大部分法律在1973年《宪法》的基础上制定而成。

---

[1] *Doing Business* 2015, 12th edition, World Bank.

宪法规定共和国总统必须为穆斯林，可见伊斯兰教对叙利亚法律体系影响深远。

叙利亚最高法院称为上诉法院，分为民事、刑事、宗教和军事法庭。此外叙利亚有最高宪法法院。上诉法院法官由最高司法委员会任命，最高司法委员会是司法管理机构。最高宪法法院法官由总统提名，最高司法委员会任命。叙利亚下级法院包括一审法院、治安法院、宗教和军事法院、经济安全法院。叙利亚目前不承认国际法院的管辖。

叙利亚自1963年以来，长期实行《紧急状态法》，根据该法成立最高国家安全法庭和经济安全法庭。2011年叙利亚动乱爆发后，总统巴沙尔·阿萨德宣布暂停《紧急状态法》。叙利亚最新《宪法》颁布于2012年2月15日，2012年2月26日由公民投票通过。巴沙尔·阿萨德高票当选总统，宪法赋予总统较大的权力，可以否认议会的立法。未来叙利亚政治权力架构不会发生较大改变。

自2000年巴沙尔·阿萨德就任总统后，叙政府执行了一系列新的法律来吸引外资，鼓励外国投资者控股叙利亚私有银行，规定控股上限可达60%。政府同时还放松货币兑换限制，鼓励贸易自由化，并依法加强知识产权保护力度。然而，目前有关鼓励投资的法律体系仍因官僚体系的臃肿、效率低下而未发挥应有作用。外国投资者能否在叙利亚开展商业活动仍然取决于相关政府机关是否批准。

（五）应对策略

1. 注意事项

第一，叙利亚安全环境较差。2011年叙利亚大规模社会动荡以来，叙利亚安全形势一直令人担忧，武装袭击、流血冲突时有发生，因此企业在安全方面投入较大，导致成本升高。

第二，要深入了解和研究叙利亚的政治、经济形势以及人文情况，做好市场调研。对消费市场深入调研的同时还要考虑到产品向周边国家出口的可能性，选择合适投资的领域。

第三，在对某一领域准备进行投资之前，务必深入了解当地法律法规。叙利亚法律体系不健全，某些领域法律制度落后，执行法律效率低下，腐败问题较为严重。中国企业可以聘请叙利亚当地律师处理相关法律事务。

第四，回报当地社会。中方企业应当承担一定社会责任，为当地公益事业做出一定贡献。应当树立中国公司的正面形象，同时尽可能雇用当地劳动者，节省管理成本，提高当地民众就业率，增加民众收入，加强安全生产。

第五，要提高环保意识，遵守叙利亚法律和民风民俗，不得因不当言行冒犯当地员工宗教信仰、风俗习惯，对当地员工应当公平对待，避免矛盾和冲突。

2. 具体措施

第一，在开展项目前应当做好各项准备工作，保证当紧急情况发生时能正确应对。事中做好风险规避和管理工作，切实保障自身利益。应当对投资或承包工程所在国家的政治风险和商业风险进行分析和规避等。

第二，在贸易方面，注重产品质量，杜绝假冒伪劣产品，不得因为一时之利而破坏长期合作机会。在承包工程方面，切勿一味追求中标降低价格，导致提供工程品质低劣，带来不良后果。及时足额缴纳法律规定的各项税费，以保证中方企业在叙利亚顺利开展业务。

第三，应当处理好与当地政府的关系。叙利亚行政机关权力较大，中国企业应当与之建立良好关系，取得其支持，从而营造良好的从商环境，在遇到紧急情况时可以请求帮助。在与执法人员打交道时，中方企业应当有理有节。此外，应当积极利用当地媒体宣传企业形象，为企业发展制造舆论。

第四，尊重当地风俗习惯，密切与当地群众的关系。叙利亚国民大多信仰伊斯兰教。此外，其生活习惯也有较多不同之处，因此对于其特殊风俗习惯，中方企业和劳务人员应当给予充分尊重。不得有不当行为，损害国家和企业形象，破坏两国人民友好关系。

第五，企业应当提前建立应急预案。由于叙利亚安全局势的特殊性，在叙利亚的中国企业应当全面考虑可能发生的风险，高度重视安保工作。制定切实可行的预警机制和紧急应对办法；在条件允许的情况下进行演练，加强对在叙员工的安全教育；当遇到突发状况时，及时启动应急预案，争取将损失控制在最小范围内。

3. 紧急措施

第一，企业应当通过法律途径解决纠纷。如向法院起诉或者双方达成一致到仲裁机构请求仲裁。在该过程中，当地律师熟悉叙利亚法律体系和操作流程，没有语言障碍，并且当地律师与司法、执法部门一般都有较好关系，因而雇用当地律师更有利于纠纷解决。

第二，寻求当地政府帮助。企业平时应当与政府部门保持密切联系。叙利亚政府鼓励外国在叙投资，因此遇到突发事件时，可以向所在地地方政府寻求帮助和支持。当地政府较为了解当地情况，有较高威望，有利于快速有效地解决问题。

第三，在遇到紧急状况时可以联系中国驻当地使领馆以取得保护，包括中国驻叙利亚大使馆、中国驻叙利亚大使馆经济商务参赞处等。叙利亚安全形势严峻，企业来叙之前应当听取大使馆意见，到叙后应当积极保持与大使馆的联系，遇到重大问题应当及时报告。

综上所述，叙利亚投资风险系数较大。总体来说，叙利亚国内社会动荡，武装冲突频发，公共服务水平较低，对企业发展较为不利，但同时叙利亚发展潜力巨大。中国企业应当做好风险评估，充分考虑安全成本，在全面了解当地投资环境的基础上作出合理决定。

第四章 以色列

以色列以其科技先进、人才众多闻名于世,以色列政府推出众多优惠政策及项目以鼓励科技发展。此外,以色列虽然地处中东地区,地区冲突偶有发生,但总体安全环境较好。以色列法律制度先进,且对高新技术给予大量法律支持,法律执行效率较高,腐败程度低。因此,以色列是外国企业尤其是高科技企业投资的较优选择。

一、以色列法律制度介绍

(一) 中国与以色列经济贸易关系起源及现状

1. 双边经贸关系

1992年1月24日,以色列副总理兼外长利维访华,同国务委员兼外长钱其琛签署《中华人民共和国与以色列国建立大使级外交关系联合公报》,两国正式建立外交关系。1992年10月,两国签署了贸易、避免双重征税、投资保护、经贸合作、研发合作等协定。2005年11月,以色列正式承认中国完全市场经济地位。建交后双边关系顺利发展,双边贸易额稳步提升。1992年,我国向以色列出口额为1276万美元,进口额为3871万美元;1993年,双方贸易额大幅增加,我国向以色列出口额增长至 7639 万美元，同比增长 498.1%，我国进口额为 7593 万美元，同比增长 40.9%。此后双方贸易总额以较快速度逐年增长。据中国海关统计，2013 年，中以贸易额首次突破 100 亿美元，达 108.3 亿美元。2014 年中以双边贸易进出口总额达 108.8 亿美元，同比增长 0.5%，占以色列对外贸易总额的 8.5%。以色列主要传统出口市场为美国和欧盟，中国是以色列全球第三大贸易伙伴，也是以色列在亚洲的第一大贸易伙伴。中以服务贸易发展势头良好，2014 年前三季度，双边服务贸易额为 5.1 亿美元，其中中国服务出口 2.8 亿美元，进口 2.3 亿美元，主要集中在旅游、运输、咨询等领域。

中国对以色列主要出口商品为机电产品、服装、鞋类、纺织品、陶瓷制品等。中国从以色列进口商品主要为高技术产品，如机电产品、医疗仪器以及器械、电信产品等，此外还有钾肥等化工产品。近些年来，中国与以色列贸易不仅数量上迅速增加，而且贸易结构不断优化，从食品、钻石、化工、纺织等传统产品贸易，不断向高科技、现代医药、新能源、生物技术等方向发展转变，产品结构呈现多样化态势。

2. 双边投资

（1）投资环境

以色列位于中东地区，西靠地中海，邻国为黎巴嫩、约旦、埃及、叙利亚。以色列实际控制面积为 2.5 万平方公里，领海面积为 440 平方公里，居世界第 154 位。海岸线长为 198 千米。以色列总体温度适中，南部和西部沙漠地区炎热干燥，春季和夏季沙尘暴时有发生，旱灾和地震也是以色列可能发生的自然灾害。南部为内盖夫沙漠，中部为山地，沿海平原地势低平，约旦河谷纵贯南北。

2016 年数据显示，以色列人口数量为 846.2 万。其中犹太人占 74.9%，其余为阿拉伯人、德鲁兹人等。希伯来语和阿拉伯语是以色列的官方语言，阿拉伯语主要用于阿拉伯民族，英语是最常用的外国语言。以色列公民多信仰宗教。信仰犹太教者占 75%，穆斯林占 17.5%，信仰基督教者占 2%，信仰德鲁兹教者占 1.6%，其他教派占 3.9%。以色列教育支出占国内生产总值的 5.6%。15 岁以上具有读写能力的人占人口总数的 97.8%。以色列 15 岁到 24 岁青年的失业率约为 12.1%，世界排名第 90 位。以色列约有 378.4 万劳动力，其中从事农业者占 1.6%，从事工业者占 18.1%，从事服务业者占 80.3%。2014 年以色列失业率约为 6%，世界排名第 69 位。[1]

以色列实行议会民主制，首都是耶路撒冷。以色列官方于 1950 年宣布耶路撒冷为首都，但是一般情况下别国的使馆都建立在特拉维夫市。以色列全国分为六个区，即中央区、海法区、耶路撒冷区、北部区、南部区、特拉维夫区。以色列没有正式的宪法，仅有《议会法》《国家土地法》《总统法》《政府法》《国家经济法》《国防军法》《耶路撒冷法》《司法制度法》《国家审计长法》《人的尊严与自由法》《职业自由法》等 11 部基本法。

以色列法律系统是英国普通法、英国强制执行法，是犹太教、基督教和伊斯兰教法的混合体。以色列未接受国际法院的管辖。

以色列国家元首是 2014 年 7 月 24 日当选的总统鲁文·瑞夫林，政府首脑是总理内塔尼亚胡，于 2009 年 3 月 31 日当选。以色列总统由议会选举，任期 7 年，最多可以连任两届。总统职责多具有象征性和礼仪性特征。立法机关选举后，总统咨询政党领导人，任命一名值得信任的议会成员组成治理联盟，议会在 2015 年 5 月 14 日才通过总理内塔尼亚胡的新内阁。

以色列立法机关是一院制议会，共 120 个席位，成员是根据全国选民通过有比例的代表投票直接选出，每届成员任期 4 年。上一次选举于 2015 年 3 月 17 日举行，下一次将于 2019 年举行，但可能提前。

以色列最高法院是最高司法机关，由首席大法官和 14 名法官组成。法官由司法部部长领导的立法选举委员会选举，法官的强制退休年龄是 70 岁。下级法院包括地区法院和治安法院，全国和地区劳工法院，以及特殊法院和宗教法院。

以色列主要政治党派包括工党、利库德集团（内塔尼亚胡是其领导）、沙斯党、犹太家国党和以色列家园党等。

---

[1] Central Intelligence Agency，http：//www.cia.gov/library/publications/the-world-factbook/geos/is.html，最后访问于 2015 年 7 月 17 日。

以色列加入了许多国际组织，如世界知识产权组织、世界卫生组织、世界海关组织、世界贸易组织、联合国工业发展组织、国际民航组织、国际商会、联合国贸易和发展会议、多边投资担保机构美洲国家组织等。

但是，以色列安全问题较为突出。第二次世界大战后，英国人从其托管的巴勒斯坦撤出，联合国建议将该区域划分为阿拉伯国和犹太国，但是遭到阿拉伯人的强烈反对。然而，1948年，以色列宣布成立，以色列人在一系列战争中打败了阿拉伯人，但是没有结束双方的紧张关系。1979年以色列签署了《以色列-埃及和平协定》，于1982年从西奈撤军。1991年以色列、巴勒斯坦和叙利亚进行双边谈判以达成永久性协议。1993年以色列和巴勒斯坦签署了《原则宣言》，也被称为《奥斯陆协定》，约定了两国解决其冲突的原则，给巴勒斯坦过渡时期自治提供指导。然而，巴以直接的和平进程被2001年以及2005年的冲突阻碍。以色列于2005年单方撤出加沙地带，在对加沙地带多数地区保持控制的情况下疏散居民及其军队。2006年由哈马斯领导巴勒斯坦立法委员会使以色列和巴勒斯坦关系陷入僵局。2006年6月到8月，以色列与真主党在黎巴嫩发生34天冲突，2008年12月和2009年1月与哈马斯在加沙地带发生冲突。2010年以色列与巴勒斯坦进行直接对话，但由于以色列在约旦河西岸10个月冻结期届满而最终以失败告终。2012年11月，以色列与哈马斯在加沙地带爆发7天的冲突。巴以直接对话于2013年7月恢复，但是于2014年4月中止。3个月后哈马斯和其他军事组织向以色列发射火箭弹，又导致以色列和激进分子在加沙地带51天的冲突。[1]

以色列经济发展经历了一个非常规、私有化和自由化的过程，获得了经济学家和经济组织的赞誉，其高科技产业的发展成就引人注目。自20世纪90年代中期以来，以色列高新科技企业基本稳定在3000多家，仅次于美国。[2]

以色列主要自然资源有木材、钾、铜矿石、天然气、磷矿、锰和硫黄等。以色列农业用地占土地面积的23.8%，其中耕地占13.7%，永久农场占6.3%，林地占土地面积的7.1%，其他土地合计69.1%。以色列经济的限制因素包括：有限的耕

---

[1] Investment Climate Statement 2014, U.S. Department of State.
[2] 艾利译·马洛（Eliezer Manor）："以色列高科技和风险投资的发展情况"，载《科技管理研究》2004年第2期。

地，自然淡水资源不足，沙漠化，来自工业和汽车尾气排放的空气污染，来自工业和国内的废物、化肥和农药的地下水污染，等等。

以色列有科技先进的市场经济。钻石切割、高科技设备和药品是出口的主要产品。其主要进口产品包括原油、谷物、原材料和军事装备。以色列经济经常存在大额的贸易逆差，可以由旅游业和其他服务出口以及大量的外资流入所平衡。2004—2013 年，由于出口的大量增长，以色列每年经济平均增长近 5%。2008—2009 年的全球金融危机使以色列短暂衰退，但由于数年稳健的财政政策和银行业的弹性政策，以色列依靠坚实的经济基础而渡过经济危机。以色列的经济也经受住了"阿拉伯之春"，因为与中东之外其他国家的强大贸易关系使其经济不受影响。由于 2014 年夏天加沙冲突造成的不确定性导致国内外需求放缓和投资减少，以色列 GDP 增长放缓，在 2014 年约为 2%。自 2009 年以来以色列海岸发现的天然气田照亮了以色列能源安全的前景。塔马尔和利维坦的天然气田属于在过去的十年世界上发现的最大的海上天然气田之列。储量巨大的利维坦天然气田预计最早于 2017 年开始生产，但塔马尔天然气田的产出量为以色列 2013 年的 GDP 贡献 1 个百分点，2014 年提供 0.5% 的增长。2011 年中期，由于收入不平等和房地产、大宗商品价格上涨导致公众抗议爆发。以色列是收入不平等和贫困率最高的经合组织国家之一，公众普遍认为少量的"巨头"类似于卡特尔控制经济的主要部分。政府成立了委员会，并且已经开始分解垄断以解决一些不满，但坚称它不会以赤字开支来满足民粹主义的要求。从长远来看，以色列面临结构性问题，包括增长最快的社会区域——极端正统派和阿以社区中较低劳动参与率。同时，以色列先进的、具有全球竞争力、高知识技术部门仅雇用了 9% 的劳动力，其他劳动力则从事制造业和服务业，行业面临由于全球竞争导致的工资下降压力。

以色列 2012 年的国内生产总值为 2530 亿美元，2013 年为 2613 亿美元，2014 年为 2685 亿美元，世界排名第 56 位，每年保持 2% 以上的增长率。以色列 2012 年人均国民生产总值为 30,800 美元，2013 年为 31,800 美元，2014 年为 32,700 美元，世界排名第 50 位。2014 年以色列国民生产总值中，家庭消费贡献占 57%，政府消费占 22.6%，固定资本投资占 18.9%，存货投资占 0.5%，出口货物和服务占 31.8%，进口抵消 30.7%。服务业的国民生产总值贡献率最高，达 71.9%，工业占 25.7%，农业占 2.4%。[1]

以色列主要农产品为柑橘、蔬菜、棉花、牛肉、家禽、乳制品等。主要工业产品为高科技产品（包括航空、通信、计算机辅助设计与制造、医疗电子、光纤）、木材和纸制品、钾肥和磷肥、食品、饮料、烟草、烧碱、水泥、建筑、金属制品、化工产品、塑料、切割钻石、纺织品、鞋类。以色列主要进口产品为原材料、军事设备、投资产品、原钻、燃料、粮食生活消费品。以色列原油生产量每天约为 490 桶（2013 年数据）。原油储量约为 1150 万桶，世界排名第 91 位。天然气产量为 63.5 亿立方米，世界排名第 49 位；天然气储量约为 2850 亿立方米，世界排名第 38 位。2013 年，以色列主要的进口贸易伙伴——美国占 11.3%，中国占 7.8%，德国占 6.5%，瑞士占 6.1%，比利时占 5.3%。[2]

以色列对于企业投资没有统一的要求，但是有些要求，例如入境投资抵消要求经常被包含于与政府签订的销售合同中。在一些领域要求以色列人应当占有公司一定比例的份额。以色列的签证和居留要求透明度高。

以色列依赖以美国为主的境外创业投资资金，但以色列并不像美国、英国、德国、瑞典和爱尔兰等国那样对境外创业投资资金给予零税率的优惠政策，这在一定程度上加快了境外创业投资资金的减少。[3]

以色列法律体系保障外国和本国实业建立和拥有商业企业，以及参与营利活动的权利。私人企业有权自由获取和处分其企业产生的收益。作为私有化进程的一部分，以色列政府积极鼓励外国投资国有企业私有化进程。

2011 年夏以色列爆发大规模社会抗议后，以色列政府建立专门委员会以解决提出的问题。为了避免国家基础设施的控制权落入少数人手中，该委员会建议分散基础设施的控制权。同时还导致《商业集中法》的产生，该法于 2013 年年

---

[1] Central Intelligence Agency，http：//www.cia.gov/library/publications/the-world-factbook/geos/is.html，最后访问于 2015 年 7 月 17 日。

[2] Central Intelligence Agency，http：//www.cia.gov/library/publications/the-world-factbook/geos/is.html，最后访问于 2015 年 7 月 17 日。

[3] 苏启林：“以色列创业投资发展现状与经验借鉴”，载《外国经济与管理》2001 年第 12 期。

末被以色列议会通过。尽管该法大部分立法目的是减少私人产业集中于少数权势家族的手中，但也希望对未来国有企业私有化产生影响。

在一些行业中存在垄断和寡头阻碍竞争，这使私人企业和公共企业平等竞争仅是一项政府政策。在垄断的情形下，即占据50%以上的市场份额，政府将会控制其价格。

以色列有一个自由贸易区——埃拉特红海港口城。以色列共有三个港口，海法港、阿什杜德港口和埃拉特港。以色列政府正在计划扩大和升级海法和阿什杜德的主要港口。在主要港口和贸易区都有包含冷库的良好仓储区，但是现在的容量已经难以满足当前的需求。

以色列网络使用率较高，约占人口的75.8%。以色列有10家综合性电视台，以色列国有广播电视台由以色列广播局运营，此外还有5个商业电视台。由于以色列使用语言的多样性，其报刊媒体也由于使用语言的不同分为几类。希伯来文报刊包括《新消息报》、《晚报》、《国土报》及《通信报》等。阿拉伯文报刊包括《鱼钩报》、《全体阿拉伯人报》及《联合报》等。英文报刊包括《耶路撒冷邮报》以及《国土报》的英文版本等。

以色列2013年有机场47座。天然气管道长为763千米，石油管道长为442千米，精制石油产品管道长为261千米。铁轨长约975千米。公路长为18566千米。

（2）投资现状

以色列2010年外国直接投资总额为55亿美元，2011年为108亿美元，2012年为95亿美元，2013年增长至118亿美元。以色列国内2013年外国直接投资存量为869.5亿美元，2014年约为970.5亿美元，世界排名第44位。外国直接投资存量2013年为789.2亿美元，2014年为836.2亿美元，世界排名第33位。[1] 海外私人投资公司参与了以色列一些小型项目，最近批准了25000美元的建设贷款用于位于内盖文的110兆瓦阿文戈亚太阳能工程。

---

[1] Central Intelligence Agency, http://www.cia.gov/library/publications/the-world-factbook/geos/is.html, 最后访问于2015年7月11日。

2013年,中国对以色列直接投资达189万美元。截至2013年年末,中国对以色列直接投资存量3405万美元。由于以色列生产成本较高,人口地域限制导致市场相对狭小,消费水平高,以及地区安全问题等,中资企业2007年前在以色列投资合作较难取得重大突破。2008年,中新苏州工业园区创业投资有限公司向以色列Mate-MediaAccess科技有限公司参股300万美元,占该企业股份的3.6%。此后,中资企业在以色列投资进程开始较快发展。2010年,浙江三花股份有限公司向以色列投资、深圳易方数码科技股份有限公司收购以色列企业。目前,在以色列的中资机构包括以下几家:中铁十二局;中铁隧道集团公司;中国土木工程集团有限公司以色列分公司;华为技术有限公司;中兴通讯股份有限公司;中海(以色列)代理有限公司;中远以色列公司;上海国际港务(集团)公司;中国港湾工程有限责任公司;同方威视技术股份有限公司;国家开发银行以色列工作组;复星医药;中国化工集团;等等。[1]

(二)以色列《宪法》及基本法律制度

以色列没有正式的宪法,仅有《议会法》、《国家土地法》、《总统法》、《政府法》、《国家经济法》、《国防军法》、《耶路撒冷法》、《司法制度法》、《国家审计长法》、《人的尊严与自由法》、《职业自由法》等11部基本法。以色列的《人权法案》由几部基本法组成,如《人类尊严和自由》以及《职业自由》等,规定了公民的基本权利和义务。

以色列宗教法适用范围有限,只适用于结婚和离婚事务,其他家庭事务只有在各方同意的情况下才能适用宗教法。此外,有些法律受到宗教的影响,如以色列的安息日所有人都应当遵守。

以色列私法受到西方法律的影响较大,形成了以色列风格的普通法。以色列私法即受到民法法系的影响,如善意、禁止权利滥用原则,此外也受到普通法法系的影响,如遵循先例原则,最高法院的判决对下级法院都有约束力。

---

[1] "在以中资机构",中华人民共和国驻以色列大使馆经济商务参赞处,http://il.mofcom.gov.cn/article/zxhz/zzjg/201506/20150601004408.shtml,最后访问于2015年7月20日。

（三）以色列货币金融法律制度

1. 货币银行法律制度

以色列货币为新谢克尔（NIS），由以色列央行统一发行管理。以色列实行浮动汇率制，可以与美元、英镑等自由兑换。美元与谢克尔汇率约为1：3.8，较2013年有一定贬值，减轻了出口企业的压力。人民币与谢克尔不能直接兑换，结算时需要以美元、欧元、英镑国际货币作为中间货币进行兑换。

以色列信贷情况明显根据市场条件分布。然而多达70%的信贷资金都由少数个人和企业掌握，其中一些人更是掌握了银行的控制利益。此外，银行利益主要来源是各种客户缴纳的银行费用，如贷款会有一定优惠条件。私人产业可以使用各种信贷工具，外国投资者可以在当地市场获得贷款。法律、规章以及记账系统透明化程度较高，与国际通行惯例一致，尽管通货膨胀调整账目意味着可能与他国记账原则有所不同。[1]

以色列银行是以色列的中央银行，独立于政府，负责制定和实施货币政策，管理外汇储备，监管以色列银行系统，发行货币。以色列银行与政府共同制定外汇政策。

以色列有五家主要商业银行。以色列国民银行集团（Bank Leumi le-Israel）和以色列工人银行（Bank Hapoalim）主导以色列金融市场，第三位是以色列贴现银行集团（Israel Discount Bank）。2013年年底，以色列国民银行拥有资产1075亿美元，以色列工人银行拥有资产1075亿美元，以色列贴现银行拥有资产574亿美元。以色列银行已经完成私有化改造，但以色列工人银行例外，其6%的股份由以色列国家掌握。公众公司的所有权高度分散，交叉持股和固定股东以防止兼并是常见的做法，但是目的并非阻碍潜在外国投资者。尽管直到现在，很多公司都有金字塔形的结构，《商业集中法》于2013年年底由以色列议会通过，目的是减少该种现象。以色列没有法律和规章规定私人企业章程需要限制或者禁

---

[1] *Investment Climate Statement* 2014, U.S. Department of State.

止外国投资、参股或者控股。[1]

2. 信用卡制度

以色列信用卡使用十分普及，大部分餐厅、商场、超市都可使用信用卡进行消费。中国发行的维萨卡等可使用。

3. 外汇法律制度

随着对于机构投资者向外国投资的最后限制被取消，以色列的外汇自由化进程于 2003 年 1 月 1 日全部完成。外币管制被彻底取消，以色列新谢克尔成为自由兑换的货币。以色列银行保留了当汇率波动异常时干预外国货币兑换的权力，该种情况仅发生于汇率与基本经济状况不符或者外汇市场没有正常运行的情况。以色列个人投资外国市场不受限制。外国投资者可以开立谢克尔账户，便利其投资于以色列企业和保险公司。这些谢克尔账户资金可以全部转换为外汇。

大多数交易需要通过一个官方授权的交易商完成。该交易商一般是获得营业执照的银行机构为其客户安排外币交易。该授权交易商应当向以色列外币控制中心报告大宗外汇交易。在汇出营业利润、债权和资金收益时没有其他限制或者明显的延误。

4. 证券法律制度

以色列有一家证券交易所，即特拉维夫证券交易所（TASE）。该证券交易所在中东地区颇有影响。以色列证券交易管理机构采取双重上市规则，允许以色列公司同时在纽交所、纳斯达克证交所和特拉维夫证券交易所上市发行股票。

截至 2013 年年底，特拉维夫证券交易所共 508 家上市公司，总市值达 2033 亿美元。2013 年，股指从经济危机的影响中恢复过来，上涨较为明显。

---

[1] *Investment Climate Statement* 2014, U. S. Department of State.

（四）与外国投资者的商贸、投资活动有关的法律制度

1. 贸易主管部门

以色列贸易主管部门是经济部，该部负责制定有关贸易政策，规定相应程序，与出口有关的大部分事宜也由经济部负责。此外，海关是实施进出口政策的机构，负责审阅进出口需要文件、实施限制措施、退税等事宜。以色列政府公司管理局（Government Companies Authority）是根据以色列《政府公司法》建立和运行的。这是财政部的一个下属单位。政府公司局是负责监督国有企业、私有化改造以及实施结构改造的行政机构。该局监管100多家企业，包括各类商业和非商业公司，政府机构以及政府私人混合控股公司。这些公司中有一些是以色列最大和最复杂的经济体，如以色列电力公司、以色列航空工业公司、拉斐尔国防系统公司、以色列邮政公司、以色列全国供水公司、以色列天然气管线公司、以色列港口公司、铁路公司、石油和能源技术设施公司、以色列全国公路公司、先进的研究基金以及房地产公司。以色列正在积极考虑建立一个主权财富基金，以便发现主要的离岸天然气田。

2. 税收法律制度

以色列税收制度与西方国家相似，实行属人税法和属地税法相结合的税收制度。以色列是世界上赋税最重的国家之一。2010年总税赋占GDP的31.4%。以色列税务管理机构包括中央政府部门、国家保险协会、地方政府以及其他机构，对应各自管理行业机关。以色列财政部税务局对税率作出公告。

以色列税种包括：收入和利润税、工资税、财产税、国内产品和服务税、进口税、国家保险税等。此外，各地方还有一些各自的税收费用。2011年以色列大规模民众游行促使以色列政府开展税收改革，并且其部分建议得到政府采纳。

以色列政府对地区和工业的发展实施鼓励和扶持政策。在税收上的集中体现是对特定地区和企业的税收减让与免除。特别值得一提的是由以色列投资中心负责实

施的企业认定计划。以色列《投资法》规定，凡被认定的企业缴纳25%的公司税（非认定企业缴纳36%的公司税）以及由公司利润支付的红利中扣缴15%税款。同时又规定，如果国外投资者拥有"被认定企业"25%以上的股权或债务，该企业便具有外资公司资格，根据国外投资人在公司的出资份额，公司可享受10%—25%的优惠税率。"认定企业计划"的实施和外资公司待遇给一大批高新技术企业，尤其是合资高新技术企业的发展创造了宽松的环境，减轻了企业的负担。[1]

3. 海关法律制度

以色列工业产品贸易自由化程度较高，相比之下，农产品、医药产品、化学产品、食品等受到较多限制。限制方式主要包括高关税、许可证、关税配额和数量限制、卫生和动植物检验检疫、环保技术标准等。以色列禁止进口的商品包括：有损公共道德、健康、安全等方面的产品、毒品、部分化学品、不按犹太教教规制作的肉及肉制品，以及从伊朗、黎巴嫩和叙利亚进口的商品。此外，以色列对羊肉、含脂肪1.5%以上的牛奶和奶油等少量农产品实行数量限制。[2]

以色列是WTO成员国，适用最惠国待遇，目前以色列的平均最惠国关税为8.9%，但农产品关税仍然较高。对于自由贸易协定国的工业产品基本免除关税，农产品也可享受优惠税率。

4. 公司法律制度

以色列最常见的公司制度为公司制，包括有限责任公司、股份有限公司和无限责任公司。《公司条令》为规制公司制度的专门法律。此外还有合伙形式，合伙企业需要按照《合伙条令》的规定行使权利、履行义务，在成立1个月内到司法部合伙制企业注册局注册。合伙人的数量一般不能超过20人。外国公司也是另一类企业形式。外国公司可以在以色列设立分支机构和办事处等机构，但需要在设立起1个月内注册为外国公司。合作社也是一类企业形式。以色列有《合作

---

[1] 徐双烨、王红梅："以色列风险投资业发展分析"，载《研究与发展管理》2000年第2期。
[2] "对外投资合作国别（地区）指南——以色列（2014年版）"，中华人民共和国商务部，http://fec.mofcom.gov.cn/article/gbdqzn/，最后访问于2016年8月25日。

社条令》用以规制这类企业。合作社成员的责任一般以其出资为限。最后还有合资企业形式。合资企业是由两个或两个以上的合作方共同开展活动或在特定基础上进行交易的企业。

5. 外国公司承包法律制度

如前文所述，以色列是世界贸易组织《政府采购协议》的缔约方。政府投资在 500 万特别提款权及以上的公共工程项目只对《政府采购协议》成员开放，非成员国家的企业无权参与。

涉及国防、国家安全及公共利益等问题的项目禁止外国公司承包，在电信、旅游代理、酒店等领域对外国企业承包项目也有一定限制。

6. 进出口商品检验检疫

以色列标准协会负责大部分进口商品的检验。涉及专业检验的，由该机关负责，如医药由卫生部负责检验、农业部则检验农产品。检验合格后发给进口许可证或者直接进口。涉及卫生、安全、环境等方面的检验较为严格，所有企业必须满足强制标准，否则其产品不能入境销售。非强制标准主要起到引导和参考作用。

犹太教对食品有一些特殊要求，如进口商在以色列销售带 kosher 标记的食品应当先获得犹太教大拉比发放的证书。

7. 劳工法律制度

以色列有 370 万劳动者。以色列的劳动力由于其技术性强、受过良好教育成为经济的主要财富。超过 24% 的劳动者拥有大学学历。超过 30% 的以色列大学生专业与工业研究和开发相关，包括工程、数学、物理科学以及医药等。根据投资促进中心的数据，在以色列，每 100,000 名工人中就有 135 名科学家，位列世界第一。20 世纪 90 年代末，高科技产业的迅速发展要求工人有专业技术。然而，最近几年以色列国际学生评估测试中排名比西方国家低。

以色列失业率在不断减小，从 2009 年由于经济危机影响的 9.5% 下降至 2010

年的 6.7%，2011 年的 7.1%，2012 年的 6.9%，2013 年下降至 6.2%。根据以色列银行数据，外国劳动者在以色列逐年增长，从 2007 年 193,000 人到 2008 年的 211,000 人，2009 年、2010 年增长至 220,000 人。2010 年该数据有所下降，为 215,000 人，2012 年又增长至 222,000 人。2012 年年底，以色列政府允许巴勒斯坦居民到以色列工作的人数增长至 41,500 人。[1]

全国劳工联盟（Histadrut）组织了三分之一的以色列劳动者。Histadrut 和经济部的代表进行国营经济部门的集体谈判。随着国营经济部门的缩小，罢工的数量已经大幅减少。然而，罢工依然是很多工资谈判中一个普遍的筹码。

以色列严格执行从周五下午到周六下午的安息日，如果在安息日工作应当取得政府的特别许可。以色列公民在 18 岁时要求服 2—3 年的国民兵役。男性公民 40 多岁时，应当每年在军事预备役服一个月的兵役，在该期间，他们会拿到从国家保险公司获得的补偿金。

8. 知识产权法律制度

以色列拥有以英国普通法为基础的现代法律体系，为保障公民财产和合同权利提供有效手段。以色列法院是独立的。以色列民事法律程序规定外国法院的判决可以被以色列法院承认和执行。以色列法院系统承认和加强财产上的权益，有专门的记录系统用以保护该种权益。专利保护从归档起开始计算，共 20 年。药物的产品和工艺专利在以色列受到保护。然而，以色列专利保护系统仍然允许事先阻止专利申请的制度，这可能会导致一些申请的严重拖延。以色列在特殊情况下采取强制许可制度，经常在某项产品在以色列没有合法条件时被应用。

以色列是世界贸易组织和世界知识产权组织（WIPO）成员。以色列还是《保护文学和艺术作品伯尔尼公约》、《世界版权公约》、《保护工业产权巴黎公约》、《专利合作协定》的签署国。从 2000 年 1 月 1 日起，以色列有义务执行 WTO《与贸易有关的知识产权协定》的规定。但是政府仍然在考虑相关实施问题，目前尚未开始执行。

---

[1] *Investment Climate Statement* 2014, U.S. Department of State.

自 2014 年 2 月起，以色列法律为防止药物市场许可的数据受到不公正商业使用提供了充分的知识产权保护，这使医药公司投资受到一定阻碍。2010 年 2 月，以色列与美国达成协议，决定修改其知识产权保护法律以解决其药物产品相关数据保护过度的问题。

以色列《著作权法》是在英国《1911 年著作权法案》的基础上修改制定的。其为著作权所有者提供以下排他权利：复制该作品；制作、复制、表演或者发表翻译版本；公开表演戏剧或者小说；录制文学、戏剧和音乐作品。法律对一些商业侵犯活动规定了刑事惩罚。最近通过的《著作权法》是以色列旧法的重大进步，其结构、立法技术以及适用范围更加先进。临时复制品也明确受到保护。该法规定，非以色列公民发表声音录制品，如果第一次公开发表不在以色列，则其无权享有相应的著作权，除非该公民是与以色列关于声音录制品达成协定的国家公民。声音录制品的保护时限是 50 年；其他作品的保护时限是作者生命终结起 70 年。

以色列《著作权法》也欠缺发达国家《著作权法》中常见的一些保护，包括技术保护措施，管理信息权利，网络服务提供者的相关权利保护，安全港原则以及平行进口保护，等等。以色列尚未加入世界知识产权组织的《互联网协定》，然而，以色列正在审查一项草稿公开法案，该法案与世界知识产权组织的《著作权协定》相符。司法部表示，如果《著作权协定》成功在以实施，以色列将会履行世界知识产权组织的其他要求和《录音制品协定》的内容。

9. 环保法律制度

以色列主要环保法律包括《环境保护法》、《海岸环境保护法》、《地方当局环境执行法》、《公共机构环境法》、《减少污染法》、《公告卫生条例》、《野生动物保护法》、《清洁空气法》和《水法》等。

以色列是以下国际公约的成员国：《保护生物多样性国际公约》、《联合国气候变化框架公约的京都议定书》、《联合国荒漠化防治公约》、《国际濒危物种贸易公约》、《控制危险废料越境转移及其处置巴塞尔公约》、《保护臭氧层维也纳公约》、《防止船舶污染国际公约》、《国际湿地公约》与《国际捕鲸管制公约》。此外，以色列已经签署但尚未批准的《保护海洋生物国际公约》。

以色列环保主管部门为环境保护部。同时，地方政府应当执行环境保护部制定的政策，监督地方环境保护情况等事务。

10. 其他商贸投资有关法律制度

贿赂和其他形式的腐败在以色列很多法律和民事服务规定中规定为违法行为。以色列在 2008 年 11 月成为经济合作与发展组织《反贿赂公约》的签字国，并于 2010 年 5 月成为经济合作与发展组织的正式成员国。以色列在经济合作与发展组织的 34 个成员国中排名第 25 位。有几个非政府组织致力于研究以色列公共领域伦理道德问题。透明国际在以色列设有一个代表处。以色列在透明国际 2013 年发布的《腐败观察指数》中位列第 36 名，与 2011 年相同。

经济合作与发展组织的《反贿赂公约》，联合国《反腐败公约》，《美洲洲际反腐败公约》（OAS Convention），欧盟委员会《刑事和民事法律公约》以及一系列双边、多边贸易协定中关于反腐败的条款共同构成反对腐败法律制度框架。以色列是经济合作与发展组织《反贿赂公约》、联合国《反腐败公约》的成员国。

经济合作与发展组织《反贿赂公约》于 1999 年 2 月生效。截至 2010 年 12 月，该公约共有 38 个成员国。公约规定成员国必须对国际商事交易中的贿赂问题采取刑事处罚。以色列适用该公约的规定。

联合国《反腐败公约》于 2005 年 12 月 14 日生效，截至 2010 年共有 144 个成员国。该公约是第一个全球性综合反腐败协定，要求成员国建立刑事及其他系统以规范各种形式的腐败行为。其比之前的反腐败措施更为先进，覆盖行为更为广泛，从腐败的基本形式如行贿和受贿、挪用财产、强迫交易等到隐瞒事实以及对腐败所得的洗钱行为等。该公约包含反对商业贿赂条款，其功能与经济合作与发展组织《反贿赂公约》相似；也包含关于对私人领域审计、记账等要求；还包括防止腐败、国际合作以及财产追回。以色列已经签署并认可了该公约。

大多数欧洲国家是欧盟委员会《关于腐败的刑法公约》《民法公约》的缔约

国。《关于腐败的刑法公约》要求将一系列国内和国际腐败行为作出刑事处理，如贿赂、洗钱以及虚假记账等。该公约也规定了法人的法律责任以及证人保护制度。《民法公约》规定了腐败行为带来损害的赔偿问题，检举人保护制度以及合同的效力问题。截至2009年，《关于腐败的刑法公约》有43个成员国，《民法公约》有34个成员国。以色列目前还未加入该公约。企业应当熟悉当地反腐败法律，并且在可能的情况下雇用专业法律顾问。

二、中资企业对以色列投资的主要产业及法律流程

（一）市场准入

以色列政府积极鼓励和支持外商投资。以色列经济部下属的投资促进中心负责协调政府部门，以及为外国投资者提供服务。除了少数涉及国家安全和公共利益的领域对外资有所限制以外，其他领域基本没有限制。以色列禁止外商投资的企业仅有一个，即博彩业。此外，对国防工业、发电、通信和铁路运输的某些领域采取限制措施。以色列政府对高科技产业和技术创新企业采取鼓励政策。以色列因其高素质的劳动力、科技水平、政府鼓励等闻名于世，尤其政府每年在科技创新等方面的投入世界排名前列，因此外商适宜投资基础创新和研发型企业。

（二）重点/特色产业[1]

以色列农业较为发达，被人们称为"欧洲的冬季厨房"。农业占国民生产总值的2.5%，主要农产品为蔬菜水果、家禽类产品、牛羊畜牧产品、粮食作物、鲜花园艺产品以及其他。主要农作物有小麦、棉花、蔬菜、柑橘等。

20世纪60年代末，以色列的工业水平较为发达，不仅能满足国内市场需求，

---

[1] "对外投资合作国别（地区）指南——以色列（2015年版）"，中华人民共和国商务部，http://fec.mofcom.gov.cn/article/gbdqzn/，最后访问于2016年8月25日。

还能出口海外，换取外汇。到 90 年代，以色列劳动密集型产业逐渐被淘汰，而高科技产业开始崛起。其主要工业产品有：高科技产品（包括航空、通信、计算机辅助设计与制造、医疗电子、光纤）、木材和纸制品、钾肥和磷肥、食品、饮料、烟草、烧碱、水泥、建筑、金属制品、化工产品、塑料、切割钻石、纺织品、鞋类。

2009 年、2010 年以色列发现大量离岸天然气资源，为天然气领域的投资创造了条件。目前已经有公司在该领域进行投资。随着以色列成为天然气的重要出产国，以色列政府正在制定新的规则以规范该领域，保障竞争，吸引投资，实现更长远的能源计划。以色列政府制定能源领域的管理法规遭遇的困难使许多投资者抱怨税收、许可、出口政策法规的不确定性。然而，随着时间的推移，这些问题得到进一步解决，该领域的发展前景良好。

以色列的生命科学和生物技术产业全球排名前列。其生物产业多为跨学科技术，特别是信息技术与生物技术结合，体现了以色列在该领域的实力。以色列是全球医疗器械制造领域信息技术运用最为广泛的国家，拥有包括特华制药等全球知名生物技术企业。2008 年以来，以色列生物技术产业受到经济危机的影响有所衰退。

以色列非常重视高新技术产业，在各方面全球领先，如学术基础雄厚、军事研发经验丰富，国家投入巨大，国家投入的高科技研发领域资金占国民生产总值比重位于世界前列，仅次于日本和瑞士。其中，以色列信息通信产业位于该国技术前沿。此外，以色列政府积极支持工业研发项目，如加大财政投入，创造就业机会等。

以色列拥有先进的水循环技术、最大的反渗透海水淡化厂、全球效率最高的滴灌技术。此外，以色列在水技术相关产业方面也有先进的技术，如输水设备、仪器等，得到全球各国的认可。

以色列的钻石加工全球闻名，全球价值 60% 的钻石在以色列加工。该国拥有设备最高级的钻石加工厂、最先进的钻石加工工艺和经验丰富的加工人员。

此外，以色列第三产业发达，其中旅游业占有重要地位。以色列每年都吸引大量游客前来观光。其主要旅游地有宗教圣地耶路撒冷、拿撒勒、海法等，还有地中海沿岸等自然景观。

（三）发展规划

以色列政府为了降低国际经济危机的影响，首先推出了各项经济刺激计划，其次加大国家投入，培养经济的长期竞争力。主要有以下几个方面的措施：[1]

第一，加大研发投入，出台太阳能、风能发电补贴政策，推动新能源行业发展。

第二，推动垄断行业改革，采用国家财政担保的方式，鼓励私人企业参与电力行业竞争。

第三，设立欠发达的南部内盖夫地区发展基金，加速发展边远地区经济。

第四，设立专项资金扶持阿拉伯人和宗教人士就业。

第五，加强基础设施建设，启动高速以色列计划、特拉维夫-耶路撒冷轻轨、埃拉特-迪莫纳铁路建设，着手建设多个抽水蓄能电站、燃气电站保证电力供应。

第六，加大旅游产业投入，促进旅游业可持续发展。

（四）投资法律流程

1. 设立企业形式

以色列的企业制度较为完善，可以设立股份有限公司、有限责任公司、无限责任公司，直接注册为外国公司、合伙企业、外国合伙企业、合作社以及合资企业等。

《公司条令》专门规定公司法律制度。合伙企业需要按照《合伙条令》的规定行使权利、履行义务，合伙人的数量一般不能超过20人。外国公司可以在以色列设立分支机构和办事处等机构，但需要在设立起1个月内注册为外国公司。

---

[1] "对外投资合作国别（地区）指南——以色列（2015年版）"，中华人民共和国商务部：http://fec.mofcom.gov.cn/article/gbdqzn/，最后访问于2016年8月25日。

此外，以色列有《合作社条令》用以规制这类企业。合作社成员的责任一般以其出资为限。合资企业是由两个或两个以上的合作方共同开展活动或在特定基础上进行交易的企业。

2. 注册企业法律程序

在以色列注册不同的企业形式所需要的程序并不相同。注册企业都需要向以色列公司注册局提交注册申请、公司章程等法律文件，但申请注册外国公司应当取得以色列驻该国公司所在国领事部门对申请文件的认证、授权委托书以及公司成立证明等。

以色列银行区分以色列居民账户和非以色列居民账户。外国居民可以开立两种账户，非以色列居民外汇账户和非以色列居民谢克尔账户。

此外，公司需要在开展业务前注册为经销商，以方便缴纳增值税。注册时应当提供公司注册局核发的合同、公司备忘录及公司章程、公司董事身份证复印件、办公场所租赁合同等。各地都设有增值税办公室方便公司注册。

以色列在很多领域实施代扣税制度，公司应当在当地代扣税办公室注册，建立档案，雇员工资、提供服务报酬、销售所得、股利等多数收入都应当预先代扣税。

此外，公司应当进行国家保险与医疗保险注册等。

3. 承包工程项目程序

以色列政府项目招标一般由政府各部门发布信息，此外，以色列媒体也会公布招标信息。以色列招标程序应当遵守《招标管理条例》，国家投资项目应当采取招投标方式。招投标审核一般较为严格，往往需要经过较长时间。项目如果不采用招标方式进行应当向主管部门申请获得许可。

以色列是WTO《政府采购协定》的签署方，该协定覆盖以色列大部分政府机构和政府企业。大多数国家的国际公开招标公布在当地媒体上。然而，政府企业利用选择性招标程序的情况经常发生。此外，政府采购程序透明度的缺乏也阻碍了许多公司参与大型项目，打击了参与竞争者的信心。政府采购法律法规的执行也存在不一致的问题。

4. 申请专利和注册商标

以色列知识产权注册一般通过代理人进行，因为代理人具有专业的知识，熟悉注册流程，在申请专利和注册商标时可以加快速度并且增加注册成功的可能。司法部下属的专利、设计和商标办公室负责知识产权的注册登记，其下属的4个部门分别处理各自有关知识产权的审批与登记。

5. 企业的社会责任

以色列企业社会责任意识较为强烈。以色列外国贸易部门负责执行经济合作与发展组织《跨国企业和国家联络点指南》。企业应当积极承担社会责任，争取对企业有利的生存环境。

（五）优惠政策

以色列遵守世界贸易组织《与贸易有关的投资措施协定》（TRIMs）。通过对工业、旅游和房地产业的投资者提供一系列优惠政策和措施鼓励当地和外国投资。尤其是对于高科技公司和科研活动给予高度重视。以色列公民享有的优惠外国投资者同样也有权享有。一些优惠政策在《鼓励资本投资法》中作出规定，由以色列投资中心负责执行。以色列政府对于外国投资者出口产品没有特别优惠政策。

要享受法律规定的优惠政策，公司首先需要在以色列注册为"工业性公司"，以及被认定为"在国际上有竞争力"。然而，生物科技和纳米技术公司无须满足出口要求。法律认定其为在优先区域的一项投资，被称为被认可投资，公司则为被认可企业。

1. 科研优惠[1]

首席科学家办公室（OCS）负责执行政府关于鼓励和支持工业研究和开发的相关政策。该办公室提供了一系列支持项目，这些项目每年花费财政资金达 23000 万美元。这些费用被用于 500 个公司承担的 775 个项目。这些项目帮助以色列成为高科技企业中心。首席科学家办公室的主要项目（研究和开发基金）支持以色列公司的研究和开发项目，向其提供有条件的补贴，高达该研究开发项目花费的 50%。如果该项目获得商业性成功，则公司有义务通过特许使用金的方式支付补贴费用。

2005 年，首席科学家办公室推出一项对传统工业的支持项目，该办公室对于传统工业的项目提供独立的评估和讨论服务。办公室网站包括国际支持的信息、双边基金、全球企业研究和开发合作框架、项目中心以及国内支持项目信息。

目前以色列有四个项目为高科技外国企业研究和开发中心提供政府支持，可以通过以下链接获取相关信息：http://www.israelbusiness.org.il/financialassistance/rdincentives。

以色列拥有富有活力的财政服务信息技术产业。为了消灭该产业的资本化，以色列经济部推出了针对跨国金融和银行企业的创新支持项目。首先应当满足以下条件：第一，申请者是外国公司并且在以色列没有研究和开发活动；第二，该公司业务属于金融产业；第三，公司营业额超过 100 亿美元。

为了执行修订的《鼓励资本投资法》，以色列政府已经决定开展新项目来促进以色列边远区域以及失业率较高领域的雇佣情况。以色列对于工厂、电信呼叫中心、计算机服务支持中心以及物流中心的建立和规模扩大提供支持。为了符合项目要求，企业雇佣工人的数量以及最低工资都有一定要求。补贴最多为每个工人 30 个月共 34000 美元或每个月 100 美元。

增加工资雇佣补贴项目。经济部已经启动了一项创新项目以支持位于内盖夫

---

[1] *Investment Climate Statement* 2014，U. S. Department of State.

和加利利的工业公司，这些公司给工人发放了较高额的工资。该项目是长期计划的一部分，该计划旨在推动边远地区高科技企业的建立和促进高工资中心的成立。

大公司雇佣补贴项目。经济部已经启动了一项新创新项目以支持位于内盖夫和加利利的大型企业。该新项目是一个针对内盖夫和加利利长期计划的一部分，该计划旨在增加以色列南部和北部的就业机会。符合该计划的标准，工业公司需要雇佣至少100名工人。提供给投资者的雇工补贴根据雇员工资费用的百分比计算，为期4年。

2. 电影法优惠政策

该法的主要目标是鼓励外国在以色列拍摄电影。为实现这项目标，该法规定了大额的税收优惠，从而使电影的成本减少20%。《鼓励电影拍摄法》于2008年10月28日由以色列议会通过。法律认可两种电影拍摄方式：外国独资和双方合作拍摄。在这两种情况下，法律给予的补贴提供给以色列拍摄公司，然后由以色列公司将补贴转移给外国拍摄公司。

作为有潜力创意的集合地，以色列科技育成中心已经帮助以上高科技企业在世界知名。以色列经济部的首席科学家办公室负责执行政府鼓励和支持早期工业研究和开发政策。

3. 培训支持项目

以色列经济部的人力资源培训局积极协助个人公司培训工人，以达到公司要求的专业水平。该支持项目通过三个项目实施：

工厂培训班。人力资源培训局支持至少18个培训班的开办，用以培训公司需要特别技术的工人。主要条件是公司有义务雇佣至少50%的培训班毕业人员。

培训和安置班。该项目针对希望在特定专业和规则培训工人的雇佣者和雇佣机构。公司或者机构需要承诺在课程结束后6个月内雇佣至少50%的培训班毕业人员。人力资源培训局将资助运行这些班级的全部费用。

内部工厂培训。该项目帮助需要在企业内部开展在职培训的雇佣者。人力资源培训局在该项目中会支付每位工人 250 美元到 350 美元的补贴。

以色列已经与以下各国签订了投资保护协定：阿尔巴尼亚，阿根廷，亚美尼亚，阿塞拜疆，白俄罗斯，保加利亚（修改协议），中国，克罗地亚（由于克罗地亚加入欧盟，修正协议谈判正在进行中），塞浦路斯，捷克，萨尔瓦多，爱沙尼亚，格鲁吉亚，埃塞俄比亚，德国，危地马拉，匈牙利（条约于 2007 年终止，现有投资已经给予的保护于十年后终止），印度，哈萨克斯坦，拉脱维亚，立陶宛，马其顿，摩尔多瓦，蒙古，黑山，波兰，罗马尼亚（修改协议），塞尔维亚，斯洛伐克，斯洛文尼亚（条约于 2007 年终止，现有投资已经给予的保护于十年后终止），南非（待批准），韩国，泰国，土耳其，土库曼斯坦，乌克兰，乌拉圭，乌兹别克斯坦。[1]

(六) 以色列对中国企业保护政策

中国与以色列政府在 1995 年签署了《中华人民共和国和以色列国政府关于促进和相互保护投资协定》，1995 年 4 月中国与以色列政府签订了《避免双重征税协定》。此外，中国和以色列还签订了《海运协定》、《政府贸易协定》、《投资保护协定》、《工业技术研究与开发合作框架协议》等。

三、中国与以色列投资争端解决程序与案例

(一) 投资争端解决程序及现状

以色列有一部成文商业法律，该法是根据 1948 年英国公司法制定的。以色列商法包含关于公司破产和清算的标准规定。个人破产由独立的破产规章规定。金钱赔偿的判决通常以当地货币为单位作出。以色列政府接受解决外国投资者和

---

[1] *Investment Climate Statement* 2014, U.S. Department of State.

国家之间的有效的国际仲裁裁决。以色列是国际投资争端解决中心的会员，也是 1958 年《关于承认和执行外国仲裁裁决公约》的缔约国。

以色列最高法院是最高司法机关，由首席大法官和 14 名法官组成。下级法院包括地区法院和治安法院，全国和地区劳工法院，以及特殊法院和宗教法院。

（二）中国在以色列投资案例

中国目前在以色列最大的投资是光明集团以 20 亿美元收购 TNUVA 公司。2014 年中旬，上海国资背景的光明集团宣布与以色列最大食品制造商 TNUVA 签订初步协议，购入后者多数股权。公开资料显示，TNUVA 成立至今已有超过 85 年历史，是以色列最大的食品公司，销售额占以色列全国乳制品市场份额超过 50%，产品还外销至中东、欧洲和美国等地。按照光明乳业的计划，本次募投项目实施后，它将和 TNUVA 集团在产品及市场开发、技术研发、原材料保障等各方面开展合作；让光明乳业业务拓展至以色列乃至欧美等海外市场，以便盈利能力的进一步提高。[1]

此外中国企业将目光转向以色列高科技产业领域，中国海外投资越来越多地瞄准品牌和技术领域，以弥补国内这些领域的不足。

阿里巴巴就投资了以色列一家专注二维码技术的公司。中国最大的搜索引擎公司——百度，2014 年花 300 万美元投资了以色列从事视频捕捉的创业公司 Pixellot，还向以色列创投公司 Carmel Ventures 注入资金。

四、中国与以色列经贸法律特征专项研究

（一）中以经济互补性强，贸易前景良好，需细化相关规则

中国正处于劳动密集型企业向技术密集型企业转变的关键时期，而以色列在

---

[1] "华尔街见闻"，http://wallstreetcn.com/node/218131，最后访问于 2015 年 7 月 22 日。

20 世纪已经完成了这一转变，获得了巨大的成功。因此，中国企业可以向以色列企业借鉴先进的经验，完成发展模式的转变，以期获得更强的竞争力和更高水平的发展。以色列在许多方面拥有世界顶尖的技术，而当下有些中国企业欠缺的正是技术，还依赖廉价的劳动力谋求微薄利润。而中国劳动力价格在近些年也有所提高，使得许多企业不得不改变发展模式。而许多外国企业设在中国的工厂也纷纷选择转移至越南、老挝等劳动力更廉价的地区，从而影响了劳动力市场的就业。因此，中国企业应当积极学习外国先进经验和技术，在企业转型中会遇到很多阻碍和困难，学习以色列企业的经验和经营管理策略可以使中国企业少走弯路，此外也要学习技术本身，改变企业经济增长推动力，实现企业的长期发展。

在此情况下，以色列与中国应当进一步签订相关协定，规定双方企业合作过程中的权利义务，以便双方更好地开展合作。

（二）以色列法律体系完善

以色列经济发达，对中国资本的保护程度高，政府大力支持吸引外国资金，保护外企在以色列的活动，从而促进以色列国内经济的发展。以色列法律体系经过数十年的发展，已经逐渐成熟完善，各个领域都有相关法律法规予以规制，为外国企业在以色列的行为提供明确指导。大量的税收和投资优惠待遇有力地吸引了外国资金，且近年来以色列日趋稳定的国内环境也为外国资本和企业的投资提供了环境保障。

（三）注意法律差异

由于历史、地理、发展道路等方面的因素，中国与以色列法律体系存在较大差异。此外，宗教在以色列占有重要地位。中国企业应当重视两种法律体系的不同，在投资前认真做好准备工作，咨询相关法律人士，以便更好地在以色列开展活动。以色列政府鼓励通过市场自由化和减少管制扩大竞争，但是税收、劳工、医疗和安全法律成为外国投资的限制因素。尽管现在的趋势是减少管制，但以色列的官僚主义依然阻碍外国投资。潜在的投资者获得许可或者其他管理官员的书面承诺非常重要，而非依赖非政府人员的口头承诺。

五、经贸投资法律风险因素及应对策略

（一）政治风险

1. 政治基本信息

以色列实行议会民主制，拥有较为稳定的国内环境。以色列议会是国家最高权力机构，实行一院制，有120个席位，议员任期4年。职权包括立法权、重大问题表决权、批准内阁成员并监督政府工作，选举总统、议长。政府由议会中占多数席位的一个或几个政党联合组成。议会选举结束后，总统提名总理人选，成功组建内阁者担任总理。

以色列和巴勒斯坦的冲突还未解决，政治暴力和恐怖主义的风险依然存在。加沙地带的军事组织在2013年向以色列发射火箭弹，但相比2012年数量已经大量减少。以色列主要袭击集中于加沙地带附近的南部社团。铁穹导弹防御系统已经拦截大部分指向人口密集区的火箭弹和迫击炮，大幅度减少了以色列的人员伤亡和财产损失。

此外，以色列和巴勒斯坦关系的持续紧张主要源于德黑兰核武器项目，以及以色列支持恐怖主义为地区冲突埋下隐患。以色列与黎巴嫩和叙利亚的边境处于封闭状态，叙利亚不稳定局势和来自以色列支持的恐怖组织的威胁也为冲突和暴力事件带来风险。

2. 近期政治局势分析

第一，以色列政坛分裂导致执政联盟地位不稳定。以色列政治制度长期较为

稳定，但目前执政联盟为弱势政府，对内政外交缺乏绝对权威。以色列政坛内部长期存在左右两翼针锋相对，双方存在较大分歧。此外，两派内部也存在不同声音，因此以色列政坛碎片化、分散化问题日益严重。2012年7月，右翼势力前进党主席莫法兹宣布退出执政联盟，因为他与内塔尼亚胡领导的利库德集团存在严重分歧。这使得内塔尼亚胡政府只能依靠宗教和民族主义色彩浓厚的极端政党，执政基础严重动摇。虽然内塔尼亚胡已完成组阁，但在涉及巴以冲突等重大问题上缺乏决策权。因此，如执政联盟与反对党达成和解，其执政根基将长期不稳，对其推行内政外交政策带来极大难度。

第二，巴以和谈前途未卜。2010年，陷入僵局的巴以和谈在美国的推动下再度重启。目前三方对和谈都抱有希望，美国试图借此提升其在中东的影响力，内塔尼亚胡希望推动两国方案的实现，阿巴斯则希望提高自身执政的合法性和经济支持，但目前和谈条件并不成熟。巴勒斯坦首先面临哈马斯、法塔赫的分裂，哈马斯因坚决的反对立场与法塔赫势不两立。以色列政府内部遭到多股政治势力的抵制，反对向巴勒斯坦方面过度妥协。内塔尼亚胡试图通过全民公决方式确定和谈方案。约旦河西岸和加沙地带由以色列占领，该地区现在的地位由《巴以临时协议》规定，但永久地位则需要通过进一步协商确定；以色列继续在约旦河西岸建造隔离墙；以色列在2005年8月从加沙地带以及四个约旦河西岸定居点撤出定居者和军队；戈兰高地现在由以色列占领，而黎巴嫩对戈兰高地部分区域宣称主权；自1948年以来，约350名维和人员从设在耶路撒冷的联合国停战监督组织总部督促停火，监督停战协议实施，防止孤立事件不断升级，并协助该地区的其他联合国工作人员开展工作。以色列与埃及和约旦于1979年、1994年签订了和平协定。

第三，以色列和哈马斯之间再度爆发冲突的可能性较大。2012年11月，以色列和占据加沙地带的哈马斯武装曾爆发大规模冲突，后在埃及、美国的斡旋下达成暂时停火协议，但就目前局势来看，双方矛盾较大，再次爆发冲突的可能性较大。2008年12月到2009年1月，以色列曾向哈马斯发动武装行动，双方大规模流血冲突导致重大人员伤亡。目前局势的危险性有两点：一是，双方的根本矛盾没有解决，双方仍有发生武装冲突的可能。二是，从外部环境看，埃及穆兄会势力7月突然被军方逼迫下台，哈马斯因失去重要外部支持力量有可能进一步极端化。此外，"阿拉伯之春"后以色列周边埃及、叙利亚、约旦等邻国动荡局势长期持续，导致周围环境急剧恶化，未来以色列对外战略仍将以确保国土安全为首要目标。

（二）经济贸易风险

以色列为发达经济体，整体经济运行平稳，近年来受金融危机的影响，对外贸易量有所下滑，但未来经济走势仍将处于稳定状态。2015年以色列在世界银行发布的《2015年营商环境报告》中排名第40位，投资环境良好。[1]

1. 经济波动风险

第一，由于以色列经济走势取决于对欧美的贸易量，未来短期内有放缓可能。2006年到2008年，以色列经济大幅增长。2009年，受欧美经济大幅衰退影响，以色列经济增速也相应下降。2010年起，以色列经济开始复苏。以色列经济近期内波动风险较小，但由于与欧美联系紧密，如果欧美经济形势出现波动，中长期内经济下行风险依然存在。[2]

第二，以色列通货膨胀总体处于较低水平，未来可能压力有所增大。2011年以色列经济增速放缓以来，短期内以色列控制通货膨胀效果明显。不过，由于中东局势动荡导致能源价格上升压力加大，未来以色列通货膨胀率将有所上升。

由于2005年到2008年以色列经济增长势头强劲，以色列失业率较低。2009年，由于经济增速放缓，此外出口欧美商品数量下降，失业率略有上升。据预测，以色列劳动力规模在未来较长时间内将保持不断上升势头，未来以色列政府在促进就业方面压力将会逐渐增大，但由于以色列二、三产业高度发达，科技创新能力突出，吸纳劳动力能力较强，未来以色列失业率仍处于可控范围。

---

[1] *Doing Business* 2015, 12th edition, World Bank.
[2] 中国出口信用保险公司：《国家风险分析报告2013》，中国财政经济出版社2013年版，第188页。

2. 国际收支失衡风险

第一，以色列国际收支基本平衡，未来出口额有望实现持续增长。以色列进出口总额近年来保持平稳增长，随着商品进口量的增加，从 2010 年起，以色列对外贸易由顺差转为逆差。因全球金融危机导致对欧美出口量下降，是以色列贸易逆差规模扩大的主要原因。预计近海天然气田的发现，以色列高新技术产品的成本优势，与中国、印度、拉美等新兴经济体贸易关系的加强，将对贸易逆差的改善起到推动作用。

第二，外国直接投资流入呈上升势头，国际储备将长期维持在较高水平。以色列坚持贸易投资自由化政策，对外国投资持积极态度。得益于外国资金的持续流入，以色列国际储备稳步增加，能够保障近 10 个月的进口用汇需求。

3. 汇率波动风险

以色列本币近期升值压力较小，汇率仍将保持平稳水平。20 世纪 80 年代以来，由于以色列经济主要依赖对外贸易，本币谢克尔对美元汇率控制在较低水平。从长远来看，由于全球经济复苏的不确定性以及中东北非的动荡局势，以色列中央银行仍将以色列本币汇率控制在较低水平以促进出口，谢克尔升值的可能性不大。2015 年 8 月，谢克尔对美元汇率为 1∶0.253994。[1] 以色列中央银行已经采取一系列措施来减轻谢克尔升值压力，如购买美元外汇等。此外，以色列雄厚的国际外汇储备将对平衡谢克尔的升值压力起到缓冲作用。

以色列中央银行始终重视抑制通货膨胀。在房地产市场出现繁荣局面时，以色列中央银行超出预期快速提高基准利率，防止经济过热。目前，以色列通货膨胀率被成功压低后，经济出现上升迹象，以色列银行制定了灵活的货币政策，确保经济

---

[1] 国家外汇管理局，http：//www.safe.gov.cn/wps/portal/！ut/p/c5/hc7LDoIwEAXQT-qUFijLPuxLRFF BZENYGIMRcGH8fiHuSNS5y5ObO6hGU4b21V3bZzcO7R1VqI4aCnBgAnNgOk3AhVwxnFCx0-Hk56i2Rh lsapwCMGgBHxTazMsfgyJ_2ad6LGiuV3KwNBlMUAlx-VJqFJAg8LF3LyfmhJNpQTEq8cEadBOd8vvLe4rKP_7 rv9nhy3FAmR37C3r0FXTuRt_u3gAV/dl3/d3/L2dJQSEvUUt3QS9ZQnZ3LzZfSENEQ01LRzEwODRJQzBJSU pRRUpKSDEySTI!/?WCM_GLOBAL_CONTEXT=/wps/wcm/connect/safe_web_store/safe_web/tjsj/nod e_tjsj_hbdm/node_tjsj_hbdm_store/a0e1930049acc121b619fef7db892e76，最后访问于 2015 年 8 月 25 日。

健康平稳增长。由于欧美经济前景的不确定性较大,加之区域政治局势处于动荡时期,未来以色列货币政策变数较大,但总体不会出现剧烈波动。

4. 外债偿付风险

近期外债偿付压力处于中等水平,未来三年内外债压力将持续下降。2012 年,以色列外债总额为 943 亿美元,占 GDP 的比重约为 40%。相比而言,以色列的短期外债水平相对较高,但绝大部分以色列外债债权人为分布在海外各地的犹太人,因此在某种程度上大幅降低了以色列外债偿还压力。另外,由于以色列外汇储备总量较高,短期内有能力应对外债偿还风险。以色列外债的短期风险是地缘冲突引发的不确定因素,如以色列与伊朗、叙利亚等地区国家爆发军事冲突将严重破坏该国经济发展,从而导致外债偿付压力增加。然而,从目前趋势来看,未来几年以色列外债压力将持续下降。

过去十年间,以色列外债偿付未出现违约,虽然外债总量逐渐增加,但随着外债占国民生产总值比重下降,外债偿付压力实际减少。金融危机使得以色列外债总量上升,加大偿付压力,但仍保持在 20% 以下。随着国际储备量逐渐增加,以色列偿债也有了较大保证。

5. 财政失衡风险

以色列政府长期坚持财政收支平衡,谨慎制定政府预算,提高增收减支能力。2008 年,以色列财政赤字占国民生产总值的 0.5%。但是,由于 2008 年金融危机的影响,以色列政府不得不加大支出以促进经济发展,导致 2009 年财政赤字占国民生产总值的 4.4%。此后财政赤字略有下降,但变化不大。[1]

2013 年,内塔尼亚胡新内阁上台以后任命拉皮任财政部部长,从其已经推出的财政政策来看,大幅度改革财政体系的可能性较低,但增税和紧缩政策势在必行。另外,以色列争议银行行长斯坦利费舍尔近期也对以色列提高财政赤字占国民生产总值的比例表示反对,他呼吁政府应采取增税和削减开支的方式降低结构性的

---

[1] 中国出口信用保险公司:《国家风险分析报告 2013》,中国财政经济出版社 2013 年版,第 191 页。

财政赤字。在公共债务方面，虽然以色列财政持续赤字，但以色列政府仍不断采取多种手段努力压低公共债务占 GDP 的比重。2012 年，政府公共债务占国民生产总值的比重为 73.6%，仍处于高负担水平。

6. 双边经贸风险

1992 年 1 月 24 日，中以签署建交公报。两国正式建立大使级外交关系。建交后双边关系顺利发展，高层互访频繁，在各领域合作日益密切。1992 年 10 月，两国签署贸易、避免双重征税、投资保护、经贸合作等协定。2005 年 11 月，以色列正式承认中国完全市场经济地位。中以两国双边贸易互补性强，发展速度快，未来潜力大。尽管 2008 年全球金融危机来势凶猛，但并未从根本上冲击中以双边贸易发展。

中国是以色列在亚洲的第一大贸易伙伴和全球第三大贸易伙伴。中国对以色列主要出口商品为机电产品、服装、鞋类、纺织品、陶瓷制品等。中国从以色列进口商品主要为高技术产品，如机电产品、医疗仪器以及器械、电信产品等，此外还有钾肥等化工产品。近些年来，中国与以色列贸易不仅数量上迅速增加，而且贸易结构不断优化，从以食品、钻石、化工、纺织等传统产品贸易，不断向高科技、现代医药、新能源、生物技术等方向发展转变，产品结构呈现多样化态势。此外，中国是以色列对外投资的重要投资国，主要投资领域为高新技术、新能源、水技术、节能环保、农业项目、生物医药等。过去 5 年以色列创投基金规模超过 3 亿美元，主要投向中国现代农业、电子信息等高新技术产业，对促进中国产业升级、转变经济增长方式起到有力的推动作用。

目前，中以双边经贸合作的主要问题集中在两方面。第一，中国对以色列长期保持贸易顺差，贸易不平衡问题长期难以有所突破，以色列对外出口量增幅相对较小，中国国内市场对以色列产品认知度仍有待提高。第二，由于以色列属于发达国家，对于工程承包企业资质要求较为苛刻，在劳工、环保等政策方面规定复杂，中国企业多年来在以色列工程承包市场难有较大作为，劳务输入也因为以色列的限制外籍劳务政策而遭遇瓶颈。[1]

(三) 商业及投资环境风险

以色列劳动者具有企业精神，富有创造力，受过良好教育，技术性及多样性强，并在诸多领域创造了很多成果。以色列在教育和科研领域投入巨大，很多跨国公司将其研究和发展中心建在以色列。以色列政府机构为早期科技开发建立了育成中心，为创意和技术提供广泛的支持，同时也鼓励传统工业的发展。私人企业基金近些年在以色列也逐步繁荣起来。

以色列经济基础强大，在全球经济危机中显示出了极大的灵活性和适应性。以色列通货膨胀率低，失业率较低，财政赤字通常能符合目标，分析者认为以色列政府的经济政策是有效的、利于经济增长的政策。政府持续采取措施来取消贸易壁垒，鼓励资本投入，包括外资的进入。以色列积极为在以投资企业提供有利环境，通过法律鼓励资本和工业科学研究投入。优惠政策包括资金补贴、降低税率、减免赋税以及其他与税收相关的优惠政策。

以色列是对外资开放的国家，政府积极鼓励和支持外国资本的流入。对外国投资者少有限制，除非涉及国防或者是关乎国家安全的领域才限制外资进入。对外资没有审查，对于外资也没有关于收购、兼并和接管等以色列公民应当遵守的法律规则。以色列鼓励外国投资者投身私有化项目。在一些领域，如保险、银行等行业，应当事先经过政府的审批。一些领域需要首先取得政府颁发的执照。其他一些规则是在国民待遇基础上适用的。以色列经济部的投资促进中心负责鼓励潜在的投资者在以色列投资。该中心强调以色列发达的基础设施、受过良好教育的劳动者、开放的经济以及同美国、欧洲的经济联系，同时负责提供以色列优惠政策的有关信息。

近年来，以色列没有发生征收的情况。以色列法律规定征收需要对被征收者进行足额补偿，加计从征收之日到完全付款之日的利息。

以色列对于企业投资没有统一的要求，但是有些要求，如入境投资抵消要求经常被包含于与政府签订的销售合同中。在一些领域要求以色列人应当占有公司一定

---

[1] 中国出口信用保险公司：《国家风险分析报告2013》，中国财政经济出版社2013年版，第197页。

比例的份额。以色列的签证和居留要求透明度高。以色列政府对于外国投资者出口产品没有特别优惠政策。以色列遵守世界贸易组织《与贸易有关的投资措施协定》。

以色列通过对工业、旅游和房地产业的投资者提供一系列优惠政策和措施鼓励当地和外国投资。尤其是对于高科技公司和科研活动给予高度重视。以色列公民享有的优惠外国投资者同样也有权享有。一些优惠政策在《鼓励资本投资法》中作出规定，由以色列投资中心负责执行。

以色列商业环境处于较高水平。企业公共财务信息较容易获得，如可以通过互联网等较为便捷的手段等。此外，国家保护投资的力度较高，信贷获取便利快捷，仅仅略低于经济合作与发展组织国家平均水平，远远高于中东地区其他国家。以色列在获得建筑许可和产权登记等方面有一定难度。此外，以色列政府公务员办事高效，链接程度高，各项法律规定透明度高，在处理商业纠纷过程中坚持公正、公平的原则。

以色列经济高度依赖对外贸易，政府坚持自由贸易政策，与美国、欧盟均签署了自由贸易协定，自1962年加入关贸总协定后，成为协定的积极拥护者。以色列政府对外资采取大力支持的态度，在吸引外资方面制定了健全的法律法规，外商在以色列投资除涉及军事、国家安全、公共安全外基本无限制。

以色列运输基础设施良好，公路和铁路均比较发达，物流运输能力高度发达。铁轨长约975千米，公路长为18566千米。以色列2013年有机场47座。天然气管道长为763千米，石油管道长为442千米，精制石油产品管道长为261千米。

以色列税收体系透明公开、办事高效。以色列政府引入多种机制降低企业赋税以吸引外国投资。根据企业选址和经营内容的不同，以色列采取不同的税收政策，对制造业和出口加工业采取优惠措施。曾经以色列的个人所得税率在西方国家中处于较高水平，税收改革后，中产阶级税负压力有所缓解。

以色列失业率在最近五年中不断降低，从2009年由于经济危机影响的9.5%下降至2010年的6.7%，2011年的7.1%，2012年的6.9%，2013年下降至6.2%。根据以色列法律，劳工工资水平需要政府、总工会和用人单位商议决定。法律规定了最低工资标准。以色列政府鼓励本国人就业的政策，对外籍劳工数量有所限制，如果企业违反用人规定,将被处以罚款。

(四) 法律风险

以色列司法体系独立,运作廉洁高效,为解决商业纠纷提供了快捷高效的机制。外国投资者在以色列基本可以享受国民待遇。

以色列法律体系自 1948 年建国以来不断完善,立法权归议会所有,目前已形成 11 部基本法律为基础的庞大体系。立法和习惯法原则来自英国委任统治时期。

以色列商法包含关于公司破产和清算的标准规定。个人破产由独立的破产规章规定。以色列政府接受解决外国投资者和国家之间的有效的国际仲裁裁决。以色列司法体系长期以来因其廉洁、透明、高效得到世界公认,然而在强制执行合同方面消耗时间过长,成本较高。

以色列是《关于解决国家和他国国民之间投资争端公约》,即《华盛顿公约》和联合国《承认和执行外国仲裁裁决公约》,即《纽约公约》的签字国,这在一定程度上可以保障解决投资纠纷和执行仲裁裁决。

(五) 应对策略

1. 注意事项

第一,要深入了解和研究以色列的政治、经济形势以及人文情况,做好市场调研。对消费市场深入调研,同时要考虑到产品向周边国家出口的可能性,选择适合投资的领域。

第二,在对某一领域准备进行投资之前,务必深入了解当地的法律法规。以色列为世界贸易组织成员,法律体系健全,法律制度先进,法律透明度高,执行高效廉洁。中国企业可以聘请以色列当地律师处理相关法律事务。

第三,在一些重点领域开展合作时,中方企业和公司应当接受国内主管部门的管理和协调,避免在境外市场出现自相恶性竞争及违规经营行为。

第四,回报当地社会。中方企业应当承担一定社会责任,在获取利润的同时为当地社会作出一定贡献。建议大力树立中国公司的正面形象，同时尽可能实现人力资源本地化，在节省管理成本的同时对提高当地民众就业率作出贡献。

第五，以可持续发展和以人为本为理念。大项目投资不能急于求成，尤其要提高环保意识，遵守以色列法律和民风民俗，对当地员工应当公平对待，避免矛盾和冲突。

2. 具体措施

第一，在开展项目前应当做好各项准备工作，保证当紧急情况发生时能合理应对。事中做好风险规避和管理工作，切实保障自身利益。包括对项目或贸易客户及相关方的资信调查和评估，对投资或承包工程国家的政治风险和商业风险进行分析和规避，对项目本身实施的可行性进行分析等。

第二，在贸易方面，注重产品质量，杜绝假冒伪劣产品。及时足额缴纳法律要求的各项税费，以保证中方企业在以色列顺利开展业务。在承包工程方面，切勿一味追求中标降低价格，导致提供工程品质低劣，造成不良影响。

第三，相关企业应当积极利用保险、担保、银行等保险金融机构和其他专业风险管理机构的相关业务保证自身利益。包括贸易、投资、承包工程和劳务类信用风险、财产保险、人身安全保险等，以及各类担保业务等。

第四，尊重当地风俗习惯。以色列国民大多信仰宗教，因此对于其特殊习惯，中国企业和劳务人员应当给予充分尊重。不得有不当行为，损害国家和企业形象。

3. 紧急措施

第一，企业应当通过法律途径解决纠纷。如向法院起诉或者双方达成一致到仲裁机构请求仲裁。在该过程中，应当聘请当地律师，更有利于纠纷解决。

第二，寻求当地政府帮助。企业平时应当与政府部门保持密切联系。以色列政府对外资持欢迎态度，因此遇到突发事件时，可以向所在地地方政府寻求帮助。政府较为了解当地情况，有利于快速有效地解决问题。

第三，可以取得中国驻当地使领馆保护，包括中国驻以色列大使馆、中国驻以色列大使馆经济商务参赞处等。

第四，企业应当提前建立应急预案，应当全面考虑可能发生的风险，制定切实可行的预警机制和紧急应对办法。当遇到突发状况时，及时启动应急预案，争取将损失控制在最小范围内。

综上所述，以色列法律制度先进，并不断更新完善，为企业投资、开展贸易合作提供了良好的法律支持。此外，以色列投资环境较好，公共设施齐全，政府推出各项政策鼓励外国投资，并以高效的行政手段保证其实施。虽然以色列安全环境存在一定隐患，但总体影响较小。因此，以色列是外国企业投资的较好选择。

第五章 沙特阿拉伯

一、沙特阿拉伯法律制度介绍

(一) 中国与沙特阿拉伯经济贸易关系起源及发展

在国际社会中,两国在相互承认的基础上,经过协商谈判,就建立外交关系、派驻外交代表等问题达成协议,并互派外交代表后,外交关系即正式成立。国家之间经济贸易关系的起源通常要追溯到建交之时,而其发展却往往伴随着两国高层之间的友好交流和往来。1990年7月21日,中国正式同沙特阿拉伯建立外交关系。2006年1月,沙特国王阿卜杜拉对中国进行国事访问,中沙两国签署了能源等领域合作文件。2006年4月,胡锦涛主席对沙特阿拉伯进行国事访问。沙特阿拉伯国王阿卜杜拉高度评价沙特与中国的友好关系,强调沙方重视并愿意进一步深化同中国在各个领域的友好合作。2008年5月12日中国四川汶川大地震发生之后,沙特阿拉伯为中国提供的救援物资和捐款总价值高达6000万美元,包括1000万美元物资和5000万美元现金,是所有提供援助的国家中资助数额最大的国家。另外,各个阿拉伯国家的王室成员也积极组织捐款、义卖。应沙特阿拉伯国王阿卜杜拉·本·阿卜杜勒-阿齐兹的邀请,国家主席胡锦涛于2009年2

月 10 日上午乘专机离开北京，前往沙特阿拉伯进行国事访问。[1]

中沙两国自 1990 年建立外交关系以来，在两国高层领导的关心和支持下，双边经贸关系发展迅速。特别是进入新的历史时期，依托战略性友好关系不断深化，双边经贸合作实现了跨越式发展。历史经验表明，政治关系和经济关系的发展往往相辅相成，互相促进。随着双边投资保护协定、避免双重征税协定等双边贸易协定的签署，中国和沙特阿拉伯之间的投资和贸易活动实现了有法可依，对于投资者的保护更趋完善。

（二）沙特阿拉伯基本法律制度与司法体系

1. 沙特阿拉伯宪法

沙特阿拉伯自 1902 年建国以来即以伊斯兰教法和《古兰经》作为其立法基础，无宪法。1992 年 3 月 1 日，法赫德国王颁布《治国基本法》。该基本法有九部分，其典型特征在于立法、行政、司法并未完全分离，重在强调行政权和立法权。该法规定了国家权力机关的基本组织原则，明确了统治者与被统治者的权益，确立了各立法、行政、司法机关之间的关系准则及其权限，也制定了国家内政外交诸事务的基本框架。2006 年 10 月，沙特阿拉伯国王阿卜杜拉颁布谕令，宣布修改《治国基本法》中由国王选定王储的条款，成立效忠委员会，由老国王阿卜杜勒-阿齐兹 35 个有王位继承权的儿子及其后代（每家 1 人）组成。

沙特在伊斯兰教法的基础上建立了自己的政治与宪法机构，同时又融合了现代国家政治机构的一些特点，从而形成了一种中庸模式。这种模式既有历史上的伊斯兰国家的特点——相对而言缺乏完整的政治机构，同时又有现代民族主义国家的一些特点——立法、行政、司法互相独立，由独立的政府机构各司其职。围绕这一基本法而形成的法律体系，融合了伊斯兰国家教法原则与现代民族国家法律的特点，立足坚固的伊斯兰教根基，与现代政治与宪法制度相融合，形成了宗

---

[1] 中华人民共和国驻沙特阿拉伯王国大使馆经济商务参赞处，http：//sa.mofcom.gov.cn/，最后访问于 2015 年 7 月 12 日。

教法律环境下独特的法律体系。

2. 沙特阿拉伯司法体系

在沙特阿拉伯,司法事务的管理由司法部和最高司法委员会负责,司法机构隶属于司法部。2007年,阿卜杜拉国王颁布《司法制度及执行办法》和《申诉制度及执行办法》,建立新的司法体系。沙特阿拉伯设立了最高法院、上诉法院、普通法院三级法院,并建立了刑事、民事、商业、劳工等法庭。高等法庭设在麦加、吉达和麦地那。特别上诉法庭设在利雅得和麦加。另有普通法庭处理一般案件和贝都因部落事务,该类法庭由宗教法裁判官主持。沙特阿拉伯法律规定最高法院院长由国王任命。申诉制度规定设立直属于国王的三级行政诉讼机构,即最高行政法庭、行政上诉法庭和行政法庭。沙特阿拉伯司法体制内,以《古兰经》和《圣训》为执法依据。由此可见,沙特阿拉伯的司法环境具有浓厚的宗教色彩。沙特阿拉伯有关经济和投资的法律包括《公司法》、《外国投资法》、《竞争法》、《商标法》及《专利法》等。[1]

(三)沙特阿拉伯货币金融法律制度

沙特阿拉伯金融发展迅速,现已形成包括银行业、保险业、资本市场在内的完善金融体系。根据2010年世界经济论坛的综合评判,沙特阿拉伯金融稳定性居世界第一,其金融市场规模和重要性位居阿拉伯国家之首,世界第23位,其银行服务水平居世界第40位。

1. 当地货币

沙特阿拉伯货币为沙特里亚尔。沙特货币政策中较为突出的是采用与美元联系的汇率制度。沙特里亚尔和美元可自由兑换,里亚尔和美元的汇率是1美元等于3.75里亚尔的固定汇率,汇率稳定。目前人民币与里亚尔还不能直接兑换。

除了禁止与以色列进行交易外,沙特在资本项下不论是对本国居民还是非本

---

[1] 吴彦:《沙特阿拉伯政治现代化进程研究》,浙江大学出版社2011年版,第85-86页。

国居民都不进行外汇管制,各种货币可以在沙特自由兑换,各种资金、利润及外籍人员的收入可以自由汇入汇出。

2. 外汇管理

沙特外汇管理没有具体立法。但是,沙特货币署(沙特央行)会采取措施控制货币的数量和流通,货币署禁止银行在没有征得货币署事先同意的情况下用里亚尔进行国际金融交易。金额超过 10 万里亚尔的交易必须通知货币署。任何沙特居民、外国投资者的常设机构在向沙特境外汇款时,应按以下比例缴纳预提费:特许税 15%;管理费 20%;租金 5%;机票、航空运费和海运费 5%;国际电信服务费 5%;其他类别汇款的预提费不超过 15%。待出具完税证明后,款项全部退回。预提费的设置加剧了汇兑风险,导致在国际投资流向沙特阿拉伯时更趋谨慎。[1]

3. 银行机构

沙特于 1996 年颁布了《银行管理法》,对沙特银行业务进行了规定,该法适用于国有银行和私营银行。2003 年 6 月制定的《资本市场法》规定,在现行商业银行的架构外,允许投资开办银行和金融公司。由沙特货币署(沙特央行)具体负责银行业的管理。沙特的国有专业金融机构包括:沙特阿拉伯农业银行、房地产开发基金、沙特工业发展基金、公共投资基金与沙特信托银行。其中沙特工业发展基金主要向私有的工业项目提供中长期信贷,贷款额可达项目金额的 50%,而且可以向全资外国公司或沙特公司提供贷款。因此,我国的投资者在进行项目投资时可以提早准备争取获得此项融资。

沙特银行业的市场准入采用行政许可制,但并没有明示的审批条件。沙特央行强调,银行规模、经营状况等并不是对外国银行发放经营许可的唯一标准,沙特将根据个案情况,综合考虑国家金融安全、市场需求等因素予以核准许可。商

---

[1] "对外投资合作国别(地区)指南——沙特阿拉伯(2014 年版)",中华人民共和国商务部,http://fec.mofcom.gov.cn/gbzn/upload/shatealabo.pdf,最后访问于 2015 年 7 月 12 日。

业存在作为国际服务贸易的重要形式，是指一成员的服务提供者在另一成员境内设立商业机构，为其境内的消费者提供服务。例如，一成员的银行或保险公司到另一成员境内开设分行或保险公司，提供金融、保险服务。沙特允许外国银行在本国设立商业实体，主要包括合资银行（指那些外国银行可以拥有60%资产净值的银行）和外国银行的分行两种形式。

4. 融资条件

2003年沙特出台《资本市场法》，并组建了沙特资本市场局作为资本市场的监管机构。至2007年沙特已有近70家经纪公司和咨询公司。近年来，为了吸引外国直接投资，沙特资本市场管理局陆续出台多条新政策，逐步开放资本市场。2008年，沙特允许非定居沙特的外国投资者与沙特当地中介机构签订掉期协议，间接持有沙特股票。2011年3月，沙特向非沙特籍人士发售交易所买卖基金。

沙特银行可以向外国公司在沙特的分、子公司发放贷款。贷款申请通常需要提交以下文件：最近连续3年年度财政报表；现金流量预测；贷款偿还来源说明；项目可行性研究报告；商业注册概要和税收评估；贷款计划说明等。银行通常要求贷款人提供相应的担保，具体的担保形式包括：贷款票据；银行承兑汇票；可交易证券（公债、股票和债券等）；银行和母公司担保等。

5. 保险行业

沙特保险业遵循伊斯兰"合作保险"的保险理念，保险客户同时也是保险公司的所有者。根据2003年颁布的《合作保险公司管理法》及其实施细则，外国保险公司可以在沙特阿拉伯设立直属分公司，也可以通过"合作保险"的方式进入沙特市场，即由外方合伙人占60%的股份，30%在股票市场发行，并将10%的利润重新分配给保险客户。[1]

---

[1] *Doing Business in Saudi Arabia*: 2014——*Country Commercial Guide for U.S. Companies*, U.S. Department of state, http://www.state.gov/e/eb/rls/othr/ics/2014/227300.htm, 最后访问于2015年7月12日。

6. 证券市场

沙特有 1 家证券交易所,即沙特阿拉伯证券交易所,拥有中东地区最多数量的蓝筹公司。2011 年,沙特上市公司总数达到 146 家,沙特也是中东地区最大的股票市场。沙特资本市场管理局于 2008 年 8 月 7 日宣布,允许外国人通过合法中介公司在股票市场购买股票,正式对外国投资者开放证券市场。

沙特近期公布,向外国投资者开放其规模 5900 亿美元股市,仅允许大型机构投资沙特证交所,规定仅允许管理的资产规模不低于 50 亿美元的银行、经纪公司、基金管理公司和保险公司等合格外国投资者投资沙特股市。这将帮助降低沙特股市剧烈波动的现状,改善沙特上市公司的公司治理行为。沙特股市对大型机构投资者的开放将可能吸引数亿美元外资,从而将极大地推动沙特经济发展。沙特的规定还对外国投资者可买入的股票数量设定了限制。比如,任何时候外国投资者总计持有的股票市值都不得超过交易所上市公司总市值的 10%,同样的,外国投资者在一家公司的总持股比例不得超过 49%,单个投资者在一家公司的持股比例不得超过 5%。[1]

总体而言,沙特阿拉伯的金融市场较为发达,基于共同的文化背景和宗教因素,对阿拉伯国家开放程度较高,对其他经济体的金融开放正在逐步推进过程中。在油价持续走低的过程中,稳定经济发展形势的需要,对沙特的经济开放提出了进一步的要求。我国的投资者和贸易商应当抓住这次机会,寻求进入沙特阿拉伯市场的有利时机,合作开发,互利互惠,实现共赢。

(四) 与外国投资者的商贸、投资活动有关的法律制度

1. 贸易主管部门

沙特阿拉伯与贸易相关的机构有:沙特商工部,负责贸易政策的制定和调

---

[1] *Doing Business in Saudi Arabia: 2014——Country Commercial Guide for U. S. Companies*, U.S. Department of state, http://www.state.gov/e/eb/rls/othr/ics/2014/227300.htm,最后访问于 2015 年 7 月 12 日。

整、企业注册、进出口商品检验检疫、进口商品许可审批等；沙特海关，负责进出口商品通关管理；沙特标准局，负责制定标准，进口商品认证等；沙特农业部，负责农产品进口管理，进口许可审批等；沙特卫生部，负责药品、化妆品等的进口许可审批等；沙特工商会，管理服务沙特私有企业，代表私营部门。

2. 贸易法规体系

在不断地丰富发展过程中，沙特形成了由《商业资料法》、《商业代理法》及其实施细则、《商标法》、《版权法》、《专利、集成电路布局设计、植物种类和工业模型法》、《商业竞争法》、《进口许可原则》、《合作保险公司管理法》、《外国投资法》、《公司法》、《资本市场法》、《反洗钱法》、《仲裁法》、《所得税法》及《关于保护商业信息机密的规定》等法律法规共同组成的完善的商法体系。

按照沙特《商业代理法》及其实施细则，在沙特没有设立实体但希望从事贸易活动的外国投资者，必须委派沙特代理人协助分销货物。贸易活动包括进口及采购本地商品再零售，因此外国公司必须指定沙特代理或经销商，代理协议要在沙特商工部进行登记。代理必须持有有效的允许其从事代理业务的商业登记证，方可从事代理业务。从事代理业务的主管人员或代表，必须是沙特人。《商业代理法》禁止"借壳代理"，即代理权直接或间接被外国委托人掌控。《商业代理法》中还明确了终止代理协议要为代理提供补偿。依据商工部代理协议样本，在业务已经取得明显成功的情况下终止代理协议，应给予代理人合理的补偿。在未与原代理人解除代理关系之前，商工部不会为新代理登记注册代理协议。解除代理协议通常需要原代理人出具同意解除代理关系的确认函，或在代理协议到期后，由商工部来解除代理关系。

根据沙特《外国投资法》及其实施条例的有关规定，外国投资者也可以与沙特本国投资者成立合资公司，直接从事贸易活动，但门槛极高，每一名外国投资者的最低投资额为2000万里亚尔（533万美元），每年至少对15%的沙特员工进行培训。[1]

3. 海关管理

(1) 沙特阿拉伯关税总体情况

多数基本消费品免税,如糖、大米、茶叶、未经焙烧的咖啡、豆蔻、大麦、玉米、牲畜、肉类（鲜肉或冻肉）；最高关税为20%,以此保护沙特阿拉伯自己的幼稚产业；还有一些进口商品的海关关税是按照重量或体积,而不是按价计算,关税可能更低；签有贸易促进协议的阿盟成员国可享受优惠的关税；签有双边经贸协定的阿拉伯国家享有更加优惠的关税。

沙特阿拉伯按照HS编码,将进出口商品分为7177个条目,1993年沙特阿拉伯首次申请加入关贸总协定时,当中75%的商品条目的关税为12%。至2004年,由于海湾合作委员会（以下简称海合会）国家统一关税的协议,85%的商品条目的税率低于5%。2005年,沙特阿拉伯加入WTO后,对WTO承诺关税税率限定税率,而目前其所执行的关税税率大多低于这一限定税率。沙特阿拉伯无意将关税税率上升到限定税率水平,但仍保留调整关税税率的权利,以应付一些被迫调整的状况发生,如反倾销,或者认为应对本国某一产品实施贸易保护。在后一种情况下,沙特阿拉伯将在与海合会国家商讨后共同实施。

(2) 非自动进口许可

"非自动进口许可"表示需要取得进口许可后才能进口的商品,共分73类,其中多数具有危险性,如炸药、杀虫剂、动物用医药产品等；或者是具有军用和民用两种用途的商品。而另外的一小部分则是因为特殊原因,如禁止进口活马,是为了保护阿拉伯马血统的纯正。进口蒸馏设备需要事先取得商工部的进口许可,是因为曾发生过违法分子进口蒸馏设备后在沙特国内违法酿酒案件。

进口农业机械需申请进口许可是出于两个目的：一是根据沙特阿拉伯入世承诺,沙特需建立完善的管理制度对农业机械进口商进行补贴；二是为了保证进口

---

[1] "沙特经贸制度与重点法规简介",中华人民共和国驻沙特阿拉伯王国大使馆经济商务参赞处,http://sa.mofcom.gov.cn/article/ddfg/waimao/201401/20140100457525.shtml,最后访问于2015年7月11日。

的农业机械不会对沙特的自然环境产生影响。

进口的种子也需要申请进口许可，以防止进口腐烂的种子，滋生真菌或者黄曲霉素，或者是没有达到沙特规定的杂草含量标准。进口种子需要由专人在装船前进行检查方可出港。

（3）禁止进口的商品

沙特阿拉伯禁止进口的商品共有 83 类，包括酒精饮料、猪肉制品、狗类（猎狗除外）、赌博器具、致幻毒品和其他与伊斯兰教教义相违背的物品。还有一些禁止进口商品是出于对公共安全和文化教育原因的考虑，如卫星网络接收装置、沙林毒气等。

（4）需接受强制认证的商品

沙特要求一些商品必须接受强制认证后才能进入沙特阿拉伯市场。这些商品共分 5 类，包括玩具、电器和电子设备、汽车、化学药品及其他一些商品。进行强制认证的理由是这些都是关系到公共安全的商品。

（5）禁止出口的商品

13 种商品被认为属于沙特特有，除了天然出生地之外都不存在的物种。包括纯正血统的阿拉伯马、跑马、小型马、牛、绵羊、山羊、骆驼。属于珍稀品种的椰枣树、鲜草和干草料，以及古董与有历史和考古价值的工艺品。

（6）需事先取得出口许可的商品

共有 47 种，主要为原油、各种能源气体、沥青、大理石和沙土。这些产品的出口要事先取得沙特石油和矿产资源部的许可。一些农产品的出口也要事先得到财政部的许可，如大麦、玉米、面粉。面粉出口前需要得到"粮食储备和生产组织"的许可，以证明此农产品所享受的国家补贴已经在出口前全额退回。医药产品出口也需要事先取得出口许可。[1]

4. 知识产权保护

沙特阿拉伯通过《专利法》、《商标法》和《版权法》等法律，为本国人及

---

[1] Doing Business in Saudi Arabia: 2014——Country Commercial Guide for U. S. Companies, U. S. Department of state, http://www.state.gov/e/eb/rls/othr/ics/2014/227300.htm，最后访问于 2015 年 7 月 12 日。

外国人所拥有的知识产权提供保护。任何自然人或法人，在其知识产权受到侵害时，可通过法律途径要求损害赔偿费，并依据法律规定采取相应措施。沙特阿拉伯的打击商业欺诈的规定也对知识产权提供了间接的保护。

5. 竞争政策

《竞争法》及其实施细则是沙特阿拉伯竞争政策的主要法律基础，其主要立法目的是在沙特阿拉伯建立高效的竞争环境，适用于沙特阿拉伯境内的所有经营机构，但公共和国有独资公司除外。根据《竞争法》第八条的规定，由商工部牵头的竞争理事会负责该法的实施。该理事会的职权包括批准和拒绝兼并、收购和管理层整合的申请；对违反《竞争法》的行为进行调查和起诉等。竞争理事会下属的处罚委员会决定对违规行为的经济处罚，但被处罚单位可将该委员会的决定向申诉委员会上诉。《竞争法》第十二条规定，经济处罚不超过500万沙特里亚尔，但对于累犯，罚金最多可达1000万沙特里亚尔。

沙特阿拉伯资本市场局于2007年颁布了《并购规则》，并于2012年做了有关修订，该规则对于公司兼并和收购的具体要求和程序作了详细规定。此外，《资本市场法》、《竞争法》、《公司法》的有关条款也对兼并和收购作了相关规定。

6. 税收制度

沙特的税种主要包括所得税、资本利得税、代缴税（预提税）和宗教税。沙特没有工资税、间接税、印花税和转让税等。宗教税的征收对象是本国承包商或商行。外国公司或个人，只缴纳从经营中获取利润的所得税，不缴宗教税。公司所得税和资本利得税为20%，在天然气领域投资人的所得税起征点为30%，如内部收益率超过8%，将采取分段收税办法。石油和碳氢化合物领域投资企业的所得税征税率为85%。

2007年1月1日，沙特与中国签订的有关对所得税避免双重征税的协议正式生效。税收协议的效力高于沙特地方税收法律，其主要条款包括最高为5%的股息的预提税税率；特许权使用费和利息的预提所得税税率最高为 10%。

在税收优惠方面，沙特通常没有减免税期类型的优惠政策，且税务优惠较为有限，仅对哈伊勒、吉赞、纳吉兰、巴哈、焦夫等边缘地区享有一些优惠政策。

二、中资企业对沙特阿拉伯投资的主要产业及法律流程

（一）市场准入

1. 投资主管部门

1999 年 8 月 28 日成立的沙特最高经济委员会是沙特阿拉伯负责研究、制定、执行、管理经贸和金融决策的沙特阿拉伯政府最高官方机构，2000 年 4 月 10 日根据该委员会决议成立的沙特投资总局（SAGIA），是直接负责协调沙特阿拉伯政府各部门处理境内外商投资事务的官方机构。其宗旨是改善国内投资环境，提高对外资的吸引力，为境内外投资者提供全方位的服务，尤其鼓励在能源、运输及知识产业领域的投资。

2. 投资行业

（1）鼓励性投资行业

沙特阿拉伯投资总局在其网站上公布的六大类鼓励性投资行业包括：以能源为基础的产业，包括原油炼化、石化、化肥、淡化海水与发电业、冶金开矿行业等方面；运输物流，包括航空、铁路、港口码头、道路、物流等；信息通讯技术产业；医疗卫生；生命科学；教育。

（2）外商禁止投资目录

产业领域：石油资源的勘探和生产（但不包括国际分类码 883-5115 项下的矿产领域服务）；军用机械设备及服装生产；民用爆炸物生产。

服务领域；军用物资供给；调查和安全领域；麦加和麦地那不动产投资；与朝觐和小朝觐相关的导游服务；劳务服务；不动产经纪人服务；与印刷和传播法规相关的服务；国际分类码621项下规定的有偿商业代理服务；声像服务；陆路运输（除城市内铁路客运外）；护理服务、医疗服务及国际分类码93191项下的半医疗服务；鲜活水产捕捞；毒剂中心、血液银行及卫生检疫机构。

最高经济委员会定期核对此清单，将逐步对外资开放部分领域。投资总局对此名单中未提及的领域将向外国投资者颁发许可证，投资者向投资总局提交在沙特政府有关部门取得的必要证书，投资总局服务中心向投资者提供帮助。

3. 优惠措施

在沙特的外商直接投资，可享受沙特政府颁布的一系列优惠政策措施，而外商在沙特政府规划的六座经济城（拉比格阿卜杜拉国王经济城、麦地那经济城、吉赞经济城、哈伊勒经济城、塔布克经济城、阿赫萨经济城）、全国24座已建成的和在建的工业城以及朱拜勒、延布两个专属工业区内投资则可享受到沙特政府提供的更加优惠的地区性投资优惠待遇，尤其是能够获得包括廉价能源供应、廉价项目用土地、优惠劳工措施、减免企业所得税、免除原材料及器械进口关税等在内的一系列优惠措施。[1]

（二）投资方式

沙特允许外资以合资或独资方式在沙特设立公司、工厂或开设办事处。沙特对外国公司实施平等保护，外国公司与本国公司一样，受《公司法》的约束。外国投资者在沙特进行任何长期或短期的投资活动都必须获得由投资总局颁发的许可证，也即投资执照。外国投资者有权将其通过出售自身股份或企业结算获得的利润或盈余汇往国外，或以其他合法手段使用，也可以汇出必要款项用于履行与项目相关的合同义务。在沙特本地新注册和已经注册的公司必须有益于沙特经

---

[1] *Doing Business in Saudi Arabia：2014——Country Commercial Guide for U.S. Companies*，U.S. Department of state，http：//www.state.gov/e/eb/rls/othr/ics/2014/227300.htm，最后访问于2015年7月12日。

济发展及技术传播。所有公司必须开设自己的网站，并在网站公布公司名称、管理人员、邮政地址、经营范围、已完成的工程或产品以及其他有关的基本信息。

1. 并购方式

根据《公司法》等相关法律的规定，沙特市场中典型的并购方式为股权收购和资产收购两种。收购需要合法生效的收购协议。在股权收购中需由全体股东签署同意将公司股权让与第三方的书面决议，并在经商工部核准，公证机关公证后，通过官方公报刊发。在资产收购中，收购方可选择收购全部资产或部分资产，以达到规避债务的目的。由于沙特法律除了对不动产和汽车等交通工具的注册变更有具体规定外，并未就资产转移的程序作出一般性规定，在资产收购时要特别注意，尤其是当涉及租赁资产时。

沙特并未明文禁止外资大规模并购行为，除投资总局公布的外资禁入行业清单所含行业外，外资可自由进入沙特市场，有影响力的大公司大都采取拆分上市的形式运作，政府此举的目的也是为了全民获益，防止外资垄断。外资在进行收购时，如果目标企业没有外国股东，则首先需要向投资总局申请外资许可证，如果该企业已经享有许可证，则只须对许可证进行相应的修改。

外国投资者不能直接购买国有企业私有化的股票。私有化的基本原则是信息公开透明、有效实施、改变管理模式以及建立监管体系。企业私有化的具体判断标准包括对国民经济有积极作用，该企业进行私有化的条件成熟，该企业私有化的社会效益、提供的服务以及资本市场的吸收能力。

2. BOT 方式

为吸引外来资金，弥补政府资金的不足，沙特政府对铁路、机场等大项目多采取 BOT 等建设方式，其他大部分项目也要求带资承包。2007 年 6 月，中国商务部与沙特城乡事务部签署了《工程合作谅解备忘录》，为中资企业进入沙特建筑市场提供了便利。沙特承包工程市场受到政府政策保护，承包工程市场的发展主要得益于政府投资的推动。截至目前，除私人投资项目外，沙特阿拉伯政府投资项目仍然未对国际承包商普遍开放。初次进入沙特阿拉伯市场且没有在当地获得注册经营地位和承包商资格的外资承包企业，必须通过与有资格的当地承包商建立联合体、建立合资企业、转包或分包以及委托当地承包商代理等间接方式参与承包工程竞争，而且在同等价格条件下，沙特阿拉伯个人或公司以及沙特拥有多数股份的合资企业享有优先权。[1]

通过对国际工程承包商在沙特市场上的工程项目案例分析可以发现，采取承包商代理的情况下，大部分的代理商事实上并不参与到工程项目的建设，他们的作用是发挥获得的政府政策的优势或在当地的品牌优势来协助国际工程企业获得并完成工程项目。沙特代理协议规定，当地代理商是国际工程承包企业在当地承揽项目的有效负责人，它有权以国际工程承包企业的名义开展工作。例如，中石化目前在沙特执行的石油工程项目中，为了处理好与当地政府、当地组织等机构的关系，聘请了大量当地代理。

（三）投资行业

1. 主要进出口产品

依据相关法律规定，对沙特出口需要办理的单证包括商业发票、原产地证明、提货单或航运收据、船（空）运单、保险单、装箱单等，由出口商负责对原产地证明、商业发票及其他特殊单证进行认证。

启运的货物必需的两种单证是原产地证明和商业发票，及其他由信用证规定的经认证的单证。每份单证应至少有一份正本和一份副本，正本和副本都需要发证人的亲笔签字，传真签字无效。

目前我国已成为沙特第二大进口来源地，仅次于美国。据中国海关统计，近年来，中国对沙特阿拉伯出口商品主要类别包括机械器具及零件；电机、电器、音像设备及其附件；针织或钩编的服装及衣着附件；钢铁制品；橡胶及其制品；

---

[1] "对外投资合作国别（地区）指南——沙特阿拉伯（2014年版）"，中华人民共和国商务部，http://fec.mofcom.gov.cn/gbzn/upload/shatealabo.pdf，最后访问于2015年7月12日。

陶瓷产品；非针织或非钩编的服装及衣着附件；皮革制品；旅行箱包；动物肠线制品；化学纤维长丝；家具；寝具；灯具等。

中国从沙特阿拉伯进口商品主要类别包括原油及其产品；沥青等；有机化学品；铜及其制品；塑料及其制品；盐、硫黄、土及石料；石灰及水泥等；鞣料；着色料；涂料；油灰；墨水等；钢铁；生皮（毛皮除外）及皮革；无机化学品；贵金属等的化合物；絮胎、毡呢及无纺织物；线绳制品等。[1]

沙特货币总局《2008年年鉴》"对外贸易"一章中特别指出，最近几年自中国进口规模持续快速增长，主要原因在于，中国产品质量提高且品种齐全，同时与其他国家进口商品相比，具有很强的价格竞争力。

2. 主要投资行业

到目前为止，因沙特阿拉伯是我国重要的原油进口国，为满足国内市场对原油的大量需求，我国境内资本在沙特阿拉伯进行投资时主要集中于石油、天然气、矿产等领域。《中华人民共和国政府和沙特阿拉伯王国政府关于石油、天然气、矿产领域开展合作的议定书》的签订也印证了这一趋势。依据该协定，中沙双方政府致力于为建立联合公司提供便利，以执行两国有关公司和企业在合作领域及相关基础设施内达成的项目，同时在石油、天然气及其附属产品的勘探、抽取、生产、炼制、储存、分送、销售、运输、使用等各环节进行联合科研，以提高技术标准及操作水平，在油气开采及炼制领域内，交流关于发明专利、技术工艺知识方面的信息，并及时就矿产资源勘探、抽取、开采、利用、运输、生产等方面交流信息及统计数据，就矿业投资监督、管理、安全、矿产储量评估交流信息。此外，双方需就合作领域内人员培训交流专业经验，以促进合作领域发展，并利用两国政府和民间的教育机构、研究中心、商会，组织关于石油、天然气、矿产方面的会议、研讨会、座谈会和专业展览。[2] 这一协定奠定了我国和沙特

---

[1] 中华人民共和国海关总署，http://www.customs.gov.cn/publish/portal0/，最后访问于2015年7月13日。

[2] 《中华人民共和国政府和沙特阿拉伯王国政府关于石油、天然气、矿产领域开展合作的议定书》，于2006年1月23日签订，2006年6月1日生效。

阿拉伯之间在石油、天然气、矿产资源等领域投资和合作的法律基础。

(四) 法律流程

1. 中资银行进入沙特市场简要程序

首先取得本国央行开办国外分行的许可；向沙特央行（沙特货币总署）提出书面申请；沙特央行相关部门根据具体情况决定是否接受该行申请；初审通过后，沙特央行通知申请银行提供书面材料；沙特央行专门委员会根据内控条件进行评审；评审通过后报沙特财政部审核；财政部审批后报沙特最高经济委员会批准；沙特央行发放经营许可证。

总体而言，在沙特设立商业银行程序较为复杂，成本较高，审核严格，到目前为止尚未有中国商业银行在沙特设立分行或办事机构，实践经验较为缺乏，因此在投资设立时应当谨慎对待。

2. 设立企业

任何外资企业进入沙特市场都必须先要找到一个沙特本国公民做担保方可在沙特进行投资和商贸活动。

（1）企业形式和设立要求

有限责任公司：根据沙特商贸部的规定有限责任公司注册必须至少有两个以上五十个以下的股东，如果公司的股东在二十个以上，必须有三位股东组成公司监管委员会来监督公司的运营。公司注册资金不少于 50 万沙币，也可按照所注册的营业执照经营范围来追加投资金额。必须有专门的公司注册办公室。有限责任公司的登记费用为 6000 沙币。

股份公司：是一种资合公司，可由多个股东组成。其全部资本以股票为表现形式，分为等额股份，股东以其所持的股份为限对公司承担有限责任，公司以其全部财产对公司债务承担责任，股份公司的股东人数不少于 5 人。股份公司资本认购分为两种：第一种由原始股东认购资本的一部分，另一部分付诸公众认购；

第二种为由原始股东认购全部资本的创始公司。股份公司必须有专门的公司注册办公室，登记费用为 8000 沙币。

合资公司：该公司必须有两个或两个以上的投资人来出资或是分担公司所有的债务。公司的注册资金按照出资人在沙特工业部和投资局按照申请公司的经营范围来规定。必须有专门的公司注册办公室，注册费用为 4000 沙币。

外资公司：外资公司分为两种，外资公司在沙特的分部和政府性外资承包企业分部。按照沙特阿拉伯《外商投资法》的规定，在沙特投资局获得外商投资许可后任何外资企业都可以在沙特开设分公司。注册时必须提交母公司成立时的章程和目标公司投资额证明以及沙特投资局的审批材料等。政府性外资承包企业分部，该企业是按照政府的委托协议在沙特开展业务。营业许可是按照政府的协议签发临时性的营业执照。必须有沙特投资局签发的临时投资许可证。同样也必须有专门的公司注册办公室。

（2）设立程序

外资可以申请的执照有五种：个人企业执照、公司执照、外国公司分公司执照、技术服务办公室执照、临时执照。

注册企业的受理机构包括沙特投资总局、沙特商工部和沙特商工会，其中沙特投资总局负责立项，沙特商工部负责发放营业执照，而沙特商工会负责发放会员证。

具体操作程序包括：①在国内准备 4 个文本：公司章程（母公司的公司章程）复印件，公司营业执照（母公司营业执照）复印件，任命分公司总经理董事会决议（沙特分公司总经理必须持有沙特居民证），在沙特负责注册公司人员的授权书（包括有权代表公司签署与注册公司有关的任何法律文件，有权授权第三人或公司代理注册公司有关事宜，在当地银行有权开立公司账户和管理账户等内容），这四个文件均需译成阿拉伯文，并做公证、认证。

②在沙特寻找当地合作伙伴、律师事务所、咨询公司等协助办理注册公司工作。代理公司的主要工作是与各政府部门打交道、了解具体操作程序和填写阿拉伯语的申请和表格。

③在沙特投资总局申请公司许可证，需要递交以下文件：公司章程（母公司的公司章程），公司营业执照（母公司营业执照），任命分公司总经理董事会决议，在沙特负责注册公司人员的授权书。许可证由在利雅得的沙特投资总局在一个月内颁发。

④到当地一家具有实力的银行开立账户，注入注册资金。根据公司性质不同，资金多少有一定区别，资金到位后，由银行出具一份注册资金到位证明函。

⑤在沙特商工部申请商业注册证书（CR）需递交以下文件：申请书，银行出具的注册资金证明函，分公司在沙办公室的租赁协议，公司章程（母公司的公司章程），公司营业执照（母公司营业执照），任命分公司总经理董事会决议，在沙特负责注册公司人员的授权书，分公司总经理沙特居住证复印件，公司许可证复印件。

⑥到商会入会和备案。

3. 承包工程

沙特承包工程市场实施资质管理制度，由沙特城乡事务部统筹管理。该部根据市场特点划定了 29 个专业分类，并由部所属的承包商评级署依照企业注册资金、累计承揽项目总额等参数，将在沙承包商分为 5 个等级，1 级为最高。根据专业及等级的不同，承包商所能够承揽的项目规模也有严格限制。比如，房建领域，单个项目总额不超过 420 万里亚尔的，参与企业无等级要求；超过 420 万，但低于 700 万的，参与企业须具备 5 级以上资质，如是类推，随着项目总额的增加，对于企业资质的要求也越高，一旦项目总额超过 2.8 亿里亚尔，参与企业必须具备 1 级资质方可参与项目投标。

中沙两国政府《关于加强基础设施建设领域合作的协定》（2008 年）和中国商务部与沙特城乡事务部《工程合作谅解备忘录》（2007 年）的一个主要成果就是通过政府推荐渠道解决中资承包企业进入沙特市场的资质问题。除资质管理以外，沙特相关政府机构和主要行业的国有垄断企业（如阿美石油公司、沙特电力公司等）还通过各种形式的短名单控制进入市场的承包商和主要设备材料供应商的资格，从而进一步构成了进入沙特主流承包市场的技术壁垒。

由此可知，沙特政府在承包工程领域设置了较高的进入门槛，我国企业在进行相关领域的投资时应当严格遵照相关程序，利用好《关于加强基础设施建设领域合作的协定》所创造的有利条件，推进承包工程领域的投资发展。

具体而言，承包工程的项目申报和许可程序有：

①实施资格预审的项目，须在预审前到中国驻沙特大使馆经济商务参赞处申报备案；不实施资格预审的项目，须在收到招标机构投标邀请后到中国驻沙特大使馆经商参赞处申报备案。

②经招标机构资格预审后可购买标书。

③在投标截止时间30个自然日前向中国驻沙特大使馆经济商务参赞处申请项目投（议）标支持函，同时提交以下规定文件：申请投（议）标支持的企业公函，对外承包工程项目投（议）标申请登记表，对外承包工程项下外派劳务事项表（仅针对自带国内劳务项目），标前承诺函。

④登录对外投资合作信息服务系统，填报项目投（议）标前期信息。

⑤在《工程合作谅解备忘录》项下执行的项目，免除资格预审，凭中国驻沙特大使馆经商参赞处签发的推荐函直接向招标机构购买标书，一个推荐函只对载明的项目一次有效。[1]

4. 申请专利

沙特《专利法》于2004年7月17日颁布，并于2004年9月6日生效，全名《专利、集成电路布局设计、植物种类和工业模型法》，旨在对专利、集成电路布局设计、植物种类和工业模型等进行全面保护。沙特阿卜杜拉·本·阿卜杜勒-阿齐兹国王科技城的专利理事会作为"专利局"，行使专利的审批和管理职责，沙特是海合会专利局的成员国，沙特专利保护期为20年。

专利申请程序如下：①以专利申请人名义出具的，经沙特使（领）馆公证

---

[1] "对外投资合作国别（地区）指南——沙特阿拉伯（2014年版）"，中华人民共和国商务部，http://fec.mofcom.gov.cn/gbzn/upload/shatealabo.pdf，最后访问于2015年7月12日。

的、合法有效的委托书；②由专利发明人出具的、经公证的、合法有效的转让契约书，其中说明专利权转给了专利申请人；③一式两份，英文、阿文双语的详细说明书。[1]

5. 注册商标

沙特于 2002 年对《商标法》进行了修改，商标保护年限为 10 年。《商标法》规定，对于商标侵权可以处以高达 100 万里亚尔的罚金或者长达 1 年的监禁。《商标法》还包含了对地理标识进行保护的条款。同时，沙特是《保护工业产权巴黎公约》和《商标注册用商品与服务国际分类尼斯协定》的成员国。我国企业在沙特阿拉伯进行投资时应当注意对商标和专利的保护，防止专利侵权行为。

沙特商工部是沙特商标管理机构，具体而言，在沙特申请注册商标的申请程序包括：

①带有申请人全名及地址的、经沙特使（领）馆公证的、合法有效的委托书，一份委托书可以同时递交多份申请。

②申请商标所涉及的商品或服务的名称清单。

③15 张商标图片，每张尺寸大于 5 厘米×5 厘米。

④如果境外申请人要求优先受理商标申请，可在递交申请后的 6 个月内，再递交一份经认证的优先受理申请书。[2]

总体而言，对沙特阿拉伯相关投资环境的考察可以发现其市场特征具体表现为有序运营的银行系统和较强的支付能力，沙特阿拉伯市场资金充足。因而中资企业在进入沙特阿拉伯市场时，需要重点投向其政府重点鼓励外资进入的领域，以符合当地的经济发展政策，获得政府支持。此外，沙特阿拉伯具有完善的基础设施，如酒店、交通、通讯等，也为相关投资提供了十分便利的条件，相对较低的关税和较少的贸易壁垒也是沙特市场具有的吸引外来投资的显著优势，但我国企业在

---

[1]《沙特阿拉伯专利法》，全球法律法规网，http：//policy. mofcom. gov. cn/section/flaw！listByCountryCode. action? countrycode＝131，最后访问于 2015 年 7 月 14 日。

[2]《沙特阿拉伯商标法》，全球法律法规网，http：//policy. mofcom. gov. cn/section/flaw！listByCountryCode. action? countrycode＝131，最后访问于 2015 年 7 月 14 日。

进行对沙投资和贸易时需要对国际贸易中的单证、标签等给予足够重视。在借鉴西方模式的基础上，沙特阿拉伯市场具有伊斯兰国家经济市场的典型特征，如相对复杂的市场环境，在某些领域缺乏透明度等，且价格竞争十分激烈，代理和分销商的选择余地较大，决策周期长，办事效率较低。中资企业在进入阿拉伯市场时应当充分考虑这些市场特征，严格遵照相关程序进行投融资和进出口贸易。

三、中国与沙特阿拉伯投资争端解决程序与案例

（一）争端解决程序

1. 国际投资争端解决中心争端解决机制

我国与沙特阿拉伯同为国际投资争端解决中心的缔约国，在投资过程中遇到的争端，也可以通过提交国际投资争端解决中心仲裁裁决。

具体而言，ICSID 根据争端双方当事人之间的书面仲裁协议受理案件。ICSID 提供的投资争端解决方式包括调解和仲裁两种。其中仲裁是 ICSID 框架下广泛使用的争端解决方式，仲裁裁决具有法律约束力及广泛的可执行力，当事人要求仲裁的，应向秘书长提出书面申请，经同意登记后组成仲裁庭进行仲裁。仲裁庭可以由双方同意的独任仲裁员或三名仲裁员组成。在后一种情况下，由当事人双方各任命一名仲裁员，第三名仲裁员由双方协议任命，并担任仲裁庭庭长。如果双方不能在公约规定的期限内组成仲裁庭，由行政理事会主席任命仲裁庭的组成人员。生效后的仲裁裁决对双方都有法律约束力，并应在各缔约国领土上得到承认和执行。此外，ICSID 框架下还设立了调解程序作为争端解决方式，调解程序无法律约束力，是独立于仲裁程序之外的，当事人可只要求调解，而不要求仲裁；也可以先要求调解，调解不成再行仲裁，但须另组仲裁庭。双方当事人任命的调解委员会有责任就解决争端提出建议，但建议对当事人没有法律约束力，在调解

下达成的协议也无约束力。[1]

我国的对外投资者应该积极妥善利用这一争端解决机制来保护自身海外经营的正当权益。但在 ICSID 受理的投资争端仅限于东道国政府与外国投资者直接因国际投资而引起的法律争端。我国投资者在运用这一争端解决机制时，应当注意结合我国与沙特阿拉伯签订的双边投资保护协定适用。此外，由于 ICSID 仲裁是终局性的，不得上诉，即使裁决认定事实或适用法律有误时也是如此。其救济手段十分有限，只能通过撤销裁决寻求救济，法院也无法对 ICSID 的裁决进行监督，所以一旦提请 ICSID 仲裁，一定要高度重视，积极配合。且一旦决定选择 ICSID 仲裁，则不能再寻求外交保护、当地救济或者国际法院仲裁庭等解决方式。ICSID 的排他性管辖权，毕竟是一把双刃剑，如何能够避免伤及自身，取得双赢，还是要依靠投资者自身进行衡量和判断。因此，对于政治风险保险人来说，是否建议被保险人选择或排斥 ICSID 仲裁，也要根据不同国别、不同行业、不同项目的具体特点和现实状况来判断。

2. 投资保护协定框架下争端解决机制

依据《中华人民共和国和沙特阿拉伯王国关于相互鼓励和保护投资协定》的规定，双方对该协定的解释或适用所产生的事端应尽可能通过外交途径协商解决。如在六个月内通过协商不能解决争端，根据缔约任何一方的要求，可将争端提交仲裁庭。该仲裁庭由三名仲裁员组成。缔约双方应在缔约一方收到缔约另一方要求仲裁的书面通知之日起的两个月内各委派一名仲裁员。该两名仲裁员应在其后的两个月内共同推举一名与缔约双方均有外交关系的第三国的国民为第三名仲裁员，并由缔约双方任命为首席仲裁员。如果在缔约任何一方收到缔约另一方要求将争议提交仲裁的书面通知后四个月内仲裁庭尚未组成，缔约双方间又无其他约定，缔约任何一方可提请国际法院院长任命尚未委派的仲裁员。如果国际法院院长是缔约任何一方的国民，或由于其他原因不能履行此项任命，应请国际法院中非缔约任何一方国民的资深法官履行此项任命。仲裁庭应自行制定其程序规则。仲裁庭

---

[1] 余劲松主编：《国际投资法》，法律出版社 2007 年版，第 247-248 页。

应依照本协定的规定和缔约双方均承认的国际法原则作出裁决。仲裁庭的裁决以多数票作出。裁决是终局的,对缔约双方具有约束力。应缔约任何一方的请求,为以上目的设立的仲裁庭应说明作出裁决的理由。缔约双方应负担各自出席仲裁程序的有关费用。首席仲裁员和仲裁庭的费用由缔约双方平均负担。[1]

此外,该协定还规定,缔约一方的投资者与缔约另一方之间就在缔约另一方领土内的投资产生的争议应尽量由当事双方友好协商解决。如争议在提交解决六个月内未能按照前述方式解决,争议将提交接受投资的缔约一方有管辖权的法院,或者因国有化和征收补偿款额产生的争议将根据1965年3月18日开放签字的《关于解决国家和他国国民之间投资争端公约》提交仲裁。裁决应具有拘束力,并不得上诉或以公约规定以外的手段进行补救。缔约双方不应通过外交途径商谈仲裁和法律程序的有关事宜,除非以上程序终止后缔约任何一方不能遵守仲裁庭或法院的裁决。

3. 沙特阿拉伯商务仲裁中心

沙特阿拉伯内阁组建了一个高级别的专门委员会,筹备成立商务仲裁中心,旨在解决国内和涉外民商事纠纷。商务仲裁中心隶属于沙特总商会,总商会将与投资总局协调,组建商务仲裁中心理事会。理事会成员的推选须经司法部和商工部审批,理事会主席须有十年以上私人行业从业经验,其他成员须有五年以上私人行业从业经验,所有成员不得在政府部门任职。理事会将负责商务仲裁中心章程的审核和仲裁员的聘任。商务仲裁中心将与司法部协作,代表国家进行国内和国际商务仲裁,国内外都将设有其分支机构。

(二)投资案例分析

1. 概况

我国对沙特阿拉伯的投资具有行业集中度高、项目规模大等特征,具体到油

---

[1]《中华人民共和国和沙特阿拉伯王国关于相互鼓励和保护投资协定》,于1996年2月29日签订。

气投资领域，近年来一系列重大能源合作项目取得实质性进展。2004年，中石化集团与沙特阿美公司组建了中沙天然气公司，中标沙特B区块天然气勘探开发项目，双方对该项目的累计投资已经超过5亿美元。沙特阿美公司、福建石化有限公司与埃克森美孚公司在中国福建合资建设了福建炼油一体化项目。中国石化集团和沙特基础工业公司合资兴建的天津炼油化工一体化项目已于2009年建成投产。2011年8月，中石化集团正式决定参股沙特阿美石油公司在沙特延布年产2000万吨的红海炼厂项目。该项目厂址位于沙特西部延布市工业区，毗邻沙特阿美现有炼厂及天然气厂，占地面积487万平方米。项目设计原油加工能力为40万桶/日（约2000万吨/年），以沙特重油作为原料，已于2014年投产。[1]

2. 案例简介——沙特阿拉伯红海炼油公司项目

红海炼厂成立于2010年7月，位于沙特阿拉伯西海岸城市延布，原为沙特阿美与美国第三大石油公司康菲公司合资建设，双方在2006年就该项目达成谅解备忘录，各持有50%的股份，原计划于2013年投产。这一炼厂最初的投资预估为60亿美元，但随着建设成本上升，2008年该项目投资额较最初翻一番。2008年12月底，沙特阿美宣布康菲公司退出该项目。

沙特阿美是中国石化的主要原油供应商，并且供应量逐年增加，中国石化与沙特阿美于16日在北京签署谅解备忘录，入股沙特阿拉伯红海炼油公司，获得炼厂37.5%的股权，沙特阿美持有剩余62.5%的股份，以股权合作的方式实现合作。

3. 案例分析——沙特阿拉伯红海炼油公司项目

依据国内现有的产业政策，相关部门在批准炼油项目时，主要倾向于支持中外合资和保障油源的炼化一体化项目。在此政策引导下，可以看到企业在对外投资时开始转投发展下游炼油产业，考虑到世界各国都在加大对原油出口的限制，进口成品油将有利于保障我国的成品油供应。建立合资公司进行合作对于中石化

---

[1] 投资项目信息库，http://project.mofcom.gov.cn/，最后访问于2015年7月14日。

与沙特阿美来说都是十分有利的,中石化能获取更多的境外能源渠道,而沙特阿美则可借助中石化的全球性营销网络扩大销售范围。中石化这次的海外市场布局,不仅体现在上游的勘探和开采上,也体现在整个产业链的完善上。布局海外炼化市场,将有助于中石化降低海外布局风险。中石化的中东炼油项目不仅有利于获得稳定的海外油源,还可以灵活选择在世界其他地区销售产品,利润空间将进一步增大。

(1) 项目优势

①地理位置优势。延布位于沙特西部,是沙特红海海滨仅次于吉达的第二大城市。临海的地理位置优势有利于产品和设备的输入和输出,利用海运便利的优势实现项目后期的发展。

②政策优势。1975 年,为把延布建设成为一个新兴现代化城市,沙特根据国王法令成立延布工业城,由皇家委员会来管理。目前皇家委员会下辖的战略计划和投资发展部正致力于实施今后几年的计划。预计将在今后的 8—10 年获得 210 亿美元的新投资。延布皇家委员会将如下投资领域划定为最重要的投资领域:可更新能源、海水淡化供应链、汽车、采矿、化学品、石化、石油等。该项目顺应沙特政府的发展政策需求,有利于获得政府的支持。[1]

③通过新建方式进行投资,企业规模和选择厂址上有着较大优势,风险低。与此相对,采用收购方式往往难以找到一个规模和定位完全符合自己意愿的目标企业,尤其是在企业市场开放程度较低的中东地区,这个问题尤其突出。创建新的企业还能使投资者按长远发展规模来妥善安排工厂布局,对资本投入的初始量和后来的资本投出进行完全控制。更为重要的是,投资者能够设置为它们所熟悉的生产工序和生产设备,可以避免投资者涉入它本来不打算卷入的业务中去。创建方式所具有的这些优点正是收购方式所不具备的,因此从企业的组织控制的角度来看,创建方式的风险较收购方式的风险要低。

④项目结构较为清晰。这避免了由于参与方众多而带来的纠纷频发和决策低效问题,合作双方共同组成项目领导层,能实现信息的有效沟通,及时解决项目

---

[1] 投资项目信息库,http://project.mofcom.gov.cn/,最后访问于 2015 年 7 月 14 日。

进程中遇到的问题，大大降低争端发生的可能性。

⑤通过寻找当地合作企业，中石化在将资金投入沙特市场时，绕开了沙特现行法律法规设置的一系列投资壁垒，也简化了审批和监督程序，大大降低了项目成本。这有利于充分利用当地资源优势，更多、更快地获得当地市场信息及合资方的技术和管理经验；有利于利用当地的融资渠道、合资方的营销网络、市场信誉和东道国的各种优惠待遇，减少进入障碍和风险。

⑥通过国际直接投资参与项目，减少了供应链其他成员对利润的瓜分，防止较为复杂的纵向供应链的形成，也在横向层面上实现了风险共担。

⑦通过合资入股的方式进行合作，中石化获得了红海炼油公司37.5%的股权。在一定程度上享有该公司的经营权，有利于通过行使经营权对公司的经营业务、经营方向形成影响和监督，及时了解项目的运行状态。

⑧项目的预期收益较高，有利于中石化全球炼油产业链的形成和发展，保障了原油供应，也有利于在相互交流中吸取先进的炼油技术和经验。该项目运用了环保技术，对于国内市场炼油产业的发展具有很强的借鉴意义。

（2）风险分析

①储量风险。对于资源类项目，储量风险总是核心风险之一。经项目各有关方认可的可行性研究分析认为本项目涉及的资源储量丰富，采用了先进的储层评价手段，储层物性好，厚度大，生产能力旺盛，项目前景较为乐观。

②项目建设与经营风险。此类项目周期长，投资额高，成本回收期长，在项目建设和经营过程中存在很多不确定性，包括资本支出超出预算、工期延误及不能保质保量地完成等。因为项目地处异国，此类风险更不易于控制。因此，需要客观详尽地做好可行性研究，选择信誉度较好的合作伙伴，并就此类风险的发生做好预案和应急处理措施。

③国别风险。项目所在国的政治政局变化或相关法律政策变化也可能给项目带来不利影响。针对这类风险，要积极采用预防措施，投保出口信用险、在商务合同中设置保护性条款和补偿条款等。在红海炼油公司项目中，沙特阿美公司的原定合作方美国康菲公司的退出在很大程度上与地区局势的变化有关，中石化在

投资时通过合资方式实现了风险的分化。今后我国企业在进行此类投资时应当注重对违约救济的合同约定，提前做好风险预防工作。[1]

④市场风险。市场分析包括产品的销量风险和价格风险，在项目投产时应当谨慎地预计产品的市场需求及价格，进行市场敏感度测试，并做好应对市场波动的准备，签署长期的上下游协议，保障产品销售链条的通畅。在红海炼油公司项目中，合作双方扬长避短，有效利用了沙特阿美公司的本地优势，获取融资和担保，同时有效地利用了中石化的全球销售网络，对市场风险进行了分化和控制。

⑤信用风险。对于投资方来说，合作方能否按照预先约定履行合同义务是投资方面临的主要信用风险。因此，要合理利用担保形式，引入第三方进行调和。本项目的双方公司资信情况良好，且建立了长期合作关系，这保障了项目的顺利运行。

4. 总结

这是一个较为成功的海外投资案例。对于企业而言，项目本身各项经济衡量指标优良，各种风险都得到了有效的控制和预防，项目顺利启动并最终成功投产，经济效益和社会效益较好。这种操作模式为我国企业进行能源领域的对外投资提供了良好的借鉴和经验。

四、中国与沙特阿拉伯经济贸易关系的法律特征

（一）主要双边条约

目前，中国和沙特阿拉伯经济贸易往来的主要法律依据包括：双方于1996年2月29日签署的《中华人民共和国和沙特阿拉伯王国关于相互鼓励和保护投资协定》和2006年1月23日签署的《中华人民共和国政府和沙特阿拉伯王国政

---

[1] 戴春宁主编：《中国对外投资项目案例分析》，清华大学出版社2009年版，第42-50页。

府关于对所得和财产避免双重征税和防止偷漏税的协定》。此外，中沙双方还签订了大量的双边协定，具体包括：《中华人民共和国政府和沙特阿拉伯王国政府经济、贸易、投资和技术合作协定》、《中国政府和沙特政府相互给予贸易最惠国待遇的换文》、《中华人民共和国国家质量监督检验检疫总局和沙特阿拉伯王国商业部合作计划》、《中华人民共和国政府和沙特阿拉伯王国政府关于石油、天然气、矿产领域开展合作的议定书》、《中华人民共和国卫生部和沙特阿拉伯王国卫生部关于卫生合作的谅解备忘录》、《中华人民共和国政府和沙特阿拉伯王国政府民用航空运输协定》、《中华人民共和国国家质量监督检验检疫总局和沙特阿拉伯王国卫生部口岸出入境人员卫生检疫谅解备忘录》、《中华人民共和国商务部与沙特阿拉伯王国商工部关于贸易救济合作的谅解备忘录》等。[1] 这些协定共同构成了中沙双边贸易的法律依据。

（二）法律特征分析

以上述法律文献为依据进行中沙双边经贸关系的法律特征分析：

第一，中沙之间的贸易和投资领域基本实现了最惠国待遇，但是因为宗教等因素的影响，阿拉伯国家整体对外开放程度有待提高，实现国民待遇的领域仍然十分有限，有待进一步推进。根据沙特的入世承诺，WTO 协议将在沙特阿拉伯所有关税区统一适用，沙特阿拉伯同意对贸易文件真实性的鉴定费进行审查，并使其在 2007 年与 WTO 规则一致，将取消在 WTO 规则下不能够证明其合理性的非关税措施，同时为了保护公共道德、人民的生命和健康、国家安全利益等，保留限制一定数量的货物和服务进出口的权利。另外，沙特阿拉伯同意对禁止进口的货物清单进行审查，每年至少审查一次。对于不损害王国合法利益的进口货物将从清单中剔除；沙特阿拉伯将不保留对农产品的出口补贴；保证液化天然气的生产商和经销商，在确保收回成本和合理利润的基础上，进行正常的商业运转和经营；在诸如知识产权保护、技术规范和标准适用，以及食品安全保护，人类、

---

[1] "对外投资合作国别（地区）指南——沙特阿拉伯（2014 年版）"，中华人民共和国商务部，http://fec.mofcom.gov.cn/gbzn/upload/shatealabo.pdf，最后访问于 2015 年 7 月 12 日。

动植物生命和健康方面，沙特阿拉伯将从"入世"之日起全面执行相关的 WTO 协议（如与贸易有关的知识产权协议、技术性贸易壁垒协议和实施动植物卫生检疫措施协议）。

第二，沙特对外国企业和个人实行商标和专利保护，极大地促进了中国对沙特的投资，为两国经济贸易的进一步发展提供了良好的投资环境。我国企业在进行对沙贸易和投资时，应当诚信经营，提高知识产权保护意识，以确立中资企业的良好市场信誉，实现长远的投资和发展。

第三，沙特经济发达，开放程度较高，对中国资本的保护程度高，致力于吸引来自中国的资金，用以促进沙特国内经济的发展。大量的税收和投资优惠待遇有力地吸引了来自中国的资金，且近年来沙特日趋稳定的国内环境也为中国企业在沙特的投资提供了环境保障。

第四，随着中国和沙特贸易往来的不断加深，贸易摩擦进一步显现。这凸显出现阶段双边贸易缺乏稳定有效的运营机制，投资过程中出现的贸易摩擦如果不能得到及时、有效的解决，将会阻碍双边贸易的进一步发展。因此，在进行投资时应当注意对风险的防范和对争议解决程序的预先设置。

总而言之，目前来讲，中国和沙特经济贸易关系发展中，法律依据相对较为健全，特别是在重点投资合作领域，已经积累了相当的投资经验，为今后投资项目的运行提供了良好的参照和借鉴。

五、经贸、投资法律风险因素及应对策略

（一）风险因素

第一，司法环境。

沙特阿拉伯以伊斯兰教法作为基础，经过与世俗法的碰撞和融合，形成了独特的法律体系。沙特阿拉伯与其他发达经济体相比，司法有失透明、公正和高

效，司法环境有待改善。例如，按照沙特《外国投资法》的规定，外资可以在沙特国内成立全资子公司或分公司，享受沙特当地法人公司的同等待遇，但在实际运作中，《外国投资法》的相关规定较为笼统，沙特政府相关部门往往通过独立的规章制度对本国企业和国民给予更多保护，中资企业不易享受到实际意义上的同等待遇。市场相对复杂，在某些领域透明度不够，决策周期长，办理有关政府手续的时间过长。

第二，合同条款有漏洞。

合同条款存在漏洞主要有两方面原因：一是进出口商之间为了共同的商业利益而达成某种默契，故意在合同中留有"漏洞"；二是我国一些出口企业人员业务不熟，在商签合同过程中不够细心或过于轻信对方。发生纠纷时，双方各执一词，不易协调和解决。

第三，代理机制限制较多。

《外国投资法》规定合法注册的外资企业不必通过沙特代理人进行商务活动。但实际上，根据沙特各相关政府部门的内部规定，外资企业与当地注册、劳动、税收、海关等各环节政府部门打交道时必须委托沙特当地人作为代理人，否则不予接待，特别是在协调处理一些难点问题时只能通过当地代理人或中间人协调政府关系，这对外资企业十分不利。因注册贸易公司门槛过高（必须是合资公司，外方投资额不低于 2000 万里亚尔），对沙特出口仍需通过代理和分销的方式进行。这一限制性条件导致了企业在沙特阿拉伯进行贸易活动时，面临当地代理人的欺诈和违约风险。优选当地代理和分销商、审慎签订独家代理协议至关重要。

第四，争端解决机制不健全。

虽然沙特投资业运作较为规范且法律严格，但沙特国内仲裁机构偏袒当地人的情况也有可能发生，中国投资商应严格按照当地法律办事，签署投资合同前应咨询当地法律顾问，评估风险，必要时可向使馆经商处求助。

第五，政治环境变化。

政治风险的传导效应高，在发生政治环境变化或者政策变动时，企业往往陷入被动，权益受到侵害而无法得到有效的救济。特别是在国际投资领域，引起项目周期长，投资巨大，面临更多的不确定因素，更加剧了这种风险。

(二) 应对策略

第一，针对沙特司法环境的现状，我国企业在沙特进行投资和贸易时，应当谨慎考量，在合同中约定争端解决方式时，应当尽量避免加入穷尽国内救济条款，以防止争端发生时无法采用有效的救济手段。

第二，在投资行业选择上，投资沙特应重点结合当地廉价的能源优惠条件，注意选择当地政府支持发展的新兴化工行业作为投资重点，可选择诸如精细化工、冶金、采矿等能耗大、利润率高的政府或私人项目进行投资。企业投资沙特之前应当仔细研阅沙特投资总局发布的行业鼓励政策，及时了解情况，作出适当的战略选择。

第三，在投资区域选择上，沙特政府为发展多元化的民族工业，在沙特的不同地区开辟了以阿卜杜拉国王经济城为代表的6个经济城作为振兴沙特经济的未来发展战略，政府为经济城中的外国投资商提供包括税收、能源利用在内的一系列优厚待遇，中资企业在投资时可考虑在上述经济城设立项目。

第四，沙特实行本币里亚尔与美元挂钩的货币政策，受美元持续贬值、国际市场大宗商品价格飙升及沙特政府投资规模急剧膨胀的影响，沙特国内通胀指数近年来连续攀升。中国投资者进入沙特市场之前需要对投资项目的可行性进行深入研究，尤其要对投资额大且时间跨度较长的投资项目进行严格的前期调研。

第五，在签订合同时，要综合考虑多方面因素，以完备的合同条款为项目的顺利进行提供保障。目前为止，中资企业在走出去的过程中，合同意识较为薄弱，在具体投资过程中往往陷于被动，因此应当吸取先前投资项目的经验和教训，注重合同的完善和更新，以更好地保护自身利益。

第六，在沙特开展投资、贸易、承包工程和劳务合作的过程中，要特别注意事前调查、分析、评估相关风险，事中做好风险规避和管理工作，切实保障自身利益。包括对项目或贸易客户及相关方的资信调查和评估，对项目所在地的政治风险和商业风险分析和规避，对项目本身实施的可行性分析等。企业应积极利用保险、担保、银行等保险金融机构和其他专业风险管理机构的相关业务保障自身利益。包括贸易、投资、承包工程和劳务类信用保险、财产保险、人身安全保险等，银行的保理业务和各类担保业务（政府担保、商业担保、保函）等。

第七，建议企业在开展对外投资合作过程中使用中国政策性保险机构——中国出口信用保险公司提供的包括政治风险、商业风险在内的信用风险保障产品，也可使用中国进出口银行等政策性银行提供的商业担保服务。对国际投资中面临的国有化征收、汇兑限制、战争及政治暴乱、违约等政治风险进行事前预防，实现风险分化。

第八，加强自身信用建设，以寻求长期稳定的合作伙伴，降低投资和贸易活动中的风险，有效预防来自代理人的欺诈和违约风险。尽量避免通过第三国商人进行交易。

在国际投资和对外贸易活动中，企业面临的风险不一而足，要对可预见的风险实施有效的预防措施，防止风险的扩大，严格进行项目的可行性评估；对于不可预见的风险，要形成一套运行顺畅的应急风险机制，以保障投资和贸易活动的顺利进行。

沙特阿拉伯经济发展程度总体较高，我国企业在进行投资时既可享受发达的基础设施体系和投资环境带来的便利，也需承担相应的经济波动风险和法律风险，扬长避短实现投资效益的最大化，实现企业自身利益和东道国利益的双赢局面，促进长期投资合作的开展。

第六章 卡塔尔

一、卡塔尔法律制度介绍

（一）中国与卡塔尔经济贸易关系起源及现状

1. 中国与卡塔尔的经济贸易起源

中国与卡塔尔自20世纪50年代起就有民间贸易往来，自1988年7月9日建立外交关系以来，双边关系友好，高层互访频繁强化。在两国政府和工商界的共同努力下，中国与卡塔尔经贸合作取得了长足进展。

中国在卡塔尔开展承包劳务业务始于20世纪80年代末。截止到2000年，中国公司在卡塔尔共签署承包劳务合同66个，合同金额超过10亿美元。其中主要的项目是中石油长城钻探公司和中原石油勘探局于1999年分别获得卡塔尔石油公司的油田钻井项目，两项目总金额超过3亿美元。2000年4月，中原石油勘探局中标卡塔尔杜罕油田输油气管线设计、采购和施工项目，合同金额超过1亿美元。

2. 中国与卡塔尔的经济贸易现状

目前中国与卡塔尔两国政府已经签署了一系列经济、贸易合作协定，投资保护协定等双边协议。近年来,双边关系发展势头强劲,2006 年双边贸易额达到 10 亿美元;2007 年年底,双边贸易额增长至 12 亿美元。

3. 中国与卡塔尔签订的双边贸易协定

两国签订的双边贸易协定有:《中华人民共和国和卡塔尔国关于建立战略伙伴关系的联合声明》(2014 年 11 月);《中华人民共和国政府和卡塔尔国政府关于对所得避免双重征税和防止偷漏税的协定》(2001 年 4 月);《中华人民共和国和卡塔尔国建立外交关系联合公报》(1988 年 7 月);《中华人民共和国政府与卡塔尔国政府贸易协定》(1993 年 7 月);《中华人民共和国外交部和卡塔尔国外交部谅解备忘录》(1999 年 4 月);《中华人民共和国政府和卡塔尔国政府航空运输协定》(2000 年 3 月);《中华人民共和国政府和卡塔尔国政府教育与文化合作协定》(2000 年 3 月);《中华人民共和国政府和卡塔尔国政府关于规范卡塔尔雇佣中国劳务人员的协定》(2008 年);《中华人民共和国政府和卡塔尔国政府关于鼓励和相互保护投资协定》(1999 年 4 月)。[1]

4. 中国与卡塔尔的双边贸易与投资

中国一直都是卡塔尔的主要出口目的国,这与卡塔尔本国能源丰富,而中国又是资源消耗大国有关。为加深两国之间的经贸合作,2015 年,卡塔尔政府在其首都多哈举办首届"建筑与科技"为主题的大型专业采购会,参展企业全部为中国企业,其中包括中方建设业领头企业及优秀的建材配套设施产品企业,主要面向中东及非洲国家展出建筑及科技领域的顶级服务和产品。[2]

2014 年 11 月,卡塔尔与中国签署了多领域战略合作协议,涉及基础设施建设、各项工业和高科技领域,能源与替代能源等。同时中国将在卡塔尔建立人民币结算和兑换中心。数据显示,贸易方面,2014 年中国与卡塔尔的双边贸易额为 106 亿美元,同比增长 4.2%。2014 年中国企业在卡塔尔累计签订承包工程合

---

[1] http://policy.mofcom.gov.cn/section/gjty! listByGJTYCountryCode.action? countrycode = TYKT,最后访问于 2015 年 12 月 22 日。
[2] 迟明霞:"中国或成卡塔尔最大进口来源国",载《天下财经》2015 年第 4 版。

同总额达 8 亿美元，完成营业额 15.6 亿美元，涉及市政、路桥、港口、电信等多个领域。此外，中国与卡塔尔在投资、金融、航空、旅游等领域的合作也取得了积极成果。[1] 2014 年，中国为卡塔尔第四大贸易伙伴国和第二大进口来源地国。[2]

目前，卡塔尔不仅是中国旅游者理想的旅游目的地，同时由于其特殊的地理位置，卡塔尔已经成为中国旅游者前往中东和欧洲地区重要的航空中转站。因此，双方加强民航业领域的交流和合作具有现实意义。中国是卡塔尔民航业的重要市场，卡塔尔航空公司班机在北京、上海、广州以及香港都设有始发站。

目前双边投资规模并不大，其中卡塔尔对华投资主要集中于金融领域。卡塔尔主权财富基金 2006 年出资 2.06 亿美元购买中国工商银行流通股份，2010 年出资 28 亿美元购买中国农业银行股份。[3] 为吸引中方投资，卡塔尔在中国多个主要城市设有办事机构或代表处。现阶段在卡塔尔设立营业机构的中方企业主要有中国水电海湾区总部、中国港湾工程公司、华为投资有限公司卡塔尔分公司、葛洲坝集团卡塔尔分公司、中建股份卡塔尔公司以及工商银行多哈分行。[4]

(二) 卡塔尔《宪法》及基本法律制度

1. 卡塔尔概况

卡塔尔是一个半岛国家，位于波斯湾西海岸中部。卡塔尔东、北、西三面环

---

[1] http://qa.mofcom.gov.cn/article/zxhz/hzjj/201508/20150801070932.shtml，最后访问于 2015 年 12 月 22 日。

[2] http://qa.mofcom.gov.cn/article/zxhz/tjsj/201507/20150701043916.shtml，最后访问于 2015 年 12 月 22 日。

[3] "对外投资合作国别（地区）指南——卡塔尔（2015 年版）"，中华人民共和国商务部，http://fec.mofcom.gov.cn/article/gbdqzn/，最后访问于 2015 年 8 月 28 日。

[4] http://qa.mofcom.gov.cn/article/zxhz/zzjg/201507/20150701055247.shtml，最后访问于 2015 年 12 月 22 日。

海，海岸线全长 550 公里。南部陆地与沙特阿拉伯接壤，陆地边界约 60 公里。该国共设 7 个市政区，首都多哈是全国政治、经济、文化中心。其自然资源十分丰富，主要是石油和天然气的储量巨大，其中已探明的石油储量居世界第 13 位，天然气储量居世界第 3 位，仅次于俄罗斯和伊朗。卡塔尔近年来人口增长迅速，外籍人士较多，主要来自印度、尼泊尔等国。[1]

2. 卡塔尔《宪法》

卡塔尔是君主立宪制酋长国。1970 年颁布第一部《宪法》，1972 年对临时《宪法》进行修宪，2003 年卡塔尔全民公投通过永久《宪法》，该宪法于 2005 年 6 月正式生效。

永久《宪法》共 5 章，分别为国家基本原则、社会指导原则、公共权利与义务、组织机构的权力以及最终条款。

（1）国家基本原则

《宪法》规定卡塔尔是一个独立的阿拉伯主权国家，国教是伊斯兰教，崇尚政治民主，阿拉伯语是该国的官方语言，本国人民是阿拉伯民族的一部分。除此以外，《宪法》在第一部分明确规定了卡塔尔的首都及国旗，并规定国家的金融、银行体系以及官方货币由法律规定。本国尊重国际条约及相关公约章程，本国的外交政策是建立在维护世界和平稳定的基础之上，鼓励和平解决国际争端，支持民族自决。[2]

（2）社会指导原则

卡塔尔崇尚公正、友爱、自由、平等，国家应当保证国家的稳定、安全，并为全体公民提供平等的竞争机会，维护国家统一，促进公民间的合作。《宪法》明确规定家庭是社会最基本的组成部分，任何一个卡塔尔家庭都应当建立在宗教、道德以及爱国主义的基础之上，法律应当提供充分的途径以保护家庭，支持家庭结构，增强家庭凝聚力，保护女性、儿童以及老人。在保护儿童问题上，

---

[1] http://en.wikipedia.org/wiki/Qatar，最后访问于 2015 年 12 月 23 日。

[2] http://policy.mofcom.gov.cn/PDFView?id=7fb4c569-aba7-446f-a41b-f900f2a99226&libcode=flaw，最后访问于 2015 年 12 月 23 日。

《宪法》明确要求儿童应当得到保护,以避免其受到剥削、身体以及精神上遭受到伤害,同时国家应当提供良好的教育环境,以促进儿童全面发展。在社会福利方面,《宪法》规定国家应当促进公共健康,避免国家受到流行病和疾病的威胁。国家应当促进、保护以及支持科学、艺术、文化遗产的传播,鼓励科学研究。卡塔尔《宪法》指出教育是推动社会进步的一大支柱,并应当受到国家的重视及推动。[1]

另外,所有权、资金以及劳动力构成了一国社会结构的基础,国家尊重私人财产,任何私人财产不得被随意剥夺。在经济领域,国家应当保证企业能够在一个公平、公私活动平衡的社会经济环境中进行自由的经济活动,提升其生产力,实现公共福利,提高人民生活水平,并提供就业机会。[2]

(3) 公共权利与义务

宪法保证所有卡塔尔公民享有平等的公共权利和义务。所有卡塔尔人在法律面前一律平等,免受来自性别、种族、语言或宗教等方面的歧视。个人自由在卡塔尔应当得到充分保护,任何人不得被任意逮捕、拘留或搜查。个人隐私应当得到保证,个人隐私、家庭事务、私人住宅以及通信不受非法侵犯。国家应当保护公民的选举权以及被选举权,依据宪法,公民有权结社,宪法保障媒体自由,明确所有公民都有接受教育的权利,国家保障免费义务教育。公民的继承权受到保护。保卫国家是每一个卡塔尔公民的义务。

除此之外,公共邮政是国家服务的一部分,相关公务人员在履行职责时,其唯一目的就是实现公共利益。财产征用一般是予以禁止的,征用财产只能依据法院判决。

(4) 组织机构的权力

权力来自人民,权力的实施必须依据法律规定。政府系统分权,各机构应当充分合作。宪法规定协商议会执掌立法权,通过国家总预算,并按照宪法规定的

---

[1] http://policy.mofcom.gov.cn/PDFView?id=7fb4c569-aba7-446f-a41b-f900f2a99226&libcode=flaw,最后访问于 2015 年 12 月 23 日。

[2] http://policy.mofcom.gov.cn/PDFView?id=7fb4c569-aba7-446f-a41b-f900f2a99226&libcode=flaw,最后访问于 2015 年 12 月 23 日。

方式对执行权实施监督。协商议会由45名成员组成，其中30名通过直接无记名普选产生，另外15名由埃米尔从大臣和其他人中任命。每一届协商议会的任期是四年。埃米尔具有以下权能：制定国家一般政策；修改颁布法律；为了公共利益，随时召集议会部长开会；选任公务人员以及军队服役人员；依据法律批准假释或社区服务矫正；下达民事或军队命令；组建政府各部门，选任部门负责人并细化各部门职能；组建顾问机构，为国家顶层设计提供指导、监督；以及其他宪法或法律规定的职权。保卫国家的战争必须由埃米尔下达命令，发动侵略战争是宪法明令禁止的。首相的选任和罢免必须依据埃米尔的命令。在正式就职前，首相及内阁部长应当进行就职宣誓。部长应当依据宪法和法律的规定协助埃米尔履行职能，各部门负责人应当在其职权范围内实施政府政策，埃米尔可以要求首相及其部长就相关国家问题在其职权范围内提交报告。[1]

卡塔尔奉行司法独立原则，国内法院分不同层级，法院依法做出判决。法律应当规范法院层级及其管辖范围与职能，军事法庭的管辖是受限制的。任何公民都有权利进行诉讼，法律应当将诉讼流程及行使权利的方式具体化。法律应当明确规定管辖权冲突的解决途径。

(5) 最终条款

宪法应当由埃米尔颁布，且应当在相关纸媒刊登。宪法颁布生效后的十年之内不允许通过针对个别条款的修正案。该宪法的条款持续有效，除非有修正案进行补充。[2]

3. 卡塔尔的基本法律制度

在宪法的统领下，卡塔尔具备较为完整的基本法律体系，其规制范围较为广泛，涉及经贸等众多领域。

商事领域，卡塔尔陆续出台了《2000年关于安排在经济活动中的外国资本

---

[1] http://policy.mofcom.gov.cn/PDFView? id=7fb4c569-aba7-446f-a41b-f900f2a99226&libcode=flaw, 最后访问于2015年12月23日。
[2] http://policy.mofcom.gov.cn/PDFView? id=7fb4c569-aba7-446f-a41b-f900f2a99226&libcode=flaw, 最后访问于2015年12月23日。

投资的 13 号法案》、《2000 年 13 号法令——经济活动中的外国资本投资机构》、卡塔尔《工程行业从业规则》等。[1] 随着卡塔尔加强基础设施建设进程逐渐加快，众多工程承包合同都需要有效的法律进行规制，而且近些年来卡塔尔更加关注吸引外国投资，相关规制外国投资的法案也陆续出台。

其他领域的法律涉及卡塔尔《设立统计局的法令》、《2006 年第 33 号令——卡塔尔中央银行法》、《卡塔尔关于所得税的法令》、卡塔尔《劳动法》、卡塔尔《商业秘密保护法》、《设立卡塔尔慈善活动管理机构的法令》等。[2]

(三) 卡塔尔货币金融法律制度

1. 卡塔尔的货币制度

卡塔尔货币为里亚尔，可自由兑换，在卡塔尔任何银行和钱庄，里亚尔与美元、欧元、英镑、日元、瑞士法郎、加拿大元等均可自由兑换，并且可同海湾其他五国、印度、巴基斯坦等国货币自由兑换。卡塔尔里亚尔采用钉住美元的固定汇率，目前人民币与里亚尔尚不能直接兑换，两者之间进行结算需要通过美元等途径。[3]

2. 外汇管理

卡塔尔采取自由汇兑制度，不实行外汇管制。投资资金、贷款资金、个人所得都可以自由汇出境外。根据卡塔尔法律的规定，如国外与卡塔尔合资公司要将其在卡塔尔所得的年利润全部汇往国外，该合资公司必须将相当于其年利润的 10% 存入一个合法的储蓄账户，直至该账户金额至少达到其投资资金的 50%。这是卡塔尔对外国合资公司向国外汇款的唯一限制。在卡塔尔，外国人和外资企业均可持担保人出具的信函在卡塔尔银行开设外汇账户。

---

[1] http：//policy. mofcom. gov. cn/section/flaw！listByCountryCode. action？countrycode = 130，最后访问于 2015 年 12 月 23 日。

[2] http：//policy. mofcom. gov. cn/section/flaw！listByCountryCode. action？countrycode = 130，最后访问于 2015 年 12 月 24 日。

[3] http：//policy. mofcom. gov. cn/section/flaw！fetch. action？libcode = flaw&id = 7921c77b - 0cd1 - 47f6 - bd29 - 7ce3522dd849&classcode = 322，最后访问于 2015 年 12 月 24 日。

3. 银行机构

卡塔尔的中央银行是卡塔尔中央银行。除此之外，卡塔尔本地还存在众多的商业银行，包括卡塔尔国民银行、卡塔尔商业银行、多哈银行、卡塔尔伊斯兰银行、卡塔尔阿勒艾赫里银行、卡塔尔伊斯兰国际银行、拉扬银行、卡塔尔国际银行以及卡塔尔工业发展银行等。

同时，还有众多外资银行在卡塔尔设立了分支机构，包括渣打银行、汇丰银行、阿拉伯银行、马什拉克银行、联合银行、BNP 巴里巴斯银行和伊朗萨德拉夫银行。另外，在卡塔尔金融中心，还有七十余家外资金融机构进驻，从事零散的金融业务。中国工商银行多哈分行于 2008 年 10 月正式挂牌，主要从事公司业务。目前，与中国合作较多的代理行主要有卡塔尔国民银行、卡塔尔商业银行、多哈银行、渣打银行以及汇丰银行等。[1]

4. 融资条件

国外投资者在卡塔尔经营业务时，可以向卡塔尔的商业银行或金融机构申请融资。由于外资投资卡塔尔多以合资公司的形式，且均由卡塔尔本地股东控股，因此其融资条件基本与卡塔尔本地公司相当。

(四) 卡塔尔的税收制度

1. 卡塔尔的税收体系及制度

卡塔尔的税收体系及制度相对简单，目前只针对在卡塔尔注册经营的外国企业和法人征收企业所得税，采取的是属地主义原则。卡塔尔于 1993 年颁布了《所得税法》，后续又颁布了相关的执行决议，用以管辖外国人在卡塔尔总公司及分公司等业务活动中获取的利润。

---

[1] http://policy.mofcom.gov.cn/section/flaw!fetch.action?libcode=flaw&id=7921c77b-0cd1-47f6-bd29-7ce3522dd849&classcode=322，最后访问于 2015 年 12 月 24 日。

2. 主要税赋和税率

根据卡塔尔《所得税法》的规定，纳税人在每个税收年度在卡活动收入所得均被纳入上缴所得税的范畴。这些活动主要包括：在卡塔尔执行合同的纯利润；资本利润；在卡塔尔境内或境外发生的代理或商业调解等取得的佣金；咨询服务、仲裁、鉴定或类似活动的收费；出租收入；从销售、发放许可证或授权他人使用或利用任何商标设计、专利或复制权的所得；恢复坏账；清算所得纯利等。[1]

对于外国公司，其进口的原材料或在国外进行的工作不受该所得税法管辖，但应当在财务报告书中陈述为同样金额的税收和成本。以下成本和支出不在税收中抵扣，包括个人支出、罚款、可以从保险单或合同以及索赔中重新获取的支出或损失、固定资产折旧超过原成本的部分等。对于所得税的计算，根据《所得税法》，应纳税的所得计算应以借贷对照表为基础。若采用不同的方法计算应事前得到税务局的批准，承包工程的所得应按业已完成工程的百分比计算。已完成的工作的成本若是以外币核算的，应按换算日通行的汇率换算成卡塔尔里亚尔。[2]

对于折旧率，《所得税法》分别对建筑物、管道、加油站、车道、工厂、机械、办公家具和设备、卡车拖车等的折旧率进行了具体的规定。企业所得税则固定为10%。[3]

（五）与外国投资者的商贸、投资活动有关的法律制度

卡塔尔自独立以来，就开始积极与周边国家发展良好的经贸合作关系，为了进一步规制日益发展的经贸投资活动，卡塔尔出台了一系列相关法律，从立法层面做出相关的制度性安排。

---

[1] http://policy.mofcom.gov.cn/section/flaw!fetch.action?libcode=flaw&id=e954bf27-3d85-46d8-b2ba-0b2f6c9708b0&classcode=56080，最后访问于2015年12月25日。

[2] http://policy.mofcom.gov.cn/section/flaw!fetch.action?libcode=flaw&id=e954bf27-3d85-46d8-b2ba-0b2f6c9708b0&classcode=56080，最后访问于2015年12月25日。

[3] http://policy.mofcom.gov.cn/section/flaw!fetch.action?libcode=flaw&id=e954bf27-3d85-46d8-b2ba-0b2f6c9708b0&classcode=56080，最后访问于2015年12月25日。

1. 卡塔尔与外国投资者有关的商贸法律规制

相关的法律规制主要有《海关法》（1988 年）、《投资法》（2000 年）、《公司法》（2002 年）、《版权保护法》（2002 年）、《商业组织法》（2002 年）、《商标、地理指标和工业设计法》（2002 年）等。

根据《海关法》的规定，个人进口货物在卡塔尔销售，必须在进口商注册处进行注册并获得卡塔尔工商会的批准。个体进口商必须具备卡塔尔国籍，进口商号必须是卡塔尔人拥有的全资公司，除非是以下情况：外国公司从事大型工业或农业项目并与卡塔尔政府有直接合约，允许其进口与本项目有关的货物；进口商得到埃米尔的特许法令；进口商为工业企业；企业资本至少 51% 为卡塔尔人持有并获得特许令进口货物。在卡塔尔，出口货物不需要交关税，但需要注意的是，卡塔尔本国禁止向以色列出口货物，某些带有补贴性质的食品、古董等也禁止出口。

在进出口货物的检验检疫方面，对出口到卡塔尔的肉类及肉类制品应提供清真认证、原产地证明以及食品卫生证明。清真认证的流程为由中国贸促会认证后，到卡塔尔驻华大使馆办理认证。清真食品应当符合中国的食品卫生标准，出具原产地证明和食品卫生证明，其他方面无特别要求。产品进入卡塔尔后，海关进行抽样检查。食品的外包装应当标明产品名称、成分、净重等基本信息，并翻译成阿拉伯文。对于肉类以外的其他商品，则只需要提供原产地证书、产品合格证以及货物装箱单即可报批，但玩具类商品一定要提供商检证书。

卡塔尔的进口关税一般为 5% 的从价税，对于少数与其地方工业有冲突的进口商品，征收较高的保护关税。卡塔尔禁止进口酒类及猪肉产品。

2. 卡塔尔与外国投资者有关的投资法律规制

卡塔尔鼓励外国投资者在农业、工业、卫生、教育、旅游等方面的投资活动，允许外国投资者所持股份超过项目资本的 49%，但前提是符合本国的发展规划。重点扶持可实现最有效利用本国现有原材料的项目和出口工业、可提供新产品和新技术的产业以及人才本土化的项目。除非获得特别许可，否则禁止外国投资者在卡塔尔银行业、保险公司以及商业代理和地产等领域进行投资。[1]

就目前情况来讲，外国投资者在卡塔尔投资主要以建立合资公司或参股经营为主。一般而言，外国投资者的投资比例不得超过投资总额的49%。对于BOT项目，则需要卡塔尔政府有关部门进行特别审批。

与此同时，卡塔尔对于外国投资采取优惠的基本政策框架，其优惠主要包括向外国投资者划拨必要用地，以建设投资项目，可通过长期租赁以及续租的方式长期使用土地；在《投资法》规定的范围内，免除外国投资资本的所得税，自投资项目投产之日起，免税期不超过十年；对外国投资项目为建设所需进口的仪器和设备可免关税；外国投资者可将其投资随时汇入或汇出；无论直接或间接的外国投资，不得征收其所有权，或采取同等效力的其他措施。

二、中资企业对其投资的主要产业及法律流程

（一）设立企业的形式

外国投资者不允许在卡塔尔从事贸易代理业务和进口业务。外国人可以进行的投资活动形式主要包括：由埃米尔特批成立独资公司，从事"外国分支机构"可以从事的业务活动；与一个卡塔尔合伙人一起成立合伙公司，从事商业、工业或农业活动，但其股份不得超过49%；经批准，与一个或多个卡塔尔合伙人一起成立合伙公司或公司，但外国投资者的股份不得超过49%。

（二）注册企业的主要程序

在卡塔尔，负责企业注册的主管政府部门是商业贸易部。外国公司在卡塔尔

---

[1] http：//policy.mofcom.gov.cn/section/flaw! fetch.action？libcode = flaw&id = 2f5cd510 - 0a81 - 4a3e - a980-1fb4ad0d454e&classcode=660，最后访问于2015年12月25日。

从事商业活动必须遵守相关的法律法规。外国公司凭借埃米尔特令可以在卡塔尔设立分支机构，从事以经济发展为目的的投资活动，为公共服务提供便利；从事工业、农业、开采、旅游和工程承包行业的公共事业。如当地市场无类似产品，外国公司可以进口本项目所需的材料。在卡塔尔设立外国分支机构，需要向商业贸易部提交必要的申请文件，包括：①与卡塔尔服务代理人签署的协议1份；②与卡塔尔合作方签署的项目协议书1份；③公司备忘录及章程1份；④公司授权代表公司签字的驻卡塔尔代表人的授权书；⑤该外国公司从未上过以色列黑名单的证明书1份。

经商业贸易部推荐，自申请之日起两个月内可获得埃米尔的批准令，埃米尔批准令仅在所批项目的期限内有效。公司在未办理完注册登记手续以及未在报刊发表成立声明之前不具有法人资格。

（三）承揽工程项目的程序

卡塔尔近年来加快本国基础设施建设的步伐，中国企业在其中扮演了十分重要的角色，越来越多的中方企业开始承揽相关的工程项目。因此，相关企业有必要了解承揽工程项目的基本流程。

首先是获取相关承揽信息。中方企业可以通过官方网站以及相关纸媒的途径获取有价值的信息，或者有选择地向几家承包商发出投标邀请。在获取信息的基础上，就进入了招标投标环节。在这一环节中，投标企业需要从招标单位购买标书，缴纳投标保证金，并在截标时间之前递交标书。招标单位按照先技术标后商务标的顺序在截标日期之后的120天内进行审核。招标单位在初步评审之后出具相关投标单位的名单，邀请入围企业对标书进行进一步说明或修改，受邀企业将在规定时间内进行再次投标。最后是招标单位开标，向相关企业发放正式受标函。

（四）申请专利及注册商标

在卡塔尔申请专利，申请人需要提交所需材料，包括以下几项：

①由专利申请人签署的包括专利申请人姓名、国籍、住址等内容的表格；

②由任何一个海湾合作委员会国家授权部门签发的合法有效的委托书；

③如果申请人不是专利发明者，则必须提交由任何一个海湾合作委员会国家授权部门签发的合法有效的转让证书；

④商号证书复印件或由任何一个海湾合作委员会国家授权部门批准颁发的商务注册文件复印件；

⑤如果有要求，还要提供由任何一个海湾合作委员会国家授权部门批准的优先文件的复印件；

⑥英文和阿拉伯文各三份专利说明与申请书，必须包含发明物的名称、发明物所在的领域、发明物的先有技术和背景、发明物的展示、对图画的简单描述、对发明物的详细描述等；

⑦制图；

⑧对发明物的概括说明。

在卡塔尔注册商标，需要经过以下程序：

①商标注册申请人向受理机构提出申请；

②受理机构对申请文件进行审核；

③一项正式申请如被确认，将在政府公告和当地报纸予以公布，并准备颁发注册证书；

④对此商标持有异议的任何团体可在公告发布之日起120日内提出；

⑤整个程序约需5到6个月的时间；

⑥商标注册成功后，有效期为10年，并可申请再延长10年。

在卡塔尔注册商标，需要提交以下文件：

①包括申请人姓名、国籍、住所地址和商号地址等的申请表；

②由卡塔尔授权部门签发的合法的委托书；

③商号证书复印件或由卡塔尔授权部门颁发的商务注册文件复印件；

④每个商标种类15份样本和一份印版；

⑤注册商标所适用的商品和服务的全部清单；

⑥如果有要求，还要提供优先文件的复印件，可能需要提前3个月递交。

三、投资争端解决程序与案例

（一）投资争端解决程序

卡塔尔在"一带一路"战略中占有重要地位，本国丰富的石油天然气资源以及大量的基础设施建设工程，吸引了大批的外国投资者到卡塔尔进行投资经营活动。截至目前，中国与卡塔尔并未发生标的较大的投资争端。

卡塔尔是世界贸易组织的成员国，这为中国与卡塔尔解决国际经贸纠纷提供了纠纷解决平台。当中国企业与其发生贸易争端时，可以考虑向 WTO 提起与卡塔尔进行磋商，如果磋商未果，可以依据关于争端解决规则与程序的谅解（DSU）的法定程序提起成立专家组的请求，通过专家组报告的形式以及之后可能实现的交叉报复方式弥补中方投资者的损失。

但在一般情况下，对于我国在卡塔尔的投资企业，一旦发生纠纷，应先同对方进行友好协商，力求在协商过程中化解矛盾。在协商无法解决问题的情况下，我国企业应先依据合同的约定寻求当地的司法救济或国际仲裁。对于中国的投资者而言，一旦发生纠纷，首先国内的仲裁机构是较优选择，其次应该选择最熟悉中国、处理过较多涉华仲裁案件的仲裁机构。同时还需要注意的是，仲裁后的执行问题往往更直接地关涉当事双方的切身利益，因此如果选择卡塔尔境内的仲裁机构进行仲裁，其裁决往往更易在卡塔尔境内执行，进而避免了承认和执行难的问题。

（二）案例分析

1. 中国港湾公司：卡塔尔大型水库 2 号通道管线项目

2014 年 6 月 10 日，中国港湾中标卡塔尔大型水库 2 号通道管线项目（B 合同包），业主为卡塔尔水电总公司，中标合同额约 1.7 亿美元，合同工期 26 个月。

该项目位于卡塔尔首都多哈南部，是卡塔尔战略水资源储备项目的重要组成部分，分为5个标段，中国港湾是唯一一家获标的国际承包商。项目主要内容包括：约100万方的沟槽开挖，直径不等的球墨铸铁管及管接头的铺设和安装，HDPE光缆管外壳的铺设，配套的井室和附属设施施工，阀门的安装，水力试验以及微型隧道施工。[1]

卡塔尔水电总公司是卡塔尔地区最重要的政府业主之一，此次成功与其建立了合作关系，是公司深化卡塔尔地区市场经营的重要成果，为公司后续市场开拓夯实了基础。

2. 中建总公司签约卡塔尔办公楼项目

卡塔尔2004年9月19日16时，中建总公司与卡塔尔多哈高层办公楼项目业主正式签署了EPC总承包合约，合约金额为4.26亿卡塔尔里亚尔，折合1.17亿美元。

该项目为高档办公楼，总高度235米，45层，建筑面积11.3万平方米，总工期854天。该项目为目前在建的卡塔尔最高建筑，并且无论建筑外形、规模、档次等在当地均属于标志性建筑。

该项目为中建总公司继阿联酋棕榈岛别墅项目之后在中东地区中标的第二个大型直营项目，标志着该公司已成功进入卡塔尔市场。项目EPC承包方式（Engineering Procurement Construction）对总公司的管理能力提出新的挑战，同时有利于海外经营管理水平的提升。[2]

就目前来讲，中资企业进驻卡塔尔进行投资经营活动，依旧集中于基础设施建设领域，合同标的额巨大，伴随着较大的风险因素。因此，在此类投资发生之前，中资企业必须对卡塔尔相关经济社会环境进行全面的了解，对相关企业实体的经济情况有必要进行翔实的调查，以减少投资风险。当然，一旦风险发生，中资企业最先要关注的就是双方订立的合同，利用合同约定的争端解决途径解决纷争，但诉诸相关争端纠纷平台之前，鼓励争议双方能够进行友好协商，标的巨大

---

[1] http：//cafiec.mofcom.gov.cn/article/hyzc/tongjixuehui/201407/20140700646774.shtml，最后访问于2015年12月26日。

[2] http：//www.sasac.gov.cn/n86114/n326638/c637303/content.html，最后访问于2015年12月26日。

的合同纠纷也可试图寻求国家外交层面的解决途径。法律手段是最后一道防线，这就要求中资企业在经营过程中应当遵照相关流程，注意经营资料的保存和整理。

四、卡塔尔的经贸投资环境分析

在卡塔尔从事经贸活动，尤其是从事服务贸易，中资企业需要了解卡塔尔在服务领域对外商投资经营活动以及投资者的诸多限制。

卡塔尔的服务贸易壁垒主要体现在其市场准入政策上。卡塔尔对本国及海湾地区企业采取保护政策，外国公司进入卡塔尔市场，成本较高。按照卡塔尔《外资投资法》，注册公司时，外资一般不得超过49%，超过的将收取一定的费用。

2004年卡塔尔修改了其《外资投资法》，修改后的投资法禁止外国投资银行、保险、商业代理和购买房地产。

在卡塔尔经商的外国公司都需要有当地代理或代表处。代理人必须雇卡塔尔本国人。代理商可以是进出口代理，也可以是承包工程项目代理。经营进出口贸易的公司，除了在海湾合作委员会成员国之间无须设立代理处外，同其他国家的进出口贸易都必须经过卡塔尔代理人。经营进出口贸易还须申请许可证。

在建筑工程承包市场上，政府部门建筑工程一般都采用公开招标方式。外国公司如想参加招标，应先到指定的政府有关部门注册，通过资格预审。根据卡塔尔的有关法律和规定，外国承包商在当地承包工程一般需通过当地代理商，代理商可以由外国公司在当地聘用，也可以是合资公司中的当地一方。聘用代理商应在注册前完成，这也是注册的先决条件之一。

然而，由于卡塔尔对本国建筑承包公司采取保护政策，即使报价稍高于外国公司，也会优先中标。此外，中东国际工程承包市场上业主对承包商的要求越来越高，要求承包商提供从设计、采购到建设、管理、运营等全程服务，承包方式相应地也发生了很大的变化：EPC（设计、采购、施工）、信贷项目、BOT（建设、运营、转让)、BOO（建设、拥有、经营）、BOOT（建设、拥有、经营、转让）等方式被普遍采用，但一般不采用"交钥匙"的全包方式。带资承包方式已在中东工程承包市场上占据越来越重要的地位，是否拥有雄厚的资金和很强的融资能力已成为能否在中东工程承包市场上赢得工程项目的重要因素。[1]

五、经贸、投资风险因素及应对策略

尽管卡塔尔投资环境良好且投资潜力较大，但近几年来卡塔尔投资所面临的政治风险也逐渐上升。企业在卡塔尔投资主要需防范的风险包括以下几点：

第一，卡塔尔国内经济过度依赖天然气部门，消费和出口受到国外市场的制约。国内宏观经济与政府财政极易受到油价、天然气价涨跌的影响。近年来，卡塔尔油气产业对该国 GDP 贡献率有所下降，但对该国财政收益贡献率超过 50%。2014 年下半年原油价格急剧下跌 50%，这直接影响到卡塔尔政府的财政收入，并进而影响其维持国内高福利制度的能力。根据世界银行预测，由于油价和以油价为基础的液化天然气价格的大幅下降，2015 年经济扩张的速度预计会降低 3 个百分点。但是，卡塔尔超过 470 亿美元的外汇储备以及长久以来政府积累的强大财力，加之大量的公共投资项目和扩张型的财政政策，能很好地帮助卡塔尔渡过低迷期。因此，总体来说，油价持续下跌给卡塔尔带来的经济、政治风险不会太大。

第二，卡塔尔国内社会形势面临潜在不稳定性：外来工人的抗议、什叶派少数族群的反抗，等等。几年前利比亚卡扎菲政权的倒台致使在利比亚投资的中国企业损失近 200 亿元人民币，这警示投资者更加关注东道国政权动荡所带来的破坏力。卡塔尔国内政治危机的核心原因来自国内极高的外来工人比例。另外，卡塔尔公民就业对政府依赖性极高。据相关数据显示，卡塔尔就业公民 90% 以上在政府或国有企业任职，需要大量引进国外人才和普通劳动力，其中高级人才主要来自欧美国家，没有法定最低工资，外籍普通劳动力月工资为

---

[1] http://tradeinservices.mofcom.gov.cn/c/2010-07-08/83147.shtml，最后访问于 2015 年 12 月 27 日。

220—320美元，技术工人在385美元以上。卡塔尔人口构成中，卡塔尔公民约占15%，外来人口占绝大多数。在2022年世界杯的筹办过程中，外来工人对受到待遇的抗议日益明显。

整体来看，卡塔尔国内社会形势面临潜在风险，但是这种政治风险在目前看来还处于可控的范围内。原因有以下几点：①卡塔尔政府财力雄厚：外汇储备超过470亿美元。雄厚的财力使得卡塔尔国内"金钱换稳定"的策略得以继续维持。②为了安抚国内民众，卡塔尔近几年已经采取一系列改革应对政策，覆盖旅游、文化教育、妇女政治权利、基础设施建设等诸多领域。自哈马德上台以来，致力于将卡塔尔建设成为"新型国家"，将实现"自由、民主、发展、和平和稳定"确立为治国目标。③卡塔尔近期政权交接稳定。卡塔尔埃米尔由阿勒萨尼家族世袭，哈马德在2013年主动传位给王储，这在海湾国家并不多见。④目前卡塔尔国内不存在足以取代卡塔尔王室政权的力量。同时，世界主要大国如美国、中国、日本等均不希望卡塔尔出现政治动荡。卡塔尔是美国在中东地区的重要盟友，美国在其境内拥有塞利耶和乌代德两个军事基地，其中乌代德基地是美国最大的海外军事基地之一。

第三，卡塔尔内部存在宗教派系冲突与风险。卡塔尔逊尼派人数超过80%，只有16%左右为什叶派人士。什叶派在卡塔尔受到歧视，在宗教自由、教育、出版、政治等领域受到严格的限制，在经济上也无法享有与逊尼派人士同等的待遇。由于这种歧视对待，什叶派一直对阿勒萨尼家族和政府存在愤懑的情绪。各类游行示威行动时常发生。不过，考虑到什叶派在卡塔尔占比较小，因此大规模政治动荡的风险系数相对较低。但近期，卡塔尔空袭也门什叶派胡塞武装事件预计将进一步激化国内什叶派人士的不满情绪。企业近期在卡塔尔投资，尤其是什叶派人士集中的东部省，要格外注意此类宗教派系冲突发生的风险。

第四，卡塔尔地缘政治风险较低。在外交实践中，卡塔尔从自身利益出发，发展与世界各国包括与伊朗、叙利亚等美国敌对国的友好关系。与邻国无领土争端。整体来说，卡塔尔置身于良好的地缘政治区域，面对持续发酵的周边地区形势，卡塔尔奉行不干涉内政、和平解决国际争端的外交政策，调解公正透明，无预设立场。在这种可能性预期下,投资者在卡塔尔的经济活动能够得到较大程度的保障。但同时,卡塔尔与埃及在哈马斯、真主党、伊朗等问题上一直存在分歧。卡塔尔多次取代埃及,成为阿拉伯立场的协调者,引起埃及的不满。卡塔尔与伊朗的良好关系,加之美国撤出沙特阿拉伯,并对卡塔尔进行援助,这招致沙特阿拉伯不满。另外,半岛电视台一贯同情各国反对派,反对派中又不乏伊斯兰激进组织,甚至包括"基地"组织。因而在卡塔尔自身经济实力日益增强的背景下,投资需要防范来自沙特阿拉伯为代表的中东传统大国的威胁和压力。

第五,卡塔尔地区影响作用显著,外在压力较大。卡塔尔是君主制国家,埃米尔的个人意志和偏好在决策中发挥着决定性作用。卡塔尔埃米尔哈马德重视外交,主张积极参与国际事务。1997年,卡塔尔成立"援助苏丹委员会",标志着卡塔尔开始实施积极的外交政策,参与调解地区冲突。伊拉克战争结束后,伴随着中东局势被打破,中东进入新一轮冲突频发期,卡塔尔外交调解行动也随之进入活跃期,如对黎巴嫩政治危机、苏丹达尔富尔问题及加沙战争的斡旋。卡塔尔特立独行的外交风格亦影响到卡美关系。由于卡塔尔与中东激进势力的良好关系,美国曾警告卡塔尔,如果卡塔尔继续奉行与美国相左的政策,美国将关闭其在卡塔尔的军事基地。因而,在卡塔尔的经济活动需要兼顾美国的利益诉求,毕竟卡塔尔在世界上的影响有限。[1]

总体来说,卡塔尔投资环境和投资潜力均不错,但是近年来国内投资政治风险的上升趋势,带来更多的不确定性。目前卡塔尔刚刚完成王权更替,在海外受到埃及的针对与敌视以及巴林等国政局动荡的烦扰。由于卡塔尔积极采取多方斡旋的外交策略,可能会面临来自多方的矛盾与压力。卡塔尔国内逊尼派与什叶派的冲突等均加剧了卡塔尔国内的政治风险。但是考虑到卡塔尔政权的经济实力与政治地位,以及卡塔尔顺利的权力交接以及在近几年采取的一系列稳健的改革措施,预计卡塔尔不会出现大规模的动荡局面。

---

[1] http://opinion.china.com.cn/opinion 59 131359 2.html,最后访问于2015年12月27日。

第七章 阿曼

一、阿曼法律制度介绍

(一) 中国与阿曼经济贸易关系

1. 中阿经济贸易历史发展

阿曼是阿拉伯半岛最古老的国家之一，公元前2000年已广泛进行海上和陆路贸易活动，并成为阿拉伯半岛的造船中心。阿曼一词早在汉朝就出现在中国史书上，名为"欧曼"。据记载，中国的货物当时就已远销到阿曼的苏哈尔。南北朝时期，阿曼的商人曾经到洛阳从事丝绸贸易。到了公元14世纪末的明朝，郑和便率船队先后四次到访阿曼南部的佐法尔地区，中阿两国的交往和贸易在此基础上更为紧密。直到今天，郑和访阿的故事仍为阿曼人所津津乐道，在阿曼佐法尔省首府萨拉拉的博物馆里还展示着郑和访问阿曼时所携带的瓷器。[1]

在新中国成立的第一个十年中，中国在政治上被包括阿曼在内的大多数海湾地区和阿拉伯半岛国家孤立。1972年4月，阿曼苏丹宣布：尽管中国与科威特、

---

[1] http://www.ccpit.org/Contents/Channel 3431/2015/1208/510496/content 510496.htm，最后访问于2016年2月22日；http://www.vccoo.com/v/d8a351，最后访问于2016年2月22日。

伊朗建立了正式外交关系，阿曼将依然与中国断绝任何交往。[1] 因此，在建立正式外交关系前，两国关系仅限于中国进口商品的间接贸易。[2]

1978年5月25日，中国与阿曼建立了正式外交关系，两国经济技术合作在某种程度上有了明显发展。中国在医疗、体育、餐饮、渔业、种植业以及加工业等方面向阿曼提供了许多劳务服务。1979年，中国驻阿曼大使馆建立了经商处。中国对阿曼出口额从1976年的585万美元迅速增长到1983年的906万美元。1980年10月，阿曼工商大臣访华并签署了贸易协定。中国的出口商品主要为纺织品、机械设备、谷物、粮油食品、轻工产品、服装和硬件产品等，两国间贸易额持续增长。1986年中国对阿曼出口额达到1000万美元。

尽管20世纪80年代中阿贸易额比70年代增长了近6倍，但中阿贸易额仅占中国与海湾地区国家总贸易额的3%。1986年至1992年，由于受石油价格暴跌的影响，阿曼收入下滑，随之进口量也有所下降。与此同时，由于阿曼国内市场狭小，许多中国商品都是经由阿联酋转口到阿曼，因此中国对阿曼的商品直接出口额逐年下降，但这并不意味着中国与阿曼经济联系减弱。

20世纪90年代，中阿两国在经济领域取得了显著成绩。两国政府于1980年签署贸易协定。1989年12月26日至28日，国家主席杨尚昆对阿曼进行正式友好访问，中国与阿曼建立了贸易关系。1989年11月，两国建立双边联合贸易委员会，至今已举行七届会议，第七届于2011年10月在北京召开。1997年，中国政府开始进口阿曼的石油液化气，并在沿海城市兴建天然气接收站。

进入21世纪，中阿政治往来频繁，随之而来的经济合作也不断加深。中阿经济交流不仅表现在不断增长的贸易额方面，还表现在商品质量的稳步提高层面。中国对阿曼的出口商品主要为大型港口设备、纺织品和服装，同时从阿曼进口原油。阿曼是中国主要的石油销售商，两国石油交易额超过双边贸易额的90%。中阿在资源发展、通信业、交通业、工业、城市建设等领域有良好的进

---

[1] A. H. H., *Abidi*, *China*, *Iran*, *and the Persian Gulf*, Radiant Publishers, 1982, p. 252.
[2] 阿卜杜拉·萨利赫·萨阿迪："新中国与阿曼关系的历史与现状"，载《阿拉伯世界研究》2012年第4期。

展。中石油、中石化、华为公司、水利水电建设集团公司成功地承包了一批基础设施工程项目。2002年，中阿签署避免双重征税协定。2004年年底，中国投资者在阿曼建立五个大型投资公司：中国石油天然气集团公司、中国石油和化工、天津水泥工业设计研究院（TCDRI）、威海华岳建设发展有限公司、宁波燎原灯具灯笼股份有限公司。2004年6月，作为阿曼和中国外交史上的一个里程碑，中阿战略协议在中国青岛签署。2006年4月，阿曼旅游大臣访华，两国签署了关于中国旅游团到阿曼执行计划的谅解备忘录。2007年6月28日，"中国-阿曼友好协会"建立。该组织希望全面发展两国关系，进一步加强文化交流。2007年7月3日，阿曼和中国共同成立"北京大学卡布斯苏丹阿拉伯研究讲席项目"。

至此，1980年签订的贸易协定，1995年签订的投资保护协定以及2002年签订的避免双重征税协定成为中阿双边经贸合作机制的基础和重要组成部分。

作为2010年上海世博会的赞助方，"中阿合作论坛"于2010年9月27日在上海召开，这次论坛有50个企业代表，超过250位中国商界人士针对在阿曼快速发展的现阶段，如何寻找双边贸易机遇这个话题展开讨论。

2. 中阿经济贸易现状

（1）双边贸易

阿曼是中国在中东北非地区第三大贸易伙伴，第三大原油进口来源国。近年来，中阿双边贸易发展总体顺利。2014年，双边贸易额258.7亿美元，同比增长12.9%，其中，中方出口20.6亿美元，进口238.1亿美元，同比分别增长8.6%和13.3%。

中方出口商品主要为机械设备、电器及电子产品、计算机与通信技术产品。中方进口商品主要为原油、铬矿砂及其精矿、二甲苯。2014年中国自阿曼进口原油2974万吨，占当年进口总量的9.6%。

2015年1—9月，中阿双边贸易额132.9亿美元，同比下降32.8%，其中，中方出口16.1亿美元，同比增长7%，进口116.8亿美元，同比下降36.1%。中方自阿曼进口原油2350万吨，金额107.8亿美元。

值得一提的是，中阿服务贸易往来频繁。根据联合国贸发会数据库资料显示，自 2005 年以来，中阿两国之间的运输服务与旅游服务贸易额大幅攀升（见下表）。

年份	中国出口			中国进口		
	2005 年	2010 年	2014 年	2005 年	2010 年	2014 年
交通运输服务	1051	2666	4011	299	525	1158
旅游服务	668	1001	1854	429	783	1354
其他服务	1426	2697	4363	211	499	554

（2）双向投资

截至 2014 年年底，中方在阿曼金融类直接投资存量 4700 万美元，主要为承包工程企业分支机构的注册资本。《2014 年中国统计年鉴》资料显示，2013 年，中国在阿曼工程承包完成营业额 24229 万美元，共派出人数 368 人；2007 年 10 月，中国建材装备有限公司承揽了阿曼水泥厂日产 4000 吨水泥生产线项目，合同标的额达 1.62 亿美元，该项目已于 2011 年年初建成投产；2009 年，山东电力建设第三工程公司承建萨拉拉独立电厂项目，合同总额达到了 1.7 亿美元，成为中国在阿曼承建的最大工程项目，项目已于 2012 年建成投产。除此之外，中国水利水电集团公司、中铁十八局、长城钻井、中油物探、华为等企业也均在阿曼取得了良好的业绩。

截至 2014 年年底，阿曼在华投资项目 10 个，实际投资 1323 万美元，主要投向石油化工领域。2015 年 1—9 月，中方对阿曼新增直接投资 280 万美元。

（3）承包劳务

截至 2014 年年底，中资企业在阿曼累计签订承包劳务合同额 33.9 亿美元，完成营业额 27.1 亿美元。2014 年年底我国在阿曼各类劳务人员 518 人。在阿曼开展业务的中资企业主要有山东电力建设三公司、中国建材装备有限公司、中国石油下属 BGP 公司和长城钻探工程有限公司、中国石化国际工程公司等。

2015 年 1—9 月，中资企业在阿曼新签承包工程合同额 41,579 万美元，完成营业额 27,387 万美元。

3. 中阿经济贸易前景

(1)"一带一路"建设重要伙伴

自"一带一路"倡议提出以来,阿曼予以积极响应,率先作为第一批意向创始成员国加入亚洲基础设施投资银行,成为同中国共建"一带一路"的重要伙伴。阿曼正努力发展的基建、物流、渔业、旅游等产业,都是中国的优势产业。中国在改革开放中形成的一大批优质产业和产能,可以乘着"一带一路"建设的东风,助推阿曼经济多元化发展。特别是中国先进的装备、高超的技术、素质优秀的人员、健全的产业标准,可以对阿曼的经济和社会发展起到重要作用。随着中阿经济合作关系的日益加深,大型基建、能源央企(如中石油等)、中国跨国公司(如华为、三一集团等)均在阿曼取得了优异的投资成果,中国企业逐渐发现了阿曼基础设施建设与能源开采上的巨大市场和投资契机,如华为公司已在阿曼政府及市场中树立品牌形象,在阿曼首都马斯喀特近郊的知识绿洲IT产业园区设立占地2000平方米的总部。其目前已有近400名员工,他们来自中国、阿曼等十几个国家,这是个典型的国际化团队。

2014年2月24日至26日,外交部副部长张明访问阿曼。张明表示,近年来中阿关系稳步发展,各领域合作富有成果。中方珍视同阿曼的传统友谊,愿不断深化两国各领域友好合作,欢迎阿方积极参与"丝绸之路经济带"和"21世纪海上丝绸之路"建设。阿方表示,阿中关系发展势头良好,各领域合作成果丰硕。阿方愿加强同中国各领域的友好合作,积极参与"一带一路"建设。[1]

2015年4月23日,中国驻阿曼大使馆与阿曼第一大阿拉伯语日报《阿曼日报》合作推出《"一带一路"愿景与行动》专版,全文刊登了《推动共建丝绸之路经济带和21世纪海上丝绸之路的愿景与行动》文件,使阿曼人民对"一带一路"战略有更加全面、准确、清晰的了解。[2]

2015年6月29日,亚洲基础设施投资银行协定签字仪式在北京举行。阿曼

---
[1] http://om.chineseembassy.org/chn/sbgx/t1132633.htm,最后访问于2016年2月27日。
[2] http://www.mofcom.gov.cn/article/i/jyjl/k/201504/20150400952416.shtml,最后访问于2016年3月1日。

国家储备基金执行总裁阿布杜-萨拉姆·穆尔施迪,代表阿曼签署该协定;阿曼驻中国大使阿卜杜拉·萨阿迪出席了仪式。早在 2014 年 10 月,阿曼与 21 个亚洲国家的代表共同签署了建立亚洲基础设施投资银行的谅解备忘录,中国是该银行首批意向创始成员国之一,并在此后出席了一系列筹备会议,商谈协定条款。

(2) 中海自由贸易区建设进展

2014 年 2 月外交部副部长张明访问阿曼期间曾表示,尽早建立中国—海合会自贸区不仅符合双方的经济利益,更兼具战略内涵。中方希望阿方继续发挥积极和建设性作用,推动尽快重启中海自贸区谈判。阿方赞赏中方为推进中海自贸区谈判所作的积极努力,认为建立中海自贸区没有任何障碍,愿为推动尽早重启中海自贸区谈判发挥积极作用。[1]

(二) 阿曼的外国投资状况

1. 外国贸易区/贸易港

阿曼政府已设立自由贸易区,大举投资于杜库姆(Duqm)、萨拉拉(Salalah)和苏哈尔(Sohar)自由贸易区。这些区域包括战略定位的港口,并与现代基础设施和设备相连。投资者激励措施包括免税优惠、所有进出口的免税待遇和利润汇回本国的免税。额外的利益包括一条龙式的业务登记、劳动和移民许可证办理,公用设施连接援助,与较低的阿曼化要求。外资企业与阿曼企业有相同的投资机会。

2. 外国直接投资与外国投资组合统计数据

根据国家统计和信息中心数据,2012 年外国在阿曼直接投资(FDI)存量为 168.48 亿美元,相较于 2011 年年底的 153.66 亿美元增长了 9.6%。2012 年阿曼的外国直接投资增量从 2011 年 10.50 亿美元增长 41% 到 14.81 亿美元。2012 年外国直接投资总量占阿曼 GDP(780.87 亿美元)的比例为 21.6%。石油和天然

---

[1] http://om.chineseembassy.org/chn/sbgx/t1132633.htm,最后访问于 2016 年 2 月 27 日。

气勘探部门收到外国直接投资79.78亿美元,该部门一直是外国直接投资的最大收益部门,占总直接投资的46.4%;制造业位居第二,吸引34.90亿美元直接投资,占18.3%;金融中介吸引外国直接投资23.78亿美元,占15.5%。英国是最大的贡献者,在2011年直接投资59.48亿美元,占38.7%;阿联酋次之,美国和印度位列第三、第四。英美在油气开采上的直接投资主导该部门,阿联酋和印度则主导制造业和建筑业。海合会国家主导房地产和租赁行业。

包括外国直接投资、外国证券投资(FPI)、金融衍生品和其他外国投资在内的总外国投资额,2010年为299.20亿美元,2011年年底为330.10亿美元。外国直接投资占2011年总外国投资额的46.5%,而其他外国投资和外国项目投资分别占49.7%和3.2%。

过去五年进入阿曼市场的主要外国投资者有英国石油公司(英国),胜科工业集团(新加坡),大宇(韩国),威立雅环境集团(法国),华为(中国),中国水利水电建设集团(中国),淡水河谷公司(巴西)。

3. 双边投资协议

阿曼是海合会的成员国,海合会成员国之间约定作为团体而非单独国家协商任何未来的贸易协定。2013年,海合会和新加坡之间的自由贸易协定正式生效。目前海合会正在推进与欧洲联盟和马来西亚的自由贸易协定。与阿曼有双边投资条约的国家有:阿尔及利亚、奥地利、白俄罗斯、中国、克罗地亚、埃及、芬兰、法国、德国、印度、伊朗、意大利、韩国、黎巴嫩、摩洛哥、荷兰、巴基斯坦、新加坡、苏丹、瑞典、瑞士、突尼斯、土耳其、英国、乌兹别克斯坦、也门。阿曼与美国之间有自由贸易协定,于2006年签署,2009年生效。

(三)阿曼《宪法》及基本法律制度

阿曼是世袭君主制国家,没有严格意义上的宪法。苏丹是阿曼的国家元首。苏丹卡布斯·本·赛义德(Qaboos Bin Said)于1970年7月23日登基,他同时兼任阿曼首相和外交、国防、财政大臣。1996年11月,卡布斯苏丹颁布谕令,公布《国家基本法》（相当于宪法，下称《基本法》），就国体与政体、国家政策的指导原则、公民权利与义务、国家元首职权、内阁及其成员职责、阿曼委员会和司法体系运作等问题作出规定。2011年10月，卡布斯苏丹颁布谕令，对《基本法》进行修订，其中主要对苏丹位继承、协商会议权限等作出进一步规定。[1]

根据《基本法》，阿曼是拥有独立主权，信仰伊斯兰教的阿拉伯国家。其立法的基础和依据是伊斯兰教法，官方语言为阿拉伯语。

根据《基本法》第五条，其政府体系为世袭君主制。

《基本法》第十条列明了4条政治原则：保护国家的独立主权，抵抗一切形式的侵略；在相互尊重、共同利益、互不干涉内政、遵守国际性和地区性条约宪章以及被普遍认可的国际法基本原则的基础上，与所有国家与民族加强合作，增进友谊，以促进国家与民族间的和平与安全；以伊斯兰教法与国家传统为基础建立议会；建立保障公正、和平、公民平等、公共秩序以及国家安全利益的行政体制。

《基本法》第十一条列明了10条经济原则：阿曼国民经济的中坚支柱是公共与私人活动间建设性、成效性的合作；一切自然资源均为国家财产，授予土地特许权以及开采任何国家公共资源必须在有限的时间内、以保护国家利益的方式合法进行；公共财产不可侵犯，私人财产受到保护；征收须以法律规定的公共利益为目的、以法定方式进行且给予公正合理的补偿；法律禁止征用，征用财产只能在法律规定的情形下根据司法命令进行等。

此外，《基本法》确立了审判独立与公正的原则。其在法律限制的范围内保障个人生命权、自由权、言论自由权。其承认正当程序原则，保障法庭辩护权。

阿曼政府结构由国王作为国家元首；部长理事会作为内阁，作为成员的部长们由国王委任；阿曼议会为两院制，包括舒拉议会与国家委员会。国家委员会的成员由国王任命，而舒拉议会的成员由选举产生且其任务是在立法前审查经济与

---

[1] 《海丝列国志》，http://www.lieguozhi.com/skwx_lgz/book/initChapterDetail?siteId=45&contentId=5426326&contentType=literature。

社会发展。《基本法》规定设立更高一层委员会来监督法院。法院系统由初审法院、上诉法院以及最高法院组成。

立法包括主要立法和从属立法。主要立法是由苏丹令发布并也被称为苏丹令（Royal Decree），并且在官方公报中刊行。主要立法只能由苏丹令加以修正。从属立法或立法由部门规章发布，政府职能部门的规章与实施条例也被发布在官方公报上。所有的法律都必须符合《基本法》。法律从在官方公报上公布之日起生效。1975 年，立法机构为审查所有法律法规以及起草苏丹令、国际性合同及政府合同而组建。Ministry of Legal Affairs 成立于 1994 年，其负责在被官方公报公布之前苏丹令的起草和所有法律法规及部门规章草案的审查。其发布官方公报，给出法律意见并且为政府解释主要立法及对法律法规提出建议。

苏丹令 75/08 颁布了《国家紧急状态法》，规定在国家安全或公共秩序受到战争、内乱、危机或流感的威胁之时，可宣布进入紧急状态。苏丹令 76/08 颁布《总动员法》以在战争爆发或苏丹令撤销之时授权总动员。

在阿曼经商的外国自然人或法人必须遵守涉外商事法规，包括《外资投资法》（Foreign Capital Investment Law FCIL）、《商业登记法》（Commercial Register Law）、《商业代理机构法》（Commercial Agencies Law）、《商业公司法》（Commercial Companies）和《商业法》（Law of Commerce）等。

（四）阿曼货币金融法律制度

1. 货币银行法律制度

阿曼官方货币为阿曼里亚尔，1 里亚尔等于 1000 比塞。纸币最大面值为 50 里亚尔，最小面值为 100 比塞。硬币最大面值为 50 比塞，最小面值为 5 比塞。阿曼中央银行负责货币发行。阿曼法院和仲裁庭可以强制执行标的为外国货币的判决。

阿曼金融系统主要由阿曼中央银行、商业银行、专业银行和非银行中介机构组成。阿曼中央银行成立于 1975 年，主要职责是监管和指导银行部门的运作，通过实施货币政策保持价格稳定，稳定国家的货币价值，不断扩大并完善银行的职能，还为促进投资的增长提供必要的财政支持。它既是货币发行机构，又是监督和制定金融规章制度的行政当局。阿曼央行的两个分行位于萨拉拉和苏哈尔。

阿曼央行鼓励银行采取风险管理系统和透明的营业制度，为保证财政系统的稳定和顺利运作发挥重要的作用。通过启用一套早期预警系统，提前预测可能会发生的金融危机，并采取必要的防范措施。中央银行为提高工作效率，支持和鼓励本国银行进行合并，还要求商业银行提高它们的最低资本金和资金偿还能力，并规定本国银行最低资本金为2000万里亚尔，外国银行为500万里亚尔。中央银行还规定，资本的有效利用率不得低于12%，此标准远高于巴塞尔国际清算银行8%的要求。中央银行采取强有力的措施，通过反洗钱法打击"洗黑钱"的非法行为。外国人须有居留签证或阿曼商业登记以办理阿曼银行账户。阿曼中央银行向阿曼境内所有其他银行发布法规与指导。

2. 外汇法律制度

阿曼对于私人资本进出本国并无限制，也不要求进行报告。阿曼里亚尔兑换美元也并不困难。其他所有货币都必须转化成美元再兑换里亚尔，因此汇率是随美元浮动的。阿曼政府一贯公开表示里亚尔将保持与美元挂钩，自1983年以来，里亚尔兑美元的汇率一直为1：2.6。阿曼未加入海合会四国（沙特、科威特、卡塔尔、巴林）于2009年6月7日签署的货币统一计划。

阿曼不限制海外股本、债务资本、利息、股息、分支机构利润、特许权使用费、管理和服务费、个人储蓄的汇款，且在一般情况下，汇款不会延迟。

尽管阿曼立法机构曾两次建议对外国雇员汇款征收2%的税，但该提议遭到国家委员会（Majlis al-Dawla）、部长委员会以及财政部反对，因为阿曼的货币与美元挂钩，所以阿曼政府无法完全控制货币。

投资者可以利用可转换、转让文书通过合法的手段平行市场汇款。对海外收入没有上缴要求。

阿曼是海合会的成员国。海合会是反洗钱金融行动特别工作组（Financial

Action Task Force on Money Laundering，FATF）和中东与北非金融行动特别工作组（Middle East & North Africa Financial Action Task Force，MENAFATF）的成员。FATF 为打击洗钱以及资助恐怖主义提供四十项要求标准；MENAFATF 旨在推动相同目标，但在中东和北非地区（MENA 地区）扩大其成员国。阿曼于 2015 年 4 月举办 MENAFATF 会议。2011 年，互评报告指出，阿曼为本地区遵守反洗钱和反资助恐怖分子要求水平较高的国家，其法律框架也很健全；然而在某些方面缺乏效率。关于可疑交易报告、调查和定罪的统计数据并不被广泛获取。

3. 证券法律制度

1988 年 6 月，阿曼成立了马斯喀特证券市场（MSM），1989 年 5 月 20 日开始运营，MSM 集市场管理与经营为一体。1998 年 11 月，根据新《资本市场法》，阿曼政府成立了资本市场监管局（CMA），负责市场监管，MSM 则仅提供证券交易场所。目前，MSM 已加入国际证券委员会组织，并与道琼斯联合推出了 DJ MSM 综合指数和 DJ MSM 琼斯指数。

2007 年 1 月，CMA 颁布了《证券发行人披露与内部交易规则与指南》。根据该指南，控股公司必须公布其子公司与母公司的账户。公司必须充分披露他们的投资组合，包括采购成本和投资控股的当前市场价格等详细信息。该指南也要求在当地新闻媒体发布财务报表。

同时，中央银行确立以限制在阿曼商业银行的"关联交易"（涉及大股东或董事会成员之家人或子公司的金融交易）的规则。

阿曼在资本流动与利润汇回方面没有限制，外国人只要通过经授权的中介就可在 MSM 投资。阿曼有限商业贷款和项目融资资源对有外资成分的阿曼公司开放。阿曼股本大于 520 万美元的股份制公司必须在 MSM 上市。根据最新修订的《商业公司法》，公司在公开发行并上市前必须有效存续至少两年。阿曼的上市公司仍然属于相对较新的现象，MSM 中大部分商业形式为私营家族企业。

（五）与外国投资者的商贸、投资有关的法律制度

1. 主管部门

阿曼商工部（Ministry of Commerce and Industry，MOCI）是负责贸易管理的主管部门，其主要职责为：制定有关规定、原则，组织和加强阿曼与世界贸易组织、阿拉伯贸易组织及其他区域性或国际贸易组织的关系；提出政策和必要的规划建议，以推动贸易发展，并服务于阿曼经济的发展；实施、执行与该部职能相关的法律、法规，制定相关细则和规章，依法对贸易企业进行监督；规范进出口贸易程序，确保当地市场商品充裕、质量符合标准、价格稳定，公布信息和贸易数据；与相关部门协调对贸易企业、商店进行检查，确保所售商品正宗，符合技术标准；发放商业许可及企业、代理、商标注册；为投资者提供服务。

阿曼商工部也是外国投资的主管部门，其职能包括向投资者提供相关服务，审批投资申请、发放许可和商业注册。其所属"外资投资委员会"负责审核外国投资申请，并就以下方面向大臣提出意见和建议：投资领域；是否属于经济发展项目；是否存在与《外国资本投资法》相冲突的支出。此外，其他部门可在外国投资项目的建设和经营期间就环境、卫生、安全等方面的标准进行检查。

2. 外资投资

股权投资：根据《外国资本投资法》，在阿曼经商的外国企业需要本地公司参股至少55%。外资投资许可由商工部发放，前提是该投资满足资本及其他要求。许可允许外国企业持股阿曼本地注册的企业。虽然《外国资本投资法》将阿曼外资成分限制在45%，但是由于阿曼2002年加入WTO，外资持股达70%的阿曼公司无须内阁或部长理事会批准。外资全资企业可涉足特定行业（如经纪代理）及被部长理事会视为有助于国民经济发展的项目。这类公司的最低资本要求为50万里亚尔。在其他行业，外国投资者在阿曼注册公司仍需要有阿曼籍合伙人，注册者可在网上提交注册信息，完成注册后需要在财务年度结束后4个月内

提交公司年度报表。

2016年5月17日之前，有外资成分的企业的最低股本要求如下：①有限责任公司，15万里亚尔（尽管阿曼承诺在2001年1月废除此项要求）；②非上市股份公司，5万里亚尔；③上市公司，20万里亚尔。2016年5月17日，阿曼商工部宣布，即日起取消15万里亚尔注册公司资本最低限额。该项新规定适用于除股份制公司外所有类型的公司（包含含外资成分的有限公司），并无需注册者提交任何有关此规定的书面证明。该规定为在阿曼境内设立小微企业提供便利。

分支机构：外国公司可为履行政府合同或准政府合同（包括政府持股企业）。分支机构的设立期限仅限于合同约定期限内，若需延长合同期限、续约或另订合同，则相应的分支机构设立期限也可随之延长。分支机构不能从事合同约定内容之外的其他商业活动，且其对3万里亚尔以上的企业所得须缴纳30%的高税率。

代表处：外国公司可为营销和推广产品的有限目的成立代表处。其被禁止直接参与销售或进行其他商业活动，被授权可以招聘员工。

3. 税收法律制度

阿曼较之中国税种和税制较为简单，阿曼不征商品增值税、个人所得税、房地产税等。目前阿曼的主要税种有海关税和公司所得税。

大部分商品的进口关税为5%以内（以CIF计算），烟草及制品、猪肉及制品、酒精饮料、干柠檬的进口关税为100%，椰枣和鲜香蕉的保护性关税分别为20%和25%。

进口原产地为海合会国家的工业、农业和动物产品免关税。进口特定商品免关税：活畜；冷冻的、新鲜可食用的动物内脏（不含猪的）；各类奶制品，如巴士消毒奶和奶粉，不包括调味奶；印度酥油；种子、幼苗和切片；米、麦、面、玉米、茶、糖；各类印刷书籍、报纸、杂志、期刊、图册等；农业杀虫剂、农业机械和工具；饲料和肥料。

公司所得税根据不同的情况有不同的税率：

①对于阿曼全资公司和企业，年收入在3万里亚尔（约合7.8万美元）以下的免征公司所得税；年收入超过3万里亚尔按1.2%的比例征税；3万里亚尔至17万里亚尔的收入部分税率为5%，超过17万里亚尔以上收入的部分税率为7.5%。

②对于外国资本不超过90%的公司和企业，年收入在13万里亚尔以内的公司所得税税率为15%；收入在13万里亚尔至28万里亚尔的公司所得税税率为20%；当收入超过28万里亚尔时，税率将增加到25%。

③对于外国资本超过90%的公司和企业，年收入不超过50万里亚尔时，公司所得税税率为45%；超过50万里亚尔时，税率则增加到50%。

从事矿产、出口、旅游、农业和农产品加工、渔业等行业的企业，可享受5年的免税期。现在，由少数外资和当地企业合资建成的公司所得税税率为12%；与阿曼企业合资但以外资为主的公司所得税税率为25%；外资独资公司的所得税税率为50%。

据阿曼媒体报道，阿曼国家委员会于2016年1月召开会议，通过了《企业所得税法》、《外国资本投资法》和《保险公司法草案》。经济委员会主席说，政府提出对包括舒拉议会已经通过的各项税收条款进行修订；该委员会已经与政府、舒拉议会和国家委员会就向所有企业征收15%的所得税一事达成一致。该委员会认为，纳税对象应包括阿曼所有商业实体，无一例外，确保公平。[1]

3. 海关法律制度

2003年1月1日《海合会成员国统一海关法》在海湾六国正式启用。《海合会成员国统一海关法》共有十七章、一百七十九条，其中包括关税适用条款、禁止和限制条款、货物的分类、进出口管理、清关程序、关税暂停征收和退税条件、关税豁免、服务收费、报关员管理、海关关员的权利和义务、海关管辖范围、海关职责、货物变卖、海关特殊权利等内容，对相关概念、执法操作、法律适用范围等内容均有详细的规定和解释。该法律的实施统一了海湾六国的海关执

---

[1] http://om.mofcom.gov.cn/article/jmxw/201601/20160101246988.shtml，最后访问于2016年3月1日。

法依据，解决了各成员国之间长期存在的执法差异，简化了货物通关手续，是海合会国家建立关税同盟的重要保障。目前，包括阿曼在内的海合会各成员国海关均实行该法律，但由于各成员国之间的政治、经济、社会发展等情况不尽相同，基于保护国内产业及国家安全等考虑，各国可根据自身情况对部分商品的关税税率以及部分禁限物品等做出了不同规定。

1978年阿曼海关制定了进口关税表，此后进口关税进行了多次调整。根据《海合会成员国统一海关法》，目前阿曼所有进口商品均按货值CIF价的5%征收关税，但下列商品除外：

第一，免税类商品：①牲畜；②可食用牲畜的鲜、冰、冻肉和内脏（猪肉除外）；③除香味奶外的各类鲜奶、消毒奶、奶粉；④酥油；⑤种子；⑥树苗；⑦新鲜蔬菜；⑧糖；⑨除香蕉、椰枣之外的新鲜水果；⑩茶叶；⑪大米、小麦、面粉、大麦、玉米；⑫各类烹调油、脂（人造酥油和猪油除外）；⑬水泥；⑭从石油中提炼的产品；⑮农业专用杀虫剂；⑯各类印刷书籍、报纸、杂志、期刊、地图、工程图纸；⑰农业用机械和工具；⑱法定货币；⑲金条和金币；⑳饲料；㉑政府进口的物品；㉒根据有关机构出具的原产地证，产自海合会国家的产品免征进口关税。

第二，征收保护性关税的商品及税率：

①干酸橙（100%）；②椰枣（20%）；③鲜香蕉（25%）。

第三，高关税商品及税率：

①特殊种类的肉和肉制品（猪肉100%）；②各类酒精饮料（100%）；③对进口烟草及其制品征收货值100%的关税，并不得低于下列价值：生烟草或未加工烟草及其制品（2里亚尔/公斤）；碾碎、压制或加工的烟草（6里亚尔/公斤〔净重〕）；香烟（10里亚尔/千支）；雪茄（20里亚尔/公斤〔含包装〕）。（注：1里亚尔约合2.6美元）。[1]

海关报关应提交的文件包括：商业发票、原产地证明、装箱单。

任何自然人、法人经许可，均可以贸易为目的进口商品；个人可不经批准进

---

[1] 中华人民共和国驻阿曼经济商务参赞处，http://om.mofcom.gov.cn/article/ztdy/201307/20130700192495.shtml，最后访问于2015年8月20日

口自用商品；进口许可须向商工部贸易处申请。某些产品进口，须获得相关部门的特别许可。这些产品包括：农产品、食品、出版物、电影及音像制品、药品、武器防卫装备等。

以下情况允许临时进口，为期 6 个月并可延长：为实施工程项目或与项目有关进行科学实践需要的机械和重型设备；未完成加工进口的商品；为运动场、剧院、展览而临时进口的商品；为维修而进口的机械、设备、仪器；用于装填目的的集装箱、包装商品；用于放牧而进口的动物；用于展示的样品。

阿曼与其他阿拉伯国家一样，禁止进口原产地为以色列的产品。

海湾国家任何与外部世界相连的海、陆、空出境点视为外国产品进入海湾国家的入境点。

阿曼对出口没有限制，也没有出口税，但具有历史价值的出口物品应获得出口许可。

5. 招投标法律制度

根据阿曼《政府招标法》，所有政府部门各类必需品的采购和政府项目的执行，除军事部门的合同和项目、本法和招标规则及其他法律规定的特殊合同和项目外，均通过公布的公开招标进行。采购和项目实施可以通过有限招标、当地招标或按招标规则规定的执行方式进行。

招标委员会负责依据各政府部门提供的计划书和规格说明书，发出招标邀请；接收并拆封公司、承包商和咨询公司提交的投标文件，转交有关政府部门研究、分析和利用；接收有关政府部门对投标文件的分析报告并在进行审议后作出授标决议；在阿曼各地组建招标分会并限定分会的职责。

招标委员会应对各政府部门提交的招标项目的技术规格进行审议并确认其适用性，有权从国家公务员、国家公务员之外的阿曼技术人员或阿曼境内外的外国人中指定专家进行审议工作。

如果某政府部门欲排除一个或多个投标文件，其意见应说明理由。如果被排除的投标文件是最低标，招标委员会的排标决议也必须说明理由。

投标文件开封后，不得与任何一个投标者商议修改投标文件。除非最低标有一项或多项附带条件，或最低标虽无任何附带条件但标价大大高于有附带条件标的价格。在此种情况下，可与有附带条件的最低标投标者谈判，全部或部分取消其附带条件，使投标文件尽可能与招标条款相符，成为毫无疑问的最优标。如有附带条件的最低标投标者拒绝谈判，可与次低标投标者进行谈判，如所有价格低于有附带条件的最低标的投标者都拒绝修改条件，可与业主谈判进行相应修改。

即使所有投标文件都有附带条件或无附带条件，只要最低标高于市场价格且招标未因此取消，则上述规则均适用。

在下列任何情况下，招标可以取消：

①根据政府有关部门的要求取消招标，则招标将在定标前，按照招标委员会公布的申明理由的决议予以取消；

②如只有一份投标文件提交或只有一份投标文件合格；

③所有投标文件或大部分投标文件都有实质性的附带条件；

④最低标价格高于市场价格。

在后三种情况下，招标委员会可在征询政府有关部门意见后作出决议取消招标。

非阿曼承包人或总部在外国且无阿曼代理的承包人的投标将不予接受。

在以下任何一种情况下招标委员会可排除任何投标方或重新招标而不告知理由：

①如果国家利益需要；

②如果投标方明显不具备阿曼招标规则所要求的条件之一；

③国际标中标方在授标后1个月内未注册；

④如果投标方在此前项目的执行中有缺点或违反了阿曼政府有关部门或政府技术部门的规定或标准、与政府在此前项目中有未解决的纠纷或有破产报告；

⑤如果投标文件不完整或未签字或未经投标方盖章；

⑥如果投标文件中未附有指定银行的保函；

⑦如果投标文件违反第82/39号苏丹令关于保护公共财产并避免与之发生利益冲突的条款。

提交投标文件被视为投标者的决定，即投标者知悉所有招标条件、项目规划、项目规格标准和数量安排，了解项目的自然位置和地点以及所有按照协议条款和技术标准要求执行、完成和交付项目的有关事项；任何有关招标文件的解释和澄清均由招标委员会或政府部门（业主）在截标期前的时间进行。

如果出现任何标价更改的情况，政府有关机构可以在不违反内外商务往来签字法令及有关修正法令条款的前提下，经招标委员会批准后，发布标价更改令并报招标委员会。更改价格不得超过10万里亚尔或原标价的10%。标价更改令必须是招标委员会在上述二者中选择后批准的价格。如果标价更改令中有新的条款，而原合同中没有相关价格，政府机构可与承包商进行价格谈判并将结果呈报招标委员会。

招标委员会所有工作均在保密状态下进行，所有工作人员均需保守工作机密，未经招标委员会主席允许不得公开工作情况。招标委员会决议应由出席会议的绝对多数通过产生。如果表决票数相同，则以主席投票的一方为准。在政府机构各技术部门有不同意见时，招标委员会决议需获得出席会议的三分之二多数支持方能通过。在招标委员会认为必要的情况下，招标委员会委员可指定其所在部门的一位代表出席会议。会议中代表出席会议的情况只能有一例。如果招标委员会某个委员（招标委员会委员或其妻子或其子女之一或其兄弟姐妹之一是业主，或拥有10%或以上的股份，或是投标公司的董事会成员之一，或是投标公司职员、代理或担保人）与招标有直接或间接的利益，该委员必须向招标委员会主席报告，并回避该招标。

6. 劳工法律制度

阿曼2003年版《劳动法》规定了私营部门用人单位与劳动者之间的关系。其规定最低工作年龄为15岁，并且对工作时间、违法的法律后果有明确规定。工作规则必须由劳工部批准，并在工作地点明显地公示。《劳动法》及其后出台的部门规章还详细规定了职业安全和享有医疗服务。2006年，阿曼对2003年《劳动法》作出重要修订。修订和相关部门决定允许为每个公司设立多个工会，要求用人单位就就业条款进行集体谈判，并为罢工制定具体规则。修正案还禁止用人单位因劳动者参与工会活动而解雇或惩罚劳动者，也增加了雇佣童工和强迫劳动的处罚。目前，大约有 100 个工会已经注册，覆盖阿曼人和外籍人士。《劳动法》和部门规章要求劳动者有权利为改善工作环境而和平罢工。但在提供基本服务的企业中工作的劳动者罢工被视为非法。

虽然工会似乎是在保护工人权利，但对于主要工业区的管理层而言，《劳动法》条文规定仍然模糊。例如，阿曼萨拉拉商业领袖指出《劳动法》适用于传统零售及办公室工作。在萨拉拉占主导地位的行业工作需要不同的时长与日程，使这些工人处于法律的边缘而没有明确法律保护。2013 年，民用航空领域出现了工人对于升职、奖金等问题的罢工；2014 年年初在阿曼-美国萨拉拉自贸区经历了阿曼劳动者因不满解雇工会领袖而发生的罢工。管理层还指出工人要求给予公共部门的福利和特权（包括住房津贴、免费贷款和充足的养老金）。《劳动法》在一些问题上缺乏明确阐释。自 1973 年《劳动法》发布后只是不断地被修改，而没有相关解释出台。例如，法律没有明确规定劳动者因自己的过错而引起工伤的赔偿问题，管理层相信，他们不应负责此类事故，而法律似乎认为，在任何的意外中，无论雇员如何疏忽，雇主均应承担责任。另一个有争议的例子围绕奖金问题，《劳动法》认为不论公司是否盈利，每年必须支付奖金，但管理层认为无盈利的公司不应被强迫支付奖金。

阿曼是国际劳工组织的成员国。阿曼已批准国际劳工组织八项核心原则中的四项，包括禁止强迫劳动、废除强迫劳动、建立一个最低工作年龄和保护童工。阿曼尚未批准有关的结社自由、集体谈判、消除就业和职业歧视的公约。

由于没有法律条文规范雇主权利及工会的形成与运作，以下十分重要：

①阿曼《劳动法》规定工会/劳工联合会/总联合会有权自由地开展活动，不受干涉和外部影响。

②任何公司不得以工会活动为由解雇或处分工会/劳工联合会/一般联盟中的工人代表。

③若公司与工会代表之间正在进行集体谈判，该公司有义务提供协商所必要

的数据和信息。

④若公司和工会的代表之间的谈判正在进行，任何公司所作的决定或措施应被视为非法。

⑤若公司和工会根据2006年部门规章达成了集体劳动协定，用人单位有责任在工作地点的明显地方公示该集体劳动协议。

2013年3月31日，劳工部发布决定，修订《劳动法》，以加快雇主与雇员之间的协商谈判，避免因罢工而造成停工。

2011年10月26日，苏丹卡布斯·本·赛义德发表苏丹令第113/2011号修订《劳动法》以为私营部门劳动力提供更多保护，包括缩短工作周，带全薪产假以及增加加班工资。预计这些变化仅影响阿曼籍工人；外籍工人往往在维护自己的权利时有所顾虑，担心他们的雇佣合约可能会因此终止，并需要离开阿曼。

2011年"阿拉伯之春"后，《劳动法》最重要的修订如下：

①若一个项目的所有权部分或全部转手，新的所有者必须继续以原薪水平雇佣阿曼原班劳动力。

②直接存款收据是工资的唯一付款证明。

③6个月连续上班后可获得30天带薪年假，6天紧急离开的带薪假期。劳动者不可放弃其假期。

④1周工作超过45小时，1日工作超过9小时则属于加班。

⑤在斋月（伊斯兰历9月，该月内穆斯林从日出到日落禁食），穆斯林工人不应被要求每周工作超过30小时或每天6小时。

⑥加班1天工作将比正常工资多支付25%；夜间加班应比正常工资多50%，若周末或法定假日加班，除非在随后一周内得到补偿休息，否则应支付双倍工资。

⑦在连续5天的工作后，劳动者必须获得2天的带薪休假。

⑧女性不应在下午9点至上午6点的期间内工作——该规则被劳工部许多例外规定规制，如健康、交通领域的劳动者以及在特定石油化工领域工作的女性。

⑨非法被解雇的工人获得至少3个月工资和在原劳动合同中约定的遣散费。

⑩新增未达到阿曼化配额的处罚。

2011年2月的苏丹令将在私营部门工作的阿曼公民的最低月薪，包括工资与福利，从120里亚尔（312美元）提到200里亚尔（520美元）。阿曼劳动者必须每月获得10里亚尔（26美元）住房津贴和10里亚尔（26美元）交通津贴。对于非阿曼人而言没有最低工资。2012年1月30日，为保证薪水跟上通胀，阿曼政府发布部门规章32/2012，规定所有被雇佣6个月以上且表现合格的劳动者每年加薪3%。2012年8月，劳工部解释：因家庭节日义务繁重，所有穆斯林与非穆斯林雇员在开斋节前都须提前收到薪资。2013年2月7日，劳工部再次为阿曼劳动者提高国家最低工资，到2013年7月1日，由月薪520美元提升到845美元。事实上许多公司被要求立即对新员工执行新政策，阿曼社会许多项目承包者对比进行抗议，要求政府补偿不可预见的项目成本增加。许多评论家认为这是阿曼政府为缩小私营和公共部门工资差距以鼓励更多阿曼人在私营部门工作而采取的措施。

阿曼股份制公司董事的薪酬由《商业公司法》和资本市场监管局的行政决定所规制。CCL已将主席和董事的年薪控制在200,000里亚尔（520,000美元）。更进一步，若公司没有盈利或盈利低以致资本不足向股东分红，上述人员年薪上限则为50,000里亚尔（130,000美元）。若公司资本贬值则不会给付上述人员薪酬。

加入社会保险局（PASI）体系是对所有雇佣阿曼人的用人单位的强制性要求。劳动者的衰老、残疾、工伤、非工伤以及死亡均受到社保保障。雇主与雇员被要求每月支付9.5%和6.5%的基本工资作为社保基金，每个雇主必须另外支付1%作为职业伤残与职业病的保障。对于并非PASI受益人的外国雇员，其将获得根据劳动法计算的离职补贴。

2013年年底，劳工部发布一项部门规章首次同意私营用人单位招募兼职阿曼劳动者。该部门规章声明用人单位可以在以下条件雇佣兼职劳动者：

①工作时长不得超过每天4小时；

②时薪不得少于RO3；

③仅阿曼国民可以担任兼职工作；

④16 岁的兼职者仅允许在上午 6 点至下午 6 点工作；

⑤阿曼化配额中阿曼劳动者的兼职比例不得超过 10%。

兼职仅限于私人机构的部分活动，诸如食品出售、加油站、酒店、餐厅和咖啡厅；电子设备销售；商店；汽车中介机构；农业；儿童和老人护理；旅行社；导游；司机；教育和医疗服务。

因员工不尽职而将其解雇是相当困难的，但也并非毫无可能。重点是该员工须签署确认收到法律要求的警告信。若该员工拒绝签署，两名阿曼男性证人须签署该信复印件以说明他们见证了该员工拒绝签署。《劳动法》第三十条规定，若该员工拒绝签署后超过 15 天的，则该员工不能被指控为违反规定。该条款同时规定：从违反规定证实之日起超过 30 天，该员工不得受到纪律处分。法院常以违反《劳动法》第三十条程序为由作出对用人单位的不利判决。用人单位也应在劳工部提前登记透明的纪律处分程序，并确保适当的惩罚。劳工部已发布纪律处分程序模板。值得注意的是，部门规章 129/2005 规定了特定员工违纪的最高处分。

根据《劳动法》第四十条的规定，用人单位在以下情况下可以不提前通知也不发离职补贴而解雇员工：

①若该员工冒用身份，或诉诸伪造以获得就业；

②若该员工犯下导致用人单位重大财务损失的错误，前提是用人单位在知道该错误发生之日起 3 日内向劳工部报告；

③若该员工已经收到书面通知，却仍然不遵守对保障员工及工作场所安全所必要的指示，前提是改制时应以书面形式张贴在明显位置，且违反此规定很容易对员工及工作场所带来严重伤害；

④若该员工 1 年内无正当理由擅自离职 10 天或连续超过 7 天，前提是此种解雇须用人单位在其擅离职守 5 天后应向其发出书面通知；

⑤若该员工泄露任何有关其工作机构的秘密；

⑥若法院判决其在工作场所或工作过程中因违反诚实信用而违法犯罪；

⑦若该员工在工作时间内被发现处于醉酒、吸毒或服用精神药品的状态；

⑧若该员工在工作过程中攻击其雇主、负责经理或上司，或在工作场所攻击同事以致其同事受伤或延迟工作超过 10 天；

⑨若该员工严重违反劳动合同中约定的义务。

最高法院已作出判决：若一位外籍雇员被阿曼人取代，则该解雇为合理、公平。在特定场合，遭受巨大损失的企业解雇员工会得到阿曼法院的支持。

阿曼法院仅允许每个工人签署一个固定期限合同。其后的合同，即使合同约定为固定期限合同，也将实际上被视为无固定期限合同。因此，建议充分利用实习和计划以确保最广泛地考察潜在雇员。《劳动法》规定可以设立（不必须）3 个月试用期，在此期间任何一方可以提前 7 天通知另一方以解除合同。对于无固定期限劳动合同，任何一方提前 30 天通知则可解除合同（若不遵守该期限，则应当支付与该期限薪水同等价格的补偿）。

7. 知识产权法律制度

阿曼知识产权立法较为完善，但针对违反知识产权的民事诉讼仍然耗时长且费用高，且阿曼商工部也表示其目前没有运行高效行政执行政体的人力资源。此外，阿曼系统对权利人履行监督与执行义务施加压力。

消费者权益保护总局（PACP）不受理来自商标所有者的投诉，仅仅受理消费者的投诉。司法事务部也已确认 2008 年《商标法》规定商工部应负责在零售层面 IPR 的执行，包括检查与检验。美国政府与私企工作部门，于 2014 年官方督促商工部以及在 MOCI 内设立执行组织。

阿曼是 WIPO 的成员之一，且是马德里、巴黎及伯尔尼商标及知识产权保护公约的签字国，阿曼也签署了 WIPO 版权条约与 WIPO 表演和录音制品条约。阿曼也是《国际植物新品种保护公约》的签字国之一。

阿曼《商标法》符合 TRIPs 的规定。商标必须通过工商部门注册且通过其官方公报公示。地方律师事务所可协助公司注册商标。阿曼《版权保护法》将保护延伸到对国外文学、技术、科学作品、图形与塑料艺术作品、录音音像制品的保护上。为获得保护，获得外国版权的作品必须将副本交由政府并交纳费用。商标有效期为10年，而大部分专利保护期为20年，文学作品、软件、视听内容保护期为50年。

外国版权保护工作必须注册，阿曼政府交存的与政府工作副本及缴付费用。

8. 环保法律制度

环境保护和污染控制的主管部门为环境和气候事务部。联合国环境部门曾将阿曼列为环境保护和污染控制记录良好的国家。阿曼环境保护法律法规健全，其中主要有《保护环境与整治污染法》（Law for Protection of Environment and Combating Pollution，苏丹令114/01），该法对阿曼陆上及海上排污都施以重罚。此外，环保法律体系还包括：《化学物质的使用》（RD46/95）、《海洋污染》（RD34/1974）、《国内污染源引起的空气污染》（MD5/1986）、《无害土壤废弃物的处理》（MD17/1993）、《有害土壤废弃物的处理》（MD18/1993）、《工作地点的噪声污染》（MD80/1994）、《职业健康及工业安全预防》（MD19/1982）、《公共环境噪声污染》（MD79/1994）、《商业废弃物处理》（MD8/1984）、《排入海洋的液态污染物处理》（MD7/1984）、《废水再利用》（MD145/93）。《石油法》（RD42/74）与《开采法》（RD27/03）规定了环境标准。

《石油法》规定开发、开采、提取、储备或运输石油和天然气资源及其相关基础设施的建设和设备的安装均应取得事先同意，除非苏丹令（相当于严格的法律保留）有相反规定。

一切工业项目都必须在开始前获得初步环境许可。项目地点须进行环境影响调查，且企业须尽可能采取一切措施降低污染。工业项目开始后，若其符合各项环保指标及环保法律规定，则可颁发最终环境许可。

阿曼签订了许多与环保有关的国际条约，包括《控制危险废物越境转移及其处置的巴塞尔公约》、《联合国海洋法公约》、《联合国气候变化框架协议》、《生物多样性协议》、《海洋污染公约》以及《联合国防治沙漠化的公约》。

9. 其他商贸投资有关法律制度

阿曼发展银行（Oman Development Bank）针对商业和政治风险提供出口信用保险。此外，阿曼独立的出口信用担保机构（Export Credit Guarantee Agency of Oman），为非上市股份公司。为阿曼出口公司提供信用保险、担保与经济支持，尽管每笔交易保险金限制在100万美元。

二、中资企业对阿曼投资的法律流程

（一）市场准入

《外国资本投资法》（苏丹令102/94）为美国与海合会国家之外的外国投资者提供了法律框架。2000年，阿曼未加入WTO而修改该法，2009年为实施阿曼-美国自由贸易区协定而再次修改该法。对于大部分投资而言，该法要求企业至少有30%的所有权属于阿曼，通常要求持股占多数。但也存在对该持股规定的例外规定，如外商独资的外国银行分支机构可以进入市场。根据该法，若部长理事会批准，且为了国家利益，可以允许设立外商独资企业。

工业企业的设立必须获商工部许可。此外，旨在阿曼设立公司的外国公司须获得相关部门和行业组织的批准和许可，如环境和气候事务部和阿曼商工会。外国工人必须从劳工部和阿曼皇家警察移民总局取得工作许可和居留许可。为加速审批过程，商工部提供"一站式服务点"。在该服务点，有关部门代表出席以接受查询与申请。

任何在阿曼从事商业活动的自然人或法人必须经商工部商业登记。根据《商业登记法》（苏丹令3/73，已修订），登记证通常包含：注册号、注册人名称、法律形式、主要营业地、主营业务、经理和董事长名称以及注册的时间、地点。注册信息可供公众查询。

（二）发展规划

阿曼外国投资不断增长，阿曼国际公司意识到阿曼大规模的基础设施投资计划带来的机会，也意识到阿曼正努力摆脱对石油和天然气的完全依赖，特别是在2014年年末至2015年油价低迷的情况下。2014年，与石油无关的经济增长达8%，这反映了基础设施建设的成绩以及阿曼在促进制造业发展上的成功。阿曼政府意在促进产业机构优化升级，推动多元化，着重发展旅游业、工业和制造业。油价低迷也使阿曼政府在未来政府项目的支出上更加保守。

同时，阿曼也在促进高等教育、制造业、医疗、水产养殖、可再生能源、信息通信和旅游业吸引投资。投资者转让技术，发展管理技能，为阿曼人提供培训尤其受到政府支持。

（三）设立企业形式

《商业公司法》（苏丹令4/74）中规定了普通合伙、有限合伙、合资企业、非上市股份公司、上市公司、控股公司以及有限责任公司的组建、规则、合并、转制、清算和解散。根据许可及其他限制，外国自然人和法人可以投资合资企业、上市或非上市股份公司及有限责任公司。外国资本对本地企业的投资由《外国资本投资法》规定。

合资企业是未组成法人团体的两个或多个商业实体为项目的执行而设立的联营企业。合资企业无须注册登记，但参与合资的外国企业必须是取得许可证的商业实体。在其运作中，合资企业可被视为合资参与者之间事实上的普通合伙。合资企业中的实体必须有书面协议约定利益的分享及其他常见问题。

有限责任公司必须有至少两个自然人或法人股东，称为合伙人或成员。若股东为阿曼人，股本须至少达到20,000里亚尔；若股东中有外国人，则股本须达150,000里亚尔。资本被分为等价值股份，不供公众认购。成员的责任仅限于认购资本范围内。有限责任公司不能从事银行、保险、金融担保或商业航空领域。

股东有权拒绝其他股东将股份转让给第三方并行使优先购买权。股权对应投票权。股份登记证书不会发布，因此持股由组成公司的文件包括公司章程来证明。公司必须保证股东名册记录了股东名称及其他相关信息。任何增加了公司财务负担的股东行动均须全体股东一致同意。

有限责任公司管理委托给一个或多个经理或董事会。除非公司章程或法律限制，经理可为实现公司目标而执行行动。公司账户的维护和审计须符合国际会计标准。在资本超过 50,000 里亚尔或股东人数超过 10 人的公司中，必须设内部审计员。

有至少 3 个股东的股份公司必须经授权并发行股本。章程及其条款须在公司成立前获商工部核准。股份公司可以是开放式的，也可以是封闭式的。

上市股份公司必须经授权才可面向公众发行股票，且股本须高于 200 万里亚尔。上市公司受公司治理法规和资本市场监管局管理所发布的其他法规管辖。除商工部外，登记注册还须在资本市场监管局、马斯喀特证券交易所和马斯喀特托存与证券登记公司 SAOC（MDSRC）。股权转让必须通过马斯喀特证券交易所得以生效。

非上市公司不得公开发行股票，须有最低股本 500,000 里亚尔，必须经过商工部注册登记才能开始经营活动。股权转让必须通过马斯喀特证券交易所得以生效。上市或非上市公司的股票面值均不应超过 1 里亚尔，且至少一半的票面值须在公司成立 3 年内支付全价。若商工部未予授权，股份公司则无法设立。授权申请须由至少 3 名发起人成员签署。上市公司发起人必须认购不低于 30% 但不超过 60% 的股份，且除非资本市场监管局授权，单个股东持股比例不得高于 20%。

股份公司的管理必须交由董事会，非上市公司董事会须包括至少 3 名董事，上市公司董事会董事则须至少 5 名。董事须在公司注册后 1 年内起草公司管理、业务和人事管理规则。董事会须由股东选举产生，任期 3 年，可连选连任，其受到商工部及资本市场监管局发布的规则管辖。董事会可以执行很多管理公司行为，但不得出卖公司资产的全部或对公司资产造成实质影响的部分；抵押公司的资产；为第三方债务提供保证；作出需要股东或公司章程授权的捐款行为。

控股公司是因持股其他公司 51% 以上股权，以致对该公司产生财务和管理上的控制的有限责任公司或股份有限公司。控股公司的股本必须超过 2,000,000 里亚尔。其目标应是管理其子公司；投资股票；为子公司提供贷款、担保等；获得专利、商标、特许权和其他无形资产。

阿曼会计及审计行业法规定公司账目必须遵循国际会计准则（IAS），即现行国际财务报告准则（IFRS）。

银行和保险公司的设立分别另须阿曼中央银行和资本市场监管局的批准，且必须以股份有限公司的形式设立。

（四）投资法律程序

1. 注册企业法律程序

在阿曼注册公司的过程在《外国资本投资法》中列明，且大部分程序可在线完成（www.business.gov.com）。该网站由商工部运营，且标明了在阿曼设立公司、开展业务、投资商业以及进行其他国内外商业活动的必要步骤。

阿曼商工部是外国企业注册的主管部门，该部在其办公所在地设立了专门的窗口，为在马斯喀特地区设立企业提供"一站式服务"（One-stop-shop，OSS），类似于中国地方政务中心的"一个窗口对外"。商工部、阿曼商工会、马斯喀特市政局、旅游部、环境保护与气候事务部、阿曼皇家警察、人力资源部以及银行等各相关部门均在此派驻办事人员。但在马斯喀特以外的地区设立企业，需分别前往各部办理。

一站式服务程序如下:[1]

①挑选企业名称，应提供 3 个名称供现场选择；

②购买并填写《投资人表格/Investors Form》（3 里亚尔）；

③向 OSS 提交申请，不同类型企业应递交不同的文件；

④申请受理期间，如果涉及环保、民防或劳务许可，OSS 的官员可能在 10

---

[1]"对外投资合作国别（地区）指南——阿曼（2015 年版）"，中华人民共和国商务部，http://fec.mofcom.gov.cn/article/gbdqzn/，最后访问于 2016 年 8 月 28 日。

天内查看公司预设地点；

⑤OSS 将告知申请人缴纳的各项费用；

⑥缴纳有关费用 2—3 天后，OSS 颁发必要的各项许可，包括：商业注册证明，有效期为 5 年；注册文件，显示公司的类型、持股人、资本、经营活动等；经公证的授权签字样式；商工会注册证明，有效期为 1 年；马斯喀特市政局的市政招牌临时许可，最终许可待公司正式营运后时申请发放，有效期为 1 年；工业许可（如果必须的话），某些情况下，如制药、鱼品加工、农业、手工艺品、瓶装水等先颁发初步许可，有效期为半年，可续期；初步环境许可，有效期为 1 年；民防许可（商店、运输、危险品贸易），最终许可须另向阿曼皇家警察局民防部门申请，有效期为 1 年；劳务许可表，为外籍劳务办理申请。

除上述注册外，有些商业活动还需要获得某些专门的许可，如果是在马斯喀特地区，这些许可可在阿曼商工部所设立的一站式服务中心获得。

2. 承包工程项目程序

阿曼招标委员会为阿曼政府工程的招标机关。企业应开具正式授权函，以授权有关人员在规定时间内前往招标委员会购买标书并进行登记；也应同时申请当地银行开立投标保函，在规定时间内将报价投入设在招标委员会的标箱内。

若招标委员会通知中标，则中标企业应按规定在 1 个月内完成企业注册。外国公司参加阿曼政府国际招标项目或阿曼石油开发公司（PDO）、阿曼液化天然气公司（LNG）的工程招标，可在接到中标通知后，在阿曼注册建立分公司。

在阿曼进行工程施工，应先向当地政府部门取得施工许可。施工许可应由当地政府承认的公共关系官员（Public Relationship Officer，PRO，一般由阿曼人担任）来进行申请。PRO 在向有权发放许可的机关递交申请后，应继续跟踪并反馈政府部门意见以便公司及时调整以合规。此外，根据不同工程，需要进行不同的申请，如施工开挖许可、公共用地使用许可、使用自来水许可、用电许可、公司招牌和食堂运营许可、取沙类许可、环保类许可、切割沥青路面许可、交通管制类许可、打井降水类许可、实验室运行许可、阿曼电信电缆的许可，以及 PDO

水管的许可、路灯的许可、园林和灌溉水管的许可等。

3. 申请专利和注册商标

阿曼境内专利注册申请由设在沙特利雅得的海合会专利办公室进行评估，有关申请可递交给商工部知识产权部并由其转交专利办公室。详细的申请程序可在 www.gccpatentsoffice.com 进行查询。

阿曼境内的商标注册由阿曼商工部审查。外国商标持有人应委托当地律师，申请内容应包括商标的表述和商标注册适用的商品和服务名单，商标申请费用为25里亚尔。同意或拒绝申请的通知以书面形式作出，申请人如有异议则可在收到通知30日内向法院申诉。经登记人同意注册的商标在官方公报上公布，自公布之日起2个月内，任何利益相关人可以书面形式向登记人提出异议，登记人将就该异议通知申请人，申请人应在2个月内提出抗辩，否则视为放弃申请。商标注册后，注册日即视为申请递交之日，登记人向申请人颁发商标所有权证书，包括商标序号、申请递交及注册日期、商标所有人姓名、住址、国籍、商标复制、商标使用的商品、服务名单。商标保护期为10年。

4. 企业的社会责任

阿曼十分重视企业社会责任。推动企业社会责任的法律法规不因吸引外商投资而不适用。在阿曼，企业社会责任（CSR）项目由业务实体主办或支持，以在社区收获商誉的同时造福社会的、有组织的"课外"活动。例如，在小学、中学开办学术和艺术竞赛；发起慈善赞助、学术活动和社会活动；创业中心；妇女或部落权利运动。

根据美国2015年阿曼投资环境报告，阿曼新闻媒体广泛地报道了本国劳动争议以及消费者权利侵犯案件（主要是出售过期食品或假冒药品或汽车零部件）。问责制普遍文化认可，人们普遍认为没有社会责任的企业将在业务和市场份额上遭受损失。虽然没有独立的非政府组织促进企业承担社会责任，但是许多商会（如阿曼-美国商业理事会）倡议追求企业社会责任并将其作为其年度活动的一部分。

三、中国与阿曼投资争议解决程序与案例

（一）诉讼程序

阿曼的立法体系是盎格鲁-撒克逊法以及伊斯兰教法的混合体。伊斯兰教法主要通过针对国内关系问题的伊斯兰法院系统得以适用，但也能在一定限制内在阿曼世俗商业法庭适用。阿曼在商事与金融交易中适用国际私法。

阿曼国内的商事法庭处理商事争议。商事法庭对大部分税务及劳务案件有管辖权，且有警力执行决定。商事法院也能对政府机关发起诉讼；然而，法院只能判决，不能对政府执行判决。若案件标的额小于 26,000 美元，商事法庭的裁决则为终局裁决。若案件标的额大于 26,000 美元，则案件可以上诉。各方也可以将案件诉至最高法院。发现新证据或举证过程出现非法（如伪证）才可以对终局判决后的案件进行审查。法律对于法院决定的出版无明文规定，且这些决定不被视为先例。外国公司需要注意商事法庭取代了阿曼政府机构，成为商业争议解决机关。

阿曼针对不同争议设立不同的司法机构。人力部下设劳工福利委员会受理关于离职补偿金、工资、福利等争议。地产委员会受理关于土地所有人与承租人争议，警察委员会处理关税争议，治安法院处理刑事案件。所有诉讼都以阿拉伯语进行。阿曼工商委员会下设的仲裁委员会可以解决标的额较小的争议。地方有权机关，包括瓦利斯（Walis，地区法院），也处理较小的争议。

阿曼是海合会仲裁中心成员之一。同时，海合会仲裁中心也是位于纽约的美国仲裁协会（AAA）的成员之一，在该地区有较高的认可度。

（二）破产程序

阿曼有成文的《破产法》。然而，《破产法》目前只允许进行彻底的解散，

而不是重组。所以，很多企业选择直接关门，而不是进行可长达 4 年的破产。阿曼法律还规定了破产案件中的逮捕和监禁。根据世界银行的数据分析，完成破产平均需要 4 年时间，投资者可以期望获得 37.7 美分。

（三）投资争议解决程序

根据《调解解决法》（苏丹令 98/2005）的规定，在向法院申请前，缔约方可免费将争议提交调解解决委员会处理。委员会应尽量在申请之日起 60 日内解决争端；各方协议后可延长期限但不超过 30 天。若得到解决，委员会将编写一份报告给各方签署，该报告可如终审法院判决一样被执行。争端各方也可委任专业调解员调解。

（四）仲裁程序

阿曼许多企业正在越来越多地采取国内仲裁来解决争端，仲裁被认为是一个更高效、更可靠的机制。阿曼的国内仲裁裁决可在仲裁开始后 12 个月内作出。相比之下，诉讼耗时往往更长，特别是涉及复杂的技术问题时，大部分诉讼案件需经历三审（初等、上诉及最高）。

阿曼《仲裁法》[苏丹令 47/97（已修正）]将仲裁纠纷解决机制定义为缔约方出于自己的意志而一致同意的争议解决机制。通常情况下，缔约方的合同中包含仲裁条款，该条款选定适用阿曼的仲裁法律以解决可能出现的任何争议。阿曼《仲裁法》规定，仲裁协议必须是书面形式。该法还允许各方在合同签订出现纠纷后同意仲裁，但必须以书面形式确认——在该情况下，后续协议必须明确各方已同意提交仲裁。

阿曼是《解决国家与他国国民之间投资争端公约》缔约国，国际投资争端解决中心的成员国，因此关于外国投资者和阿曼政府之间投资争端的国际仲裁可提交 ICSID 解决。作为《纽约公约》的签署国，阿曼法院承认和执行外国仲裁裁决。除此之外，现代阿曼法律框架中的国内仲裁法包含执行国际仲裁裁决。

（五）争议解决期间

阿曼商法不断发展。尽管司法程序很慢，但商事合同通常能被执行。根据世界银行《2015年营商环境报告》，在阿曼执行一份商业合同平均需要598天与51项特别程序。然而，执法的成本仅占索赔金额的13.5%，甚至低于经济合作与发展组织成员国（OECD），其平均为21%。

四、中国与阿曼经贸法律特征专项研究

中阿双边条约保障中国投资。中阿两国政府于1980年签署的《贸易协定》，于1995年签署的《促进和保护投资协定》及于2002年签署的《关于对所得避免双重征税和防止偷漏税的协定》构成中阿两国商贸机制的法律框架。此外，中阿双方签订的双边协定还包括《文化、卫生、新闻合作协定》及其执行计划、《民用航空运输协定》等。中阿之间的贸易和投资领域基本实现了最惠国待遇，双边条约也是中国在阿曼投资者的坚实法律后盾。

阿曼国内立法鼓励外资投资但仍不完善。阿曼具有现代化的企业法律框架：尊重市场调节，合同自由及财产权，相对较低的税收以及商工部一站式登记。阿曼也提供了一系列吸引外国投资者以拉动投资的财政补贴和税收优惠，如可续期的5年税收减免；厂房及工业基础设施补贴；项目的第一个十年，其设备与原材料免征海关税；包装材料免征五年海关税；参与农业、渔业、工业、教育和培训、医疗、采矿、出口制造业、旅游和公用事业的公司有资格获得可续期的五年免税期以及资本货物和原材料的关税豁免等。阿曼政府也为推动阿曼国民经济发展的质量达标的合资企业提供奖励。

但是，阿曼国内立法、司法及执法机制仍不完善，表现在：对外资市场准入的门槛较高，阿曼劳动者配额比例高（阿曼化要求严格），且法律程序完成的效率偏低。例如，虽然商工部为行业提供"一站式服务"，包括新在线商业登记系

统，但设立公司的审批速度仍然很慢，尤其是在环境允许和外籍工人签证审批方面；又如，根据世界银行《2015年营商环境报告》，在阿曼从事商业活动的容易程度在统计的189国中排名第149位。

同时，与其他阿拉伯国家一样，阿曼法律受伊斯兰教影响深厚。阿曼《基本法》规定民法、刑法等全部法律都应当符合伊斯兰教教义，因此阿曼法律在很多方面与现代法律制度有不同之处。法院审理一方面遵守制定法的规定，另一方面也要遵循伊斯兰教法的规则，甚至很多情况下，法官更倾向于适用伊斯兰教法。同时，在解释制定法的时候，往往要参考伊斯兰教法的规则。

五、经贸、投资法律风险因素及应对策略

（一）政治风险

1. 暴动

出于政治动机的暴力行为在阿曼是罕见的。暴力事件如2011年与"阿拉伯之春"相关的数次游行示威，导致苏哈尔港口人行道、车道堵塞。虽然大部分的抗议活动是和平的，但有一起演变成暴力冲突的游行示威，造成数人受伤，1人死亡。政府允许进行一些和平游行，2012年和2013年发生了几起有关宗教、工人权利或失业的游行。

2. 腐败

阿曼制定《保护公款与防治利益冲突法》（苏丹令112/2011）以及《刑法典》（苏丹令7/1974）以防治公私腐败。

《反腐败法》主要涉及在公共部门内工作的雇员，但若政府在公司持股40%以上，或该公司与政府机构或政府官员之间存在可惩罚的商业交易，该法也同样

适用于私营公司。《刑法典》是另一关键立法,其旨在防治私营单位的腐败。"任何人为自己或他人接受贿赂,不论是收受现金或礼物,或获得履行、不履行或延迟履行合法职责的承诺或任何其他利益",均应依该法受到惩罚。

阿曼无关于举报的法律规定,这导致私法在内部反贿赂与举报的程序上起主导作用。由于阿曼缺乏有效举报程序和零容忍的法律文化,阿曼企业及在阿曼经商的跨国企业采取反腐败措施时可能会遇到困难。

部长们不能在上市公司任职或在非上市公司担任主席。然而,许多在政府有影响力的人物为攫取私人商业利益,也参与公私部门共同参与的项目。这些项目造成或可能造成利益冲突。阿曼正为这一问题积极采取措施,如 2011 年,新修订的《招标法》便排除了有利害关系的"第二层次"的亲属的投标委员会官员进行裁决。

苏丹卡布斯在位期间将数位腐败的部长和高级政府官员撤职。国家财政和行政审计机构根据苏丹令 27/2011 扩大了权力,以回应公众对高级别政府官员腐败和裙带关系的抗议。

苏丹卡布斯发布苏丹令 64/2013 批准加入联合国《反腐败公约》。苏丹令在官方公报刊登,自 2013 年 11 月 20 日起生效。但阿曼并非经济合作与发展组织《反贿赂公约》成员国。

若企业遇到因官员腐败而带来的不公平交易,可向阿曼国家审计机构(State Audit Institution)申报,具体网站为:http://www.sai.gov.om/en/Complain.aspx;举报电话为:+968 8000 0008。

(二)经济贸易风险

1. 来自阿曼国有企业的竞争

阿曼国企活跃于诸多行业,包括油气开采、油气服务业、炼油、液化天然气加工与出口、制造业、电信、航空、基础设施发展与融资。阿曼政府对于国企并没有标准定义,但往往较之于政府全资所有,更倾向于指向有政府所有成分的合资企业。阿曼政府也未公布其持股的完整公司名单。

一般情况下，私企与国企在同等条件下竞争，国企同样可以从私营的国内外企业中采购原材料、商品与服务。但国企在贷款方面相对有优势。

国企董事会成员由政府官员担任，通常由内阁级别的高级官员担任会长。国企限定了经营预算，但如同部委和其他政府部门的预算一样，国企经营预算相对灵活且不受硬性约束。

国企不用遵守《经合组织国有企业公司治理指引》（OECD Guidelines on Corporate Governance of SOEs）。国有企业高级管理层向独立的董事会汇报，而这些董事会由阿曼政府高级官员代表。较大的公司由更高级别的官员代表，而较小规模或更多市场公司则为来自金融部（Ministry of Finance）的官员代表。

但阿曼已经将部分国企私有化，并且在加快其他企业的私有化进程。然而，目前的私有化计划并未公开，也尚不清楚私有化在未来将主要针对什么部门。在过去的私有化中，以对阿曼电信公司剥夺部分政府股份为例，股票在马斯喀特证券市场上仅向阿曼投资者发行。在2011年，政府修改立法以允许对公立医院和诊所实行公私合营，这一举措为在塞拉莱和马斯喀特建设医疗城市的重大私营投资铺平道路。允许外国投资者充分参与一些私有化项目，甚至参与建设公私合营框架体制。迄今为止，最成功的私有化项目是电力和海水淡化。电信部门也加快了私有化进程。

2. 主权财富基金不透明

阿曼有两大主要的主权财富基金：阿曼一般储备金（the General Reserve Fund of the Sultanate of Oman）与阿曼投资基金（the Oman Investment Fund）。大部分基金资产向国外投资，虽然其交易和治理极不透明。阿曼主权财富基金不需依法发布年度报告或提交独立审计。许多小规模财富基金和养老基金投资地方项目。

3. 竞争与反垄断法规不健全

目前，投资监管并未考虑竞争因素，且阿曼并没有竞争委员会管理该问题。

期待已久的《竞争和反垄断法》于 2014 年 12 月（苏丹令 67/2014）出台，通过该法预计将有效禁止反竞争协议和价格操纵，为兼并和收购提供法律条件。虽然该法已经正式公布，但其配套法规和程序的建立仍需要一些时间。

4. 财政赤字

阿曼《观察家报》2015 年 10 月 20 日报道，据阿曼国家统计信息中心发布的数据，截至 2015 年 8 月底，阿曼政府财政总收入为 59 亿里亚尔，比去年同期下降 36.3%。数据显示，与去年 8 月底石油净收入 70 亿里亚尔相比，2015 年同期转入主权基金之后的石油净收入下降了 45.8%，仅为 38 亿里亚尔。

2015 年前 9 个月，阿曼财政赤字达到 22 亿里亚尔，而去年同期则为盈余 1.22 亿里亚尔；由于投资支出下降 2.5%（19 亿里亚尔），阿曼财政总支出减少了 3.2%，达 78 亿里亚尔。当前，政府财政支出增加了 4.9%，达 52 亿里亚尔。

2015 年 10 月，全球评级机构穆迪发布报告显示，受国际油价持续低迷影响，海合会成员国财政赤字压力可能继续增加，亦可能出台扩大财政收入、合理化财政支出等措施。报告预测，2015—2017 年，布伦特油价年均水平分别为 55 美元、57 美元和 65 美元，将对海合会各国经济发展产生负面影响。穆迪预测，到 2016 年年底，阿曼负债占 GDP 的比重将达到 20%。

5. 国内价值因素

国内价值（ICV）项目：阿曼政府为刺激公司（包括阿曼公司和国外公司）通过采购阿曼当地商品与服务和培训阿曼劳动力以达成对阿曼投资，已经开始将投保人对 ICV 的支持表示作为招标的一个考虑因素。尽管 ICV 最初为适用于石油和天然气方面的合同而设计，但该原则已慢慢延伸到其他部门，如交通运输部门。根据美国政府出具的 2015 年阿曼投资环境报告，一个价值为 200 亿美元的铁路项目招标（最终与海合会国家目标建设的铁路网相连）附加说明：阿曼招标委员会将考虑公司在 ICV 中的培训努力。阿曼政府经济策略旨在增加经济多样性以及当地可持续发展建设的能力，然而对于初入阿曼市场的外国公司而言，

ICV 相关的招投标要求使其望而却步。

6. 就业阿曼化与用工成本增高

阿曼化是阿曼政府于 1988 年制定的一项政策，其旨在用阿曼员工取代外国员工。阿曼为各行业阿曼工人百分比设置配额，达到政府要求的公司将获得"绿卡"，即这些公司将在与政府打交道的过程中受到更多的媒体曝光与政府优待。"几乎所有的阿曼用人单位都认为就业阿曼化是他们面临的重要挑战。"[1]

根据网上招聘公司 Gulf Talent 于 2015 年 4 月发布的《海湾地区 2015 年就业与薪资趋势》（The 2015 edition of Employment and Salary Trends in the Gulf），2014 年下半年的全球油价大幅下跌，阿曼石油产业相关项目遭受损失，相较于沙特阿拉伯，阿曼没有足够的国家储备金以平衡收支，因此受油价影响大。该报告预测，若 2016 年油价持续低迷，政府将不可避免地缩减开支，且有可能减少雇佣机会。经济衰退的可能不能被排除。2014 年，阿曼 61% 的企业均扩大员工规模，在海合会国家中仅次于沙特阿拉伯（72%）。阿曼和沙特阿拉伯的用人本地化（nationalization）要求在海合会国家中最为严苛。根据其统计数据，阿曼 95% 的用人单位认为就业阿曼化要求是 2014 年用人上的重要挑战，该数字为海合会国家之首，再加之阿曼对外籍劳动者换工作施加限制，又鼓励外籍劳动者在其他海湾国家就业，因此根据统计数据，仅有 30% 的阿曼外籍劳动者愿意留在阿曼，该数字为海合会国家中最低。2013 年、2014 年，阿曼工资增长率均为海合会国家之首，平均增长率分别为 7.4%、7.6%。在"阿拉伯之春"后，阿曼面临强大的工会团体对用人单位的集体谈判，其规模之大在海湾地区也很罕见。根据分析预测，阿曼薪资增长在 2015 年仍会维持在 7% 以上，并且领先大部分海合会国家。

总之，该报告总结了四点阿曼就业与薪资趋势：

①用人单位雇佣劳动者，包括高阶层员工，有巨大压力；

②促使用人单位提高薪资的工会活动不断增加；

---

[1] *Employment and Salary Trends in the Gulf* 2015, https://www.gulftalent.com/resources/market-research-reports/employment-and-salary-trends-in-the-gulf-2015-41, 最后访问于 2016 年 8 月 1 日。

③政府支出的削减,尤其是在石油相关的项目上;

④对外籍员工的新限制,如限制跳槽,是其离开阿曼进入其他海湾国家的推动力。

(三) 结论

充分利用现有法律维护投资者权利。如前文所述,阿曼法律体系较为健全,且民商法中的基本理念和原则与我国基本一致。尽管对外资准入、持股等方面较之阿曼本国企业限制更大,但阿曼法律法规中规定了一系列外国投资者可享有的优惠政策或与阿曼本地企业平等适用法律等规范。如遭遇不平等对待,可积极运用法律手段主张权利。

重视阿曼法律中为促进本国经济发展及经济结构升级而制定的特殊规定并承担适当的社会责任。以阿曼化配额为例,阿曼政府推出该政策旨在提高阿曼劳动者素质,从而促进本国人民就业水平和生活水平的提高,华为积极响应政策,履行义务,并在雇佣当地劳动者的基础上,又于2014年推出阿曼百名大学生实习计划,免费为阿曼培训IT行业人才,被阿曼主流媒体报道,这提升了华为公司在阿曼的知名度。

充分理解伊斯兰教文化及伊斯兰教法。认真研究阿曼法律制度以及风俗习惯,谨慎行事,切不可用不恰当言行冒犯当地人民风俗习惯。

第八章 科威特

一、科威特法律制度介绍

(一) 中国与科威特经济贸易关系起源及发展

科威特是海湾国家中第一个同中国建立外交关系的国家。中国与科威特的民间贸易往来始于20世纪50年代。20世纪70年代末，中国承包工程公司及劳务合作企业先后进入科威特市场，承揽的项目以土建工程为主。自90年代起，中国公司在科威特实施了几个较大型的承包工程，如中石油集团承建的两个集油站项目及艾哈迈迪炼油厂修复项目；中石化集团承建的4个3万吨浮顶油罐项目；中国港湾公司承建的油码头项目等。这些项目在科威特均产生了较大的影响。目前，中资企业在科威特承建的主要工程有：科威特中央银行大楼、科威特布比延岛一期跨海桥梁、道路工程、科威特第三移动通信扩容、15口油井技术服务等项目，在建项目总额达30亿美元。[1]

为促进中科两国的贸易发展，保护两国企业利益，中国与科威特政府自20世纪80年代以来，先后签署了《贸易协定》、《鼓励和保护投资协定》、《关于对

---

[1] "中科经贸合作走上高速路"，中华人民共和国驻科威特大使馆经济商务参赞处，http://kw.mofcom.gov.cn/，最后访问于2015年7月26日。

所得和财产避免双重征税和防止偷漏税的协定》、《经济技术合作协定》等。以这些双边协定为基础，中国和科威特双边贸易具有了较为完善的法律基础。2001年，中科双边贸易额仅为6.42亿美元，而到了2010年，两国贸易额达85.36亿美元，10年间平均增长率达123%。快速增长的中科双边贸易为两国的经济建设、两国人民的生活需求做出了贡献。科威特是世界产油及石油出口大国之一，而制造业在我国经济结构中所占比重较大，因此中科贸易存在很强的互补性，双边经贸合作前景广阔。

（二）科威特基本法律制度与司法体系

1. 科威特《宪法》

科威特是一个拥有君主立宪制政府的阿拉伯国家。1962年11月12日正式颁布《宪法》。根据《宪法》，政府依据分权体系而设立。立法权被授予埃米尔和国家议会，行政权被授予埃米尔及其内阁与部长。各种法令在国家的统治者埃米尔批准后生效。所有由国民议会通过的法律均需要在一个月内由埃米尔签署生效。然而，若埃米尔在一个月内未签署，该法视为已被签署生效。即该法被送回国民议会，经其批准在没有埃米尔签字的情况下使其生效。

依据《宪法》的规定，埃米尔必须由穆巴拉克·萨巴赫家族后裔世袭，立法权由埃米尔和议会行使，埃米尔有权解散议会和推迟议会会期；行政权由埃米尔、首相和内阁大臣行使；司法权由法院在《宪法》规定范围内以埃米尔名义行使；王储由埃米尔提名，议会通过；由埃米尔任免首相，并根据首相提名任免内阁大臣等。[1]

2. 科威特司法体系

科威特国民议会于1963年1月23日成立，是科威特的立法机构，实行一院

---

[1]《科威特宪法》，全球法律法规网，http://policy.mofcom.gov.cn/section/flaw!fetch.action?libcode=flaw&id=36c32dd9-640a-48ac-a621-60f5e580b42e&classcode=220，最后访问于2015年7月28日。

制。其主要职能有：制定和通过国家的各项法令和法规；监督国家财政执行情况；行使各项政治权力。议会通过的法案需经埃米尔批准才能生效，埃米尔有权否决或提请议会复议某项法案，但如议会仍以三分之二的多数通过或在以后某届议会以简单多数通过，该法案则自动生效。议会有权就政府的内外政策及有关事务向首相和内阁大臣提出质询，要求其解释有关情况；组成调查委员会对任何事务进行调查；自由表达其观点和看法；通过对内阁大臣投不信任票罢免其职务；通过不与首相合作的决定等（在这种情况下，将由埃米尔选择解散议会或解除首相的职务；如埃米尔解散议会后，新议会仍通过不与首相合作的决定，则首相自动被罢免）。议会由50名经全国选举产生的议员和现任内阁大臣组成，每届任期四年。[1]

科威特的司法机构隶属于司法部。最高法院院长和总检察长由埃米尔任命，法院以埃米尔名义在《宪法》范围内行使司法权。科威特的立法体系属于大陆法系，其来源于埃及法和法国法。与此同时，伊斯兰教为科威特国教，伊斯兰教法是立法的主要依据，在伊斯兰国家中，科威特立法中的这种伊斯兰教法和大陆法系的融合特征使其区别于其他伊斯兰国家的立法，形成自身独特的法律体系。

近年来，科威特的法制环境不断完善。为吸引外国投资，科威特颁布实施了一系列相关法律法规，形成了比较完整的鼓励外国投资法制框架。2013年6月16日，科威特修订颁布了《直接投资促进法》（2013年第116号）以替代于2001年发布的《在科威特国的外国资本直接投资法》（2001年第8号），组建新的"科威特直接投资促进局"以替代原"科威特外国投资署"，继续向外商投资提供优惠政策与鼓励措施。

（三）科威特货币金融法律制度

1. 当地货币

科威特货币为第纳尔（KD，科第），辅币为菲尔斯（Fils），1KD=1000Fils，

---

[1]《科威特宪法》，全球法律法规网，http://policy.mofcom.gov.cn/section/flaw!fetch.action?libcode=flaw&id=36c32dd9-640a-48ac-a621-60f5e580b42e&classcode=220，最后访问于2015年7月28日。

可自由兑换。科威特于 2002 年年底决定，自 2003 年 1 月 1 日起，科威特第纳尔与美元直接挂钩，以适应海合会国家货币统一进程的要求。2007 年 5 月 20 日，科威特第纳尔放弃单独与美元挂钩，改变为与一揽子货币相联系制度。2013 年科第兑换美元实际平均汇率为：1 美元等于 0.284 科第。人民币与科第不可直接兑换。

2. 外汇管理

现金与资本账户可在科威特境内的任何一家银行或"钱庄"自由兑换，无条件交易。股票、贷款、利息、利润以及个人存款可不受任何限制地转入、转出科威特。根据《直接投资促进法》的规定，投资者也可将其投资的全部或部分转让给其他外国或本地投资者。[1]

3. 银行机构

科威特除中央银行（CBK）外，共有 17 家银行，主要是科威特国民银行、海湾银行、艾赫里银行、科威特中东银行、布尔干银行和科威特商业银行等。另有外资银行分行 7 家。2013 年，科威特中央银行贴现率为 2.0%。

依据科威特发布的 1968 年第 32 号法案，科威特允许外资银行在其境内设立分支机构。科威特中央银行与中国银监会（CBRC）通过换文，达成合作协议。双方将在银行监管领域，依照巴塞尔银行监管委员会（BCBS）规则，进行合作。科威特国民银行在中国有业务。中国工商银行已完成外资银行注册等相关手续，科威特中央银行批准中国工商银行在科威特设立分行。此次完成相关注册手续后，中国工商银行成为科威特第 11 家外资银行分支机构。

4. 融资条件

外国公司在科威特进行贸易与项目融资的渠道很多，其中包括世界级的商业

---

[1] "对外投资合作国别（地区）指南——科威特（2014 年版）"，中华人民共和国商务部，http://fec.mofcom.gov.cn/gbzn/guobiezhinan.shtml，最后访问于 2015 年 7 月 25 日。

银行、投资公司和伊斯兰金融机构。只要外国公司提供他们的财务报表或者有信誉良好的银行作担保,就可以直接获得科威特银行的融资。针对客户委托的不同要求,科威特的银行可以采取各种各样的融资方法,包括直接支付、提前付现、单据托收、信用证和保函。在科威特中央银行监管下的商业银行,都符合国际银行的标准,还有三家专门的政府银行提供中长期的融资。

外国公司可以通过它们的代理来分配与当地银行签订合同的所得。通过当地的代理或者与科威特同行合资的企业,外国公司就可以获得融资。除此之外,外国公司还可以通过当地一些大的代理,如投资公司或银行,以公司的名义在科威特发行科第债券。如果要发行债券,不仅须提交公司的财务状况和一份市场调查报告,而且须要经过科威特中央银行的批准。发行债券作为一种融资手段,其优点在于它可以避免在合同期间发生的汇率波动。把融资方案包含在项目计划书中,也可以为外国公司创造极大的便利。[1]

5. 证券市场

科威特股票交易所是继沙特阿拉伯的 NCFEL 股票交易所之后,阿拉伯世界中的第二大交易所。海湾战争结束后,该交易所重新开张,2000 年 8 月,科威特国民议会颁布了《外国资本直接投资法》,允许外国投资者拥有上市公司的 10% 的股份。同时,科威特中央银行也同意外国投资者拥有科威特银行中 5% 以上的股份。

科威特证券市场运行较为良好,在资金配置方面,在推动产业结构调整和升级方面,发挥着举足轻重的作用。科威特股市分为以下 8 个行业:银行业、投资业、保险业、房地产业、工业、服务业、食品业及非科威特公司。

(四) 与外国投资者的商贸、投资活动有关的法律制度

1. 贸易主管部门

科威特工商部是负责外国直接投资事宜的主管部门。另外,2013 年成立的

---

[1] *Kuwait Investment Climate Statement*, U. S. A. Department of state, http://www.state.gov/e/eb/rls/othr/ics/index.htm,最后访问于 2015 年 7 月 28 日。

科威特直接投资促进局，以把科威特建设成为地区性金融中心及贸易枢纽为目标，主要负责管理外资及外部招商；为外籍投资者提供服务及便利手续。其服务内容包括：便捷项目批准手续及颁发执照；协调本国其他政府部门快捷办理外籍投资者入境居住手续；监督工程施工进度，及时解决投资者所面临的各种问题；向投资者提供相关信息及统计数据；宣传科威特的各种优惠投资政策，介绍推广科威特的招商引资项目等。[1]

2. 贸易法规体系

科威特对外贸易及投资的相关法律主要包括：《直接投资促进法》、《公共招标法》、《外国直接投资法》、《自由区法》、《公共招标法》、《商业代理法》、《合营公司法》、《对等贸易补偿计划》［又称反投资法（已暂停）］、《所得税法》。这些法律共同构成了外国公司对科威特投资和贸易的法律基础。

3. 海关管理

科威特整体关税水平较低，自2003年1月1日起，根据海湾关税同盟的规定，科威特将一般商品的进口关税统一为5%（CIF价），对少数产品征收较高的关税，（如对香烟、烟草制品和各种酒精饮料征收高达100%的关税），而对食品、生活必需品、药品以及新设企业所需进口的机械设备免征关税，来自海合会其他国家的工业产品及部分农产品享受免关税待遇。另外，科威特在1995年成为WTO成员，根据规定，科威特于2004年起取消所有与WTO原则相悖的关税和保护性措施。

4. 贸易管理的相关规定

科威特对部分产品实行进口管制。禁止进口的产品有：麻醉剂、酒精饮料及其原料、气枪、猪肉或者含猪肉食品、色情和反政府材料、5年以上旧车、具有

---

[1] *Doing Business in Kuwait*：2014—*Country Commercial Guide for U. S. A. Companies*，U. S. A. Department of state，http：//www.state.gov/r/pa/ei/bgn/35876.htm，最后访问于2015年7月29日。

核辐射的产品、废旧轮胎、工业废物、赌博用具。另外，出于保护当地产业的需要，目前仍然禁止进口的产品有：石棉管、面粉、工业和医药用氧气、浇铸铁、焊管等。限制进口的产品有：烟花爆竹、马科动物、盗版制品、武器弹药、部分药品、爆炸物等。[1]

5. 税收体系和制度

科威特税赋较少，实行属地税制。外国独资企业和合资企业是企业营业税的唯一征收对象，其适用于该公司的国内和国外收入。目前，科威特将外资利润税由 55% 削减至 15%。

6. 主要税赋和税率

科威特公司不需缴纳企业营业税，但在科威特股票交易所上市的企业，必须将其收入的国有部分的 2.5% 捐给科威特科学发展基金（KFAS）。国家雇用法规定对科威特企业征收 2.5% 的附加税，该税被用来支持在私营单位工作的科威特人获得与政府工作人员相同的社会和家庭津贴。

科威特的所得税只对企业征收，没有个人所得税。科威特所得税的课税对象具体包括：在科威特全部或部分履行任何合同所实现的利润；出售、出租或授予使用或利用任何商标、发明专利设计的专利权或著作印刷版权所收取的款项；商务代表或商务中介协议应得或产生的佣金；工业活动的利润；资产处置所实现的利润；在科威特买卖财产或货物或其收益，在科威特开设常设办事处，缔结买卖合同；在科威特经营其他任何工业或商业项目；出租在科威特境内的财产，在科威特提供服务等。

外国公司在科威特从事商业经营活动或设立分支机构通过科威特人做代理的情况下，外国公司应作为独立的纳税人申报缴纳所得税，同时保持单独的账簿，其向代理人支付的代理费作为费用列支。

---

[1] *Kuwait Investment Climate Statement*, U.S.A. Department of state, http://www.state.gov/e/eb/rls/othr/ics/index.htm，最后访问于 2015 年 7 月 28 日。

7. 商业代理

《商业代理法》规定，非科威特籍的自然人或法人不得在科威特从事商业代理活动。合法的代理人在申请注册时，代理人与委托人，或与委托人的另一当地正式代理人的关系均应为直接的关系，但须确认委托人的另一当地正式代理人不销售委托人的产品。任何未经注册的代理，不被承认，其有关申诉也不被受理。申请注册的代理人，应在取得代理后的两个月内到工商部登记注册。提交申请后15天内，工商部应对申请作出决定。申请经核准，即发给批准证书予以确认。工商部应在官方报纸上公布每个获准申请及其有关内容。工商部有权拒绝申请，但要说明拒绝的理由。工商部将以挂号信的方式将书面决定通知本人。被拒绝申请的人，在被通知拒绝后1个月内，可向民事法庭庭长提出申诉。民事法庭庭长将及时受理申诉，任何人均可以从工商部索取登记表。如未给予登记表，则要开具证明予以说明。按本法令条款规定，每个注册申请收取手续费3科第，每个申请的批注、更改及正式摘录收取1.5科第，注销登记手续则免费办理。代理人、代理人的代表、代理人死亡后的继承人和公司的经理等，应在代理合同撤销或合同期满后1个月内，持有关文件到工商部注册处办理注销代理注册手续。任何违反本法令的规定而从事商业代理活动的外国人，给予不超过3个月的拘留处罚并处不少于100科第罚金。有关法庭有义务将公布的处罚立即通知工商部和工商会。在不违反其他法律规定的处罚条例的同时，任何人如故意向商业部或官方部门提供虚假资料，不管这些虚假资料与注册内容或批注有无关系，都将给予拘留处罚，期限不超过1个月和（或）给予50科第至500科第的罚金，法院将在其认为合适的时间和情况下下令更正这些虚假资料。上述条款规定的处罚也适用于任何未在工商部完成注册手续就用信函和印刷品宣传其业务或用某种工具宣称其为某商人或公司的代理人，或宣称代理销售与其无关的商品、资产、产品、商业物资。工商大臣颁布实施本法令有关的规定和决定。工商部的有关代表有权审理法律案件。公共检察官负责对违法犯罪的调查。工商部大臣和司法部大臣应分别执行本法。[1]

8. 知识产权保护

历史上，科威特的法律制度一直沿用伊斯兰法系（宗教法），该法系没有对文学、音乐、戏剧或艺术作品等智力客体的作者提供保护。伊斯兰宗教法不承认知识产权，而且过去也没有为知识产权制定的法规。与其他大多数海合会国家一样，科威特最近几年才引入版权法。

科威特新的《专利和商标法》于 2000 年 12 月由国民议会通过，2001 年 1 月 14 日生效。新法律规定对专利的保护期是 20 年，所涵盖的范围包括医药产品。工业设计的保护期是 10—15 年。

科威特第一个《版权法》是 1999 年通过的第 64 号法。1998 年起，科威特成为世界知识产权保护组织的成员。科威特《版权法》规定的保护范围包括同样是 WIPO 成员的国家出版的音像制品和计算机软件产品。

根据科威特法律，版权所有者可以向侵权者提出民事赔偿。尽管近年来侵权犯罪现象在科威特有所下降，但科威特仍是阿拉伯地区侵权现象比较严重的国家之一。这可能与科威特法律对不守法者处罚较轻有关，虽然对重犯的处罚给予了加重，但还是低于国际标准（侵犯版权者的最高处罚是判处 1 年监禁或最高 1650 美元的罚款）。

科威特相关版权法规规定，可以对实施侵犯他人版权的侵权者处以惩罚。对侵犯版权的处以 1 年以下监禁和 500 第纳尔罚金，或其中一项。另外，如果被告在终审之日起的 5 年内因版权侵权曾被判过刑，法院可以对当前的侵权处以比上次更高的惩罚，但多判部分不得超过上次刑期的一半。法院还可以查封有关从事侵权犯罪的场所，但查封时间不得超过半年。

同时，《版权法》还对在发生侵权的情况下，作者有权要求赔偿和停止侵权做了明确规定。即如果发生版权侵权行为，作者有权获得赔偿。根据《版权法》

---

[1] 科威特《商业代理法》，中华人民共和国驻科威特大使馆经济商务参赞处，http://kw.mofcom.gov.cn/aarticle/ddfg/tzzhch/200302/20030200068123.html，最后访问于 2015 年 7 月 29 日。

第三十八条第二款的规定,作者有"先决留置权",可以根据扣押物的纯价值和已售物品的价值获得赔偿。该赔偿应扣除法院的费用、保存和扣押侵权制品的费用以及追缴钱财的费用。作者或其代理人也有权要求受案法院裁定,由被告方出资销毁未经授权出版作品的复制品或照片及其他用于作品出版的材料。法院也可以决定改变作品复制品的特征,使其无法继续使用。[1]

在进行国际投资时,明确当地的法律法规体系,有助于企业节约投资成本,及时规避投资风险,合理利用当地政府的政策支持和引导,积极获取融资支持,实现共赢,特别是贸易和投资相关的法律体系,企业应当进行深入了解,为贸易和投资的顺利进行以及纠纷的及时有效解决奠定良好基础。

二、中资企业对科威特投资的主要产业及法律流程

(一) 中资企业主要投资产业

1. 投资行业

科威特确定的引资重点领域是高新科技产业领域,如电子网络建设、电信、环保、先进的石油技术等,而不鼓励投资那些能力过剩的行业,如旅馆业等。

具体来说,以下是科威特鼓励外商投资合作的重点领域:工业产业(石油及天然气开采除外);自来水,电力排污管道;通信设施以及其他基础设施的建设经营和管理;金融行业包括银行及信托基金;保险行业;信息科技及软件开发;医疗及药业;陆海运输;文化宣传及销售(发行日报、杂志、画报,开办出版社除外);地产投资;与环境保护相关产业。

2001年3月,科威特政府制定了包括以下六章内容的《吸引外国投资法》:

---

[1] *Doing Business in Kuwait*:2014—*Country Commercial Guide for U. S. A. Companies*,U. S. A. Department of state,http://www.state.gov/r/pa/ei/bgn/35876.htm,最后访问于2015年7月29日。

①关于外国资本投资;②外国资本投资委员会;③为外国资本提供可靠保障;④外资的权利和义务;⑤处罚;⑥终止条款。

该法规定,外国公司不能在石油领域的上游产业进行投资;外国公司在银行业中拥有的股权不能超过49%;外国投资不能涉入保险业;房地产业的投资也只限于海湾六国(海合会国家:沙特阿拉伯、阿联酋、科威特、巴林、卡塔尔和阿曼)。

科威特于2015年第75号部长会议决定中,明确了10类不允许外商投资进入的领域,即原油开采;天然气开采;焦炭生产;肥料和氮化合物生产;煤气制造;通过主管道分配气体燃料;房地产,不包括私人运营的建设项目;安全和调查活动;公共管理与国防;强制性社会保障;成员组织;劳动力雇佣,包括家政人员雇佣等。[1]

2. 优惠措施

外资投资委员会(FIC)的主席由工商部大臣担任,其委员来自私营企业和国营部门。该委员会按照以个案处理的原则,在《吸引外国投资法》的规定下,制定并实施投资的优惠政策。

为鼓励外国投资,科威特制定了一系列有关法规:《在科威特国的外国资本直接投资法》及其说明、《直接投资促进法》和《自由区法》等。以上法律法规构成了科威特吸收外国投资的优惠政策框架。2013年6月16日,科威特政府发布了2013年第116号法案《直接投资促进法》,取代了原2001年第8号法案《外国直接投资管理条例》,并成立科威特直接投资促进局负责促进外国直接投资工作,原科威特外国投资局的职能、资产等转至直接投资促进局。该局董事会主席由科威特工商部部长担任,董事会成员由来自公共和私营部门的代表组成。

科威特允许外国投资者独资或与本地人合资在科威特投资经营。按照《直接投资促进法》第二十九条的规定,外国投资者如果希望获得本法规定的优惠待

---

[1] "对外投资合作国别(地区)指南——科威特(2014年版)",中华人民共和国商务部,http://fec.mofcom.gov.cn/gbzn/guobiezhinan.shtml,最后访问于2015年7月26日。

遇,则应向直接投资促进局递交申请,最后报请董事会批准。外国银行在设立分支机构之前必须得到科威特中央银行的同意。

按照《直接投资促进法》第二十七条的规定,外商投资项目可享受的优惠包括:自投资项目正式运行起最长 10 年内免征所得税或任何其他税,对该项目的再投资同样免征上述税赋,免税期限与兴建该项目时的原始投资所享受的期限等同;对项目建设、扩建所需的机械、设备和零配件,以及生产所需的原材料、半成品及包装和填充材料等物品进口全部或部分征收关税;依照国家现行法律和条例划拨投资所需的土地和房产;依照国家现行法律和条例聘用必需的外国劳动力。

按有关规定,凡经批准的外国项目均不得予以没收或国有化,唯有在公共利益需要时,方可依据现行法律对其实行征收,并给予其相当于征收时的实际经济价值的补偿。赔偿金额应根据上述项目被施以征收前的经济状况进行评估,其应得的赔款应立即支付。[1]

3. 投资方式

在科威特公司组建可采取股份公司、有限责任公司和两合公司三种形式。《吸引外国投资法》规定:外资可在合资企业中占主要股权,甚至在某些工业中设立独资企业;外资占主要股权的企业不需当地代理。

科威特禁止外国人或外国公司在科威特直接从事商业经营活动和拥有房地产,外国人或外国公司在科威特从事任何商业经营活动或设立分支机构,必须通过科威特人做代理。除了直接代理以外,外国人或外国公司也可以与科威特人组建公司,在科威特从事商业经营活动,但科威特合伙人的资本金必须超过 51%,银行投资和保险类则必须超过 60%。[2]

2014 年,科威特通过《PPP 法》,对 2008 年出台的《BOT 法》进行了修订。

---

[1] Kuwait Investment Climate Statement, U.S.A. Department of State, http://www.state.gov/e/eb/rls/othr/ics/index.htm, 最后访问于 2015 年 7 月 29 日。

[2] 科威特《外国投资法》,全球法律法规网,http://policy.mofcom.gov.cn/section/flaw!listByCountry-Code.action?countrycode=118,最后访问于 2015 年 7 月 30 日。

增加了对本国和外国投资商的鼓励措施，使投资商可以在政府提供的土地上开发大型项目。项目合同有效期也由《BOT 法》规定的 40 年增加到 50 年。此外，科威特议会呼吁成立更高级别的 PPP 监管委员会，负责监管招投标、授标、合同签署及项目执行。

（二）法律流程

1. 中资银行进入科威特市场简要程序

以下提及的《科威特外国银行分支机构执照和经营原则及经营规章制度》为外国银行在科威特获取执照及经营的最低要求标准，每份递交至科威特中央银行（CBK）的关于在科威特设立外国银行分支机构的申请，科威特中央银行都将予以单独研究，科威特中央银行接受或拒绝的决定将会参考当时的具体情况。科威特中央银行没有义务就拒绝申请说明原因。建议有意在科威特开设分支机构的外国银行，在正式递交申请之前，与科威特中央银行就此进行协商。

申请在科威特开设分支机构的外国银行应满足以下条件和要求：

①外国银行在科威特开设分支机构，申请应取得总部所在地国家管理部门相关书面执照。

②正式文件必须源自外国银行总部所在地主管部门，且内容应该表述出该主管部门在加强管理、交换管理信息、信息保密工作方面，准备好与科威特中央银行进行合作。外国银行在科威特设立分支机构时，上述方面的必要安排工作应协商一致。

③提供外国银行总部所在地的监管部门，根据相关巴塞尔委员会标准，遵守国际银行集团及跨国分支机构监管最低要求标准的证明文件。同时根据国际货币基金组织关于金融领域评估计划的报告，提供国际货币基金组织关于该主管部门执行巴塞尔核心原则有效进行银行监管的最新评估。

④提供该外国银行协会及协议章程条文，及其财务状况的信息，并附上最近 3 年经审计过的财务年报。同时提供该银行经由国际等级评估机构（如 Moody's

Investors Services，S&P，Fitch 等）出示的信用等级评估。

⑤外国银行总部应承诺负责承担在科威特成立的分支机构的任何责任。

⑥申请在科威特成立分支机构的外国银行总部承诺应就任何可能对该外国银行金融情况和声誉构成消极影响的新情况通知科威特中央银行。

⑦外国银行总部应提供在科威特成立分支机构的明确的战略、工作计划及其经济可行性研究报告。

⑧外国银行必须遵守 1968 年第 32 号法《关于货币、科威特中央银行和银行业务组织法》，科威特中央银行对银行的监管和疏漏所颁布的指示和决议，及任何相关法律和决议。为此，须遵守以下条件：外国银行应承诺划拨不少于 1500 万科威特第纳尔资金用于分支机构在科威特的经营业务；在科威特外国银行分支机构的科威特国籍工作人员总数不应少于工作人员总数的 50%，并在分支机构获准在科威特经营 3 年期限内，提供已实现上述比例的文件。

⑨目前阶段，执照应仅限于外国银行在科威特开设一家分支机构。

⑩在不违反科威特规定从事经营执照范围规定的同时，分支机构应按照外国银行总部的协会条款和协议章程条文规定开展活动。

⑪在研究申请在科威特开设外国银行分支机构时，互惠原则应予以考虑在内。

⑫允许外国银行分支机构在科威特开展业务的批准文件，自颁发之日起有效期为 6 个月。在此期间，如未开展经营活动，但按要求更新此前提供过的数据或信息，则经研究，可再延长一次，期限为 6 个月。[1]

2. 企业经营

科威特公司组建可采取股份公司（起额资本 3000 科第）、有限责任公司和两合公司（起额资本 500 科第）三种形式。科威特负责企业注册的机构为科工商部商业注册局和科工商会。

---

[1]《科威特外国银行分支机构执照和经营原则及经营规章制度》，科威特政府，http://www.da.gov.kw/eng/，最后访问于 2015 年 7 月 30 日。

科威特不允许外资公司及外籍人士买卖土地及房屋，外资企业只能租用土地和房屋。一般租期为5年，此期限内房东最高可将房租增加100%，租期将尽时，如房东欲解除租赁合同需通过法院向租赁者发出通知。如未发，则租赁合同顺延5年。为吸引外资，科威特已划拨部分土地用于外资企业办公及生产，目前正在进行前期修建，预计完工后会以十分优惠的价格出租。

企业在科威特报税必须通过当地税务部门认可的国际会计师事务所进行。在签订合同之后一个月内应向税务部门报备，从在科威特从事活动开始计算，第一个税务年度最长16个月，之后每个税务年度为12个月。每个税务年度终了后的纳税申报的时间期限为纳税年度结束后的3个月零15天，这个时间可以申请延长75天（新税法为2个月零15天，申请延长60天）。税款缴纳方式为分4期等额缴纳，缴纳时间分别为纳税年度结束后的3个月零15天，5个月零15天，8个月零15天和11个月零15天。但是如果获得了延长申报的批准，税款必须一次性缴清。[1]

3. 承包工程

科威特承包工程市场可分为四类：一是国际竞标项目，这类项目多为大型专业项目，合同额大（一般在几百万到上亿科第），专业性强，技术含量高；二是BOT项目，由国际承包商和本地承包商以及银行组成集团参加竞标，负责资金筹措，项目实施和运营；三是私人投资项目，合同额在几万至上千万科第不等，多采取议标方式，外国公司很难参与；四是本地竞标项目，不仅有石油项目，还有水、电、道路、桥梁、通信、住房、学校、幼儿园、医院、体育馆等，合同额从几十万到上千万科第不等。

按照科威特中央招标委员会（CTC）的规定，参加本地竞标项目的企业必须是在科威特工商部和工商会正式注册的当地公司或科外合资公司。外国公司要以总包方式参与，或是与当地公司成立合资公司并在当地注册，取得竞标资格，或

---

[1] *Doing Business in Kuwait*: 2014—*Country Commercial Guide for U.S.A. Companies*, U.S.A. Department of state, http://www.state.gov/r/pa/ei/bgn/35876.htm, 最后访问于2015年7月29日。

是采取买标方式,即在付给中标主包一定比例转让费后,以当地主包名义承揽工程。否则只能分包,即或工程分包或劳务分包。[1]

4. 申请专利

科威特于 2000 年颁布的《专利和商标法》设置的专利保护期为 20 年,在 1962 年《专利法》15 年专利保护期的基础上进行了扩展。科威特申请专利的受理部门为科威特工商部下辖的专利办公室,该办公室成立于 1995 年。根据法令规定,申请人向办公室提交申请文件中需含有设计细节方案,强调创新元素。待审核通过后,该办公室将予以公示。如无异议将获批准。

5. 注册商标

商标注册主管部门为科威特工商部发明专利与商标司,商标保护的法律依据为《商法》第六十一条到第八十五条。1999 年第 3 号法对《商法》进行修改,将商标保护范围延伸到视听商标。商标注册保护期限原则上为 10 年,终了前 1 个月可再延长 10 年。到期如未申请延长,则终止之日起半年后失效。商标转让应做所有权变更登记。商标侵权罚款 600 科第或拘役或并处,外付赔偿金。商标注册申请书必须用阿拉伯文递交至商标监督办公室,费用为 24 科第。一经接受即在官报上公布,30 天内可接受抗诉,如被驳回,3 个月后申请注册开始生效。外国商标注册一般委托当地代理办理。

6. 举办商业展览会

依据 1992 年第 86 号工商次长决定,关于外国企业在科威特举办商业展览会的要求如下:

①许可证只发给申请展览的公司,有效期至展览结束;
②需在开幕前至少 1 个月提出申请;

---

[1] "对外投资合作国别(地区)指南——科威特(2014 年版)",中华人民共和国商务部,http://fec.mofcom.gov.cn/gbzn/guobiezhinan.shtml,最后访问于 2015 年 7 月 26 日。

③提出申请时应同时附上展览商品的种类及规格；

④所展出的商品应与所许可的业务相同；

⑤应事先确定展览的举办地和日期；

⑥展览时间应不超过 15 天；

⑦在举办服装展时，应事先提供男女模特的名单以便内政部批准；

⑧在设计展览时，应按驻在国的法律要求，遵守公共安全规范；

⑨从开始展览规划到结束展览并清空展览商品期间，应对展览场地进行全面保险；

⑩遵守国家法律、公共秩序和习俗；

⑪外国直接管理负责的商业展览，应通过正式（外交）途径提出；

⑫外国公司在科威特举办展览应通过科威特代理；该代理应从事类似的或与展览有关的业务，或该代理已得到从事管理、组织展览的许可。[1]

总体而言，科威特拥有丰富的石油资源，石油、天然气工业为国民经济的主要支柱。近年来，政府在重点发展石油、石化工业的同时，强调发展多种经济，减轻对石油的依赖程度，并不断增加对外投资。2010 年 2 月，科威特国民议会通过 1300 亿美元的四年经济发展计划（2010 年 4 月 1 日—2014 年 3 月 31 日），该发展计划实际上是科威特 2035 年远景规划的第一阶段，重点是基础设施建设与私营企业发展。科威特经济发展远景规划表明科威特政府将增大各领域建设的投入，全方位建设科威特，以恢复其昔日在海湾国家乃至整个中东地区的金融和经济中心地位。从投资环境的吸引力角度看，科威特的竞争优势有以下几方面：政治比较稳定、经济增长前景良好、市场潜力大、市场化程度高。科威特国家信用等级标准普尔指数为 AA^-，穆迪指数为 Aa^2。根据世界经济论坛《2009—2010 年全球竞争力报告》显示，科威特在全球竞争力排名中居第 39 位。因此，以良好的市场环境为依托，我国企业在科威特的投资和贸易前景较好，风险较低，科威特是我国与阿拉伯国家经济贸易发展的重要环节。

---

[1] 1992 年 8 月 9 日工商部长第 234 号《关于组织举办贸易展览会的决定》，科威特政府，http：//www.da.gov.kw/eng/，最后访问于 2015 年 7 月 30 日。

三、中国与科威特投资争端解决程序与案例

（一）争端解决程序

1. 双边机制

在国际投资争端的解决中，以双边协定等为依托的双边纠纷解决机制具有快速、高效等特征，具体的争端解决程序往往具有较强的针对性，有利于纠纷的迅速和彻底解决。通过双边协商的方式分解矛盾，在争端发生的各个阶段迅速做出反应，防止争端的积累和扩大，既有利于降低投资风险，又有利于投资的进一步展开。

依据中科双方签订的《中华人民共和国政府和科威特国政府关于促进和保护投资协定》的规定，缔约一国与缔约另一国投资者之间关于该投资者在缔约一国领土和海域内的投资的争议或分歧应尽可能友好解决。如果该争议或分歧自任何一方要求友好解决之日起6个月内未能达成解决，双方又未商定其他解决程序，有关投资者可以选择向投资者所在缔约国的主管行政当局或机构申诉并寻求救济，或者向投资所在缔约国有管辖权的法院提起诉讼。

有关补偿款额的争议和双方同意提交仲裁的其他争议，可以提交国际仲裁庭。上述国际仲裁庭应按下述方式专门设立：争议各方委派一名仲裁员。该两名仲裁员应共同委派一名与缔约双方均有外交关系的第三国国民为仲裁庭主席。从争议一方通知另一方将争议提交仲裁之日起两个月内委派仲裁员，4个月内委派主席。如果某项委派未在上述期限内作出，又无其他约定，任何一方可以要求斯德哥尔摩商会国际仲裁院主席进行必要的委派。仲裁庭应参考《关于解决国家和他国国民之间投资争端公约》或联合国国际贸易法委员会仲裁规则自行制定仲裁程序。仲裁庭应根据双边协定的规定、有关的国内法、缔约两国间签订的协定和

公认的国际法原则作出裁决。仲裁庭应在双方共同选定的第三国工作。如果在仲裁庭最后一名仲裁员被委派后45天内未能选定工作地点，则在斯德哥尔摩工作。仲裁庭由多数票作出决定。裁决是终局的，对双方均有拘束力。仲裁庭作出裁决时，应陈述其法律依据，并应任何一方的要求，对其进行解释。各方应负担其委派的仲裁员和其参与仲裁程序的费用，仲裁庭主席的费用及其他费用由双方平均负担。

除此之外，缔约一国投资者与投资所在缔约另一国投资者之间的争议，可以根据双方订立的仲裁条款通过国际仲裁解决。在仲裁程序终止之前和缔约一国不遵守或不履行仲裁庭作出的裁决之前，缔约任何一国都不得通过外交途径追究已提交仲裁的事宜。[1]

2. 多边渠道

国际贸易摩擦或者投资纠纷的当事人或当事国往往倾向于采用双边机制解决各类纠纷，而忽略了多边纠纷解决机制。事实上，双边纠纷解决机制虽然具有快速、高效、有针对性等方面的明显优势，但是双边机制中的纠纷解决往往以国家实力为依托，易导致结果的不公平；而在多边机制内，可以合理利用各方国际势力的牵制和多边机制的规则维护自身利益，明确自身诉求，防止合理利益被侵害，寻求纠纷的公正解决。同时，双边条约下的纠纷解决机制往往因预见性较低而导致在发生具体争端时无法可依，与此不同，多边机制经过长期的实践积累和经验借鉴，已具备了相当的适用性。此外，在双边机制下，纠纷的解决结果往往没有强制执行效力从而导致具体纠纷事实上仍然久拖不决，而多边机制具备一定的执行效力，有利于争端的真正解决。

科威特是国际投资争端解决中心的成员国，因此我国与科威特之间的国际投资争端，可以在ICSID的机制内得到解决。投资争议提交中心管辖应当具备三个条件：第一，争议当事人必须一方是缔约国，另一方是缔约国国民；第二，争议的性质必须是直接产生于投资且该争议必须是法律争议；第三，中心对于投资争

---

[1]《中华人民共和国政府和科威特国政府关于促进和保护投资协定》，于1985年11月23日签订。

议的管辖必须以当事人双方的书面同意为前提。ICSID 最典型的纠纷解决方式为仲裁，以当事人同意中心管辖为前提，并具有仲裁的典型特征，一裁终裁。ICSID 为投资者与资本接受国的纠纷提供了独立公正的平台，有利于增强投资者的信心，同时也有利于资本接受国更好地吸引外资，促进国际资本流动。

ICSID 裁决主要是金钱给付问题，对于缔约国而言，兑现承诺并不难。另外，由于 ICSID 与世界银行的关系，以及各缔约国均承认该仲裁裁决的效力，金钱给付裁决的执行还是十分容易解决的。ICSID 并没有常设的上诉机制，因此具体程序运行过程中，可以获得的救济十分有限。

WTO 争端解决机制与 ICSID 有很明显的互补性，ICSID 主要通过仲裁方式解决投资争端；而 WTO 争端解决机制则是通过司法机制解决 WTO 成员方基于 WTO 相关协议所产生的投资争端。它们两者的互补，使得不同性质的投资争端都能获得有效的解决。而两者的互补能更好地克服经济争端解决机制的缺陷，更好地保障投资、贸易等国际经济活动的顺利进行。

3. 当地救济

基于科威特政府鼓励国际投资的立场和《中华人民共和国政府和科威特国政府关于促进和保护投资协定》中相关条款的规定，我国企业在科威特进行投资时发生的争端可以寻求当地行政或司法救济。科威特的司法环境较其他阿拉伯国家来说，开放度和透明度较高，投资环境较好，因此具体争议寻求当地救济面临的障碍较少。

4. 国内救济

依据《中华人民共和国政府和科威特国政府关于促进和保护投资协定》的规定，我国企业在科威特进行投资时发生的争端可以在我国境内依据属人管辖得到救济，国内的行政和司法体系对于投资者来说较为便利，保护程度较高。依据《中华人民共和国和科威特国关于民事和商事司法协助的协定》的规定，我国境内的判决可以在科威特得到承认和执行，大大降低了执行不力带来的风险。依据该协定，一方国民在另一方境内，应当享有与该另一方国民同等的司法保护，有权在与该另一方国民同等的条件下，在该另一方法院进行诉讼。司法协助的范围具体包括：送达传票和其他司法文书，调查取证，承认和执行法院裁决和调解书，承认和执行仲裁裁决等。司法协助请求应当通过双方的中央机关提出，在中华人民共和国方面，中央机关为司法部；在科威特国方面，中央机关为司法部。

被请求方不得拒绝根据本协定提出的送达传票和其他司法文书的请求，除非其认为执行请求将损害其主权、安全或公共秩序。被请求方不得因请求未充分说明案件实质问题的法律依据而拒绝送达。双方应当根据本国法律，承认和执行另一方法院在《中华人民共和国和科威特国关于民事和商事司法协助的协定》生效后作出的民事、商事和身份裁决，以及另一方法院在刑事案件中所作出的有关损害赔偿的裁决。承认和执行裁决应当适用被请求方法律规定的程序。

承认和执行裁决的请求应当附有下列文件：裁决的正式副本；证明裁决属终局和具有执行力的文件，除非裁决本身已说明此点；如果属缺席裁决，能够证明败诉方被合法传唤的经证明无误的传票副本或其他文件；证明无诉讼行为能力的当事人已经得到适当代理的文件。承认和执行法院裁决和调解书的申请，可以由当事人直接向被请求方的主管法院提出。该申请及其他文件应当附有经证明的被请求方语言的译文。

这一协定的签订为我国投资者和科威特之间投资争端的解决提供了极大的便利，但因通过两国司法部送达和执行耗时较多，在采用此种方式时，我国投资者应当认真准备相关材料和文件，尽可能提供更为清晰的线索和文书，以防止时间延误带来的成本损失。

总而言之，我国与科威特之间的投资争端的解决，可采用的途径较多，投资者可以根据具体情况衡量选择更为便利和高效的维权方式。此外，在投资合同中对于争端的解决作出具体清晰的约定，是更为便捷的选择。提前对于争端的解决方式作出约定，合理利用国际仲裁等方式，合理利用当地救济而尽量规避"穷尽当地救济"条款,避免耗时过长和争端解决成本不可控。而政府层面的双边和多边的解决渠道相对而言缺乏对具体项目的针对性,旨在当投资双方之间的合同约定未能穷尽所有风险情况时,作为补充的争端解决方式被适用。

(二)投资案例分析

1. 概况

20世纪70年代末,我国企业先后进入科威特承包劳务市场,承揽的业务主要是土建工程项目,大多为劳务分包方式。自90年代起,我国企业在科威特实施了几个较大型的承包工程,如中石油集团1995年承建的27号、28号集油站项目,1992年艾哈迈迪炼油厂修复项目,中港公司1996年承建的油码头项目等,均产生了较大影响。2003年以后,我国在科威特的中资企业有:中建公司、中水电集团、中港公司、中国电线电缆公司、葛洲坝集团、中石化集团等承包公司。承建的主要工程有:科威特中央银行大楼项目、科威特布比延一期道路工程、奥林匹亚大厦项目等。由此可见,我国在科威特的投资主要集中于石油化工、电力、通信工程和供水工程等领域。[1]

2. 案例简介——科威特中央银行新总部大楼项目

科威特中央银行新总部大楼工程地处科威特城中心,同科威特王宫咫尺为邻。该工程占地面积2.6万平方米,地下3层,地上44层,总建筑面积16万多平方米,总高度超过240米,建成后将是科威特新的标志性建筑,不仅是科威特央行的新办公楼,同时也是阿拉伯基金会的总部办公楼。该大楼设计以科威特建筑中的几何形状为主要特征,整座大楼像是削去了尖顶的金字塔,顶端是一座全部用玻璃建造的观景平台,晚上亮灯后如同一座灯塔一样。大楼向阳的两面墙体用石头砌成,朝北的那一面则采用玻璃,能够看到海湾的全景。

科威特中央银行新总部大楼项目的业主为科威特中央银行,属于国家政府机关,

---

[1] 岳峰:"中东市场营销策略分析",载《科技创新导报》2011年第1期。

其下的供应委员会主席作为银行的授权代表代行使相关业主的项目管理职权。

3. 案例分析——科威特中央银行新总部大楼项目

在科威特中央银行新总部大楼项目中，中建中东责任有限公司作为施工承包商，是该项目总承包合同的缔约方。该项目细化了对外投资项目的合同管理执行程序，这类程序性文件的整理和提交有利于对合同的规范性管理，为我国企业对外投资提供了良好的借鉴。

合同管理是项目管理中成本、组织、工期并列的一大管理职能，它渗透在整个项目实施和管理的方方面面，是综合性很强的管理工作，是工程项目管理的核心和灵魂。[1] 该项目中，整个总承包合同文件主要由投标程序文件、合同条件、技术条件、其他后期文件等组成。其合同项目管理体系主要明确了合同管理主体间的关系、合同管理程序和合同的监督与执行、合同的变更与修改等内容，具体建立了企业总部和现场项目部两级合同管理机制。

科威特中央银行新总部大楼项目为我国企业今后对外承建工程项目提供了宝贵的实践经验：

①构建专门的合同管理部门，具体负责执行对合同缔约方的资信调查，为项目的推进吸收和整理充分的信息资源，同时负责组织合同谈判，对合同条款进行审核，并将合同按照当地法律规定进行备案，对项目进行过程中的法律纠纷进行及时处理，控制项目运行过程中的超预期成本，规避可预见的风险，并对不可预见的风险作出应急预案，防止风险发生时损失扩大。

②建立重大项目招投标评审制度，由各相关领域专业人员共同对招投标相关文件和各类合同的具体内容进行审核，明确投标风险和合同风险。[2]

③对合同履约监督程序进行规范，并在项目收尾时及时审核并终结合同。

④重视合同履行过程中纠纷的及时解决，在企业面临违约纠纷的风险时，及

---

[1] 李彪、吴鸣、李晔、尹强："科威特中央银行新总部大楼项目合同管理体系"，载《施工技术》2013年第42卷第6期。

[2] 李彪、吴鸣、李晔、尹强："科威特中央银行新总部大楼项目合同管理体系"，载《施工技术》2013年第42卷第6期。

时通过正当程序维护投资利益，合理利用仲裁、诉讼、协商等多种纠纷解决方式，尽可能降低企业损失。

4. 总结

这是一个在项目管理方面较为成功的海外承建大型项目的案例。这种操作模式为我国企业进行对外工程项目的承包提供了良好的借鉴和经验，为企业进行程序化的合同管理，保障项目的顺利履行，并在项目纠纷出现时，及时提供合同支持和相关证据材料，促进纠纷的及时解决奠定了良好的基础。

四、中国与科威特经济贸易关系的法律特征

（一）主要双边条约

中国与科威特经贸往来的主要法律依据包括：1980年10月两国政府签订的《贸易协定》；1985年11月两国政府签订的《中华人民共和国政府和科威特国政府关于促进和保护投资协定》；1986年11月15日两国政府签订的《中华人民共和国政府和科威特国政府关于成立经济、技术和贸易合作混合委员会的协定》；1989年11月25日两国政府签订的《中华人民共和国政府和科威特国政府关于对所得和财产避免双重征税和防止偷漏税的协定》；2004年7月中科签署的《中华人民共和国政府和科威特国政府经济技术合作协定》、《中华人民共和国政府和科威特国政府石油合作框架协议》等。海合会还同中国签署了《经济、贸易和技术合作框架协议》，科威特作为海合会的成员国，该项框架协议亦适用于中科双方。

（二）经济贸易关系法律特征分析

依据上述一系列双边协定：

第一，我国和科威特已经实现了投资领域的最惠国待遇，依据《中华人民共

和国政府和科威特国政府关于促进和保护投资协定》的相关规定，缔约方在其领土和海域内应给予缔约另一国投资者的投资及收益不低于其给予任何第三国投资者的投资及收益的待遇。且缔约方在其领土和海域内应给予缔约另一国投资者有关投资的管理、维持、使用、享有或处分的待遇不低于其给予任何第三国投资者的待遇。但此项最惠国条款存在几项例外，即关税同盟内部、自由贸易区、任何其他完全或主要与税收有关的协议或安排，以及任何与资本流动有关的地区性或分地区性安排。

第二，虽然科威特总体而言对海湾国家开放程度更高，但因海湾国家整体上经济形态较为接近，经济部门的发展缺乏互补性，因此科威特近年来致力于推动对其他国家的开放程度。我国投资者应当把握这次机遇，充分利用当地的政策优势，发展在科威特的投资项目。

第三，基于中东地区的特殊政治形势，我国与科威特签订的《中华人民共和国政府和科威特国政府关于促进和保护投资协定》特意加入了"损害或损失的补偿"条款。缔约一国的投资者在缔约另一国领土和海域内的投资者，因该缔约另一国领土和海域内发生战争或其他武装冲突、全国紧急状态、叛乱、骚乱或暴乱而受到损失，缔约另一国在采取有关补偿性措施方面给予缔约一国投资者的待遇，不应低于其给予任何第三国投资者的待遇。

第四，依据双方签订的《中华人民共和国政府和科威特国政府关于对所得和财产避免双重征税和防止偷漏税的协定》的规定，我国和科威特之间贸易往来和国际投资涉及的实缴税款大大降低，极大地促进了投资者的投资积极性，对于推动两国之间经贸往来的进一步发展大有裨益。

第五，《中华人民共和国政府和科威特国政府石油合作框架协议》的签订再次印证了我国和科威特之间，石油贸易和投资的比重较大，石油行业作为双方经贸往来的重点领域，其进一步发展需要明确的法律依据，以众多的投资经验为参照，新世纪该项协议的签订为我国企业在科威特投资大型油气项目奠定了良好的法律基础。

总而言之，我国和科威特之间的投资具有行业集中度高、数额大、项目大、发展前景较好等典型的特征，相关法律基础和实践经验都较为丰富，为我国企业在科威特的投资打下了良好基础。

五、经贸、投资法律风险因素及应对策略

（一）风险因素

1. 代理人的欺诈风险

科威特《商业代理法》规定，非科威特籍的自然人或法人不得在科威特从事商业代理活动。基于语言障碍等各方面的原因，外来投资者在科威特进行投资往往会委托当地代理人。在此过程中，面临代理人的欺诈和不诚信的风险较高。

2. 语言障碍引起的合同漏洞

科威特以阿拉伯语为官方语言。语言理解的偏差往往导致对合同条款理解的差异，易导致合同出现漏洞而在纠纷发生时陷于被动，且相关纠纷若期待在科威特境内得到解决，仍然面临语言不通带来的沟通障碍，导致沟通不能有效进行。

3. 司法环境

科威特同其他阿拉伯国家一样，其法律体系中带有明显的宗教的色彩，相对于世界其他国家而言，其法律程序有失透明和公正。虽然科威特近年来为了引进外来资金，大力出台与投资相关的鼓励措施，但其整体的司法环境仍然有待改进，否则仅仅依靠投资领域法律的发达，仍然无法为投资者提供稳定的投资环境。

4. 开放程度有待提高

因为宗教和政治等方面的原因，阿拉伯世界的排外情绪依然存在，对于外来

投资者的认可程度较低，而相关项目的顺利推进不仅需要当地政府的支持，公众的认可也是重要因素，否则会极大地提高采购、运行、办理许可事项等方面的时间成本和经济成本。

5. 争端解决机制不健全

虽然有众多的双边协议作为依托，但是这些协议大多签订时间较早，在经济形势发生重大变革的现在，相关双边协议作为法律文件的滞后性就显现了出来。而且相关协议为了增强普遍适用性，具体条文规定较为笼统，在涉及具体投资项目时，缺乏针对性，适用性有限。目前，尚没有形成系统的、运行流畅的争端解决程序。

6. 周边市场波动引发的市场不稳定

中东地区的经济形势受政治形势的影响，稳定性不足，且基于共同的宗教信仰，宗教问题引发的一系列不稳定极易在阿拉伯地区传导。因此，即使科威特国内形势较为稳定，但仍然面临着周边市场波动带来的市场不稳定的风险。

7. 投资领域偏向明显导致风险集中

我国对科威特的投资领域较为集中，基于投资大局考量，这不利于风险的分散和分化。若某一重点投资领域出现市场或者政策变动，极易导致大量的投资项目同时面临违约风险。

（二）应对策略

1. 客观评估投资环境

科威特虽然政治稳定、市场潜力大，但是投资环境也存在不利之处：国家石油资源和民间资本大量外流；除石油和天然气资源由国家垄断外，其他自然资源贫乏；缺乏技术劳动力，依靠进口技术劳动力，投资成本大；市场较小，民族工业享受低关税自由贸易，竞争能力有待提升；外国资本到科投资可能受到一定程度的限制，如在一些领域，虽然允许成立外国独资公司，但实际操作可能会遇到一些障碍。[1]

2. 重视代理合同的签订

在同当地代理人签订的代理合同中，一定要权责明确，明确代理权限，并及时对相关代理事项的进展程度进行监督，及时发现问题并进行整理。按照《商业代理法》的规定，对相关代理协议应进行登记备案，以供纠纷发生时及时提供经官方认可的书面证据，有效维护自身合法权益。

3. 做好项目前期的准备工作

提早雇佣精通阿拉伯语的法律相关人才，对于项目合同进行评估和审核，以尽可能预防合同漏洞带来的风险。作好项目前期的可行性调查和合作企业的资信调查，并对投资所涉及的行业的前景进行科学的预测和评估，提前作好应对常见风险的应急预案。

4. 有效控制工资成本

中国企业到科威特投资要了解当地劳动法关于工资和保险的具体规定，精心核算工资成本，提高劳动生产率，防止项目时间过分拖延而增加不必要的成本支出。

5. 约定争端解决方式

在投资合同中，应对争端解决的方式和程序作出尽可能详细的约定，以使争端解决的时间成本和经济成本相对而言可以预见，防止久拖不决。灵活利用当地的优惠政策，实现互利共赢。

---

[1] "对外投资合作国别（地区）指南——科威特（2014年版）"，中华人民共和国商务部，http://fec.mofcom.gov.cn/gbzn/guobiezhinan.shtml，最后访问于2015年7月31日。

6. 合理利用担保和保险等形式

利用担保和针对项目进行投保等形式，合理分化风险。积极利用当地融资，谨慎选择当地合作者，建立长期稳定的合作关系。

科威特经济发展程度总体较高，投资环境总体而言较为便利，且政府对外来投资的支持态度也为我国企业在当地的投资提供了良好的政策保障。我国企业在进行投资时既享受到了发达的基础设施体系和投资环境带来的便利条件，也需时刻保持警惕，及时地监督、反馈和评估相关投资项目的进程和前景。积极寻找可靠的当地合作伙伴，充分调动双方的现有优势，实现互补，合理利用当地合作企业的信息优势和熟悉环境优势，节约项目成本，实现互利共赢，为今后投资项目的顺利开展奠定良好基础。此外，项目结束时，应当做好信息披露和项目评估工作，为国内企业进一步对科投资提供经验和借鉴。

第九章　黎巴嫩

一、黎巴嫩法律制度介绍

（一）中国与黎巴嫩经济贸易关系起源及现状

1. 黎巴嫩国情总概[1]

黎巴嫩共和国首都贝鲁特，位于亚洲西南部，地中海沿岸。习惯上被称为中东国家。该国东部和北部与叙利亚接壤，南部与以色列（巴勒斯坦，边界未划定）为邻，西濒地中海。海岸线长220公里，面积为10,452平方公里。气候为热带地中海型气候，夏季炎热潮湿，冬季温暖。7月平均最高气温32℃，1月平均最低气温11℃。截止到2014年，人口约458万，绝大多数为阿拉伯人。阿拉伯语为官方语言，通用法语、英语。54%的居民信奉伊斯兰教，主要是什叶派、逊尼派和德鲁兹派；46%的居民信奉基督教，主要有马龙派、希腊东正教、罗马天主教和亚美尼亚东正教等。

黎巴嫩曾是法国的委任统治地，1943年11月22日摆脱了法国的统治独立成

---

[1] 参见中华人民共和国外交部，http://www.fmprc.gov.cn/mfa chn/gjhdq 603914/gj 603916/yz 603918/1206 604378/1206x0 604380/，最后访问于2015年8月20日。

为共和国。黎巴嫩在 1975 年爆发了一场持续近 15 年的内战,这严重破坏了黎巴嫩的经济发展。宪法规定黎巴嫩是一个独立、统一和主权完整的国家,是议会民主共和国,具有阿拉伯属性,实行自由贸易政策。任何有悖各教派共处原则的权力均属非法。总统由议会选举产生,任期 6 年,不得连选连任。1995 年 10 月 19 日,议会修改《宪法》第四十九条,规定"现任总统在特殊情况下延任 3 年,延任只准一次"。修改宪法必须由总统提议后经政府向议会提出,或 10 名以上议员提出动议,并获议会三分之二多数通过。2004 年 9 月 2 日,议会通过决议,同意拉胡德总统延任三年。目前(截止到 2015 年 8 月 10 日)暂未选出总统,由内阁代行总统职权。[1]

2003 年后,黎巴嫩分为贝鲁特(Beirut)、北方、南方、黎巴嫩山区、贝卡、阿卡尔、巴尔贝克-赫尔梅勒、纳巴蒂亚 8 个省,省下共设 25 个县,县下设镇。首都贝鲁特,约 150 万人,占黎巴嫩总人口的 40%,是黎巴嫩政治和经济中心,也是中东著名的商业、金融、交通、旅游和新闻出版中心,1975 年内战爆发前被称为"中东小巴黎"。黎巴嫩山纵贯全境,库尔内特-萨乌达山海拔 3083 米,为黎最高峰。河流众多,向西注入地中海。利塔尼河为全国最长河流。黎巴嫩属热带地中海型气候。黎巴嫩矿产资源少,且开采不多。矿藏主要有铁、铅、铜、褐煤和沥青等。

黎巴嫩奉行中立不结盟政策,主张建立公正、合理、平等、均衡的国际政治、经济新秩序,反对在执行联合国安理会有关决议及国际法准则问题上搞"双重标准"。对外强调其阿拉伯国家属性,在重大问题上注重与其他阿拉伯国家协调立场,积极发展同埃及、沙特阿拉伯等阿拉伯大国的关系。同时,非常重视同美国和法国等西方国家的关系,主张外交多元化。

2010—2011 年,黎巴嫩为联合国安理会非常任理事国。已同 98 个国家建立外交关系,其中已有 61 个国家在黎巴嫩设立使领馆。

---

[1] 参见"联合国官员呼吁黎巴嫩尽快选出新总统",环球网,http://world.huanqiu.com/hot/2015-08/7187883.html,最后访问于 2015 年 8 月 20 日。

2. 中国与黎巴嫩经济贸易关系起源及现状

中黎 1971 年 11 月 9 日正式建立外交关系，双边关系发展平稳。建交以来，中国一贯支持黎巴嫩维护主权、独立和反对外国入侵、外来势力干涉内政的斗争。黎巴嫩在国际上一贯坚持一个中国立场，在台湾问题上承认其为中国领土不可分割的一部分。中国与黎巴嫩的经贸合作已有 20 多年的历史。近年来，两国经贸合作发展迅速，双边贸易和经济技术合作规模逐年扩大。

近年双边重要往来一览表（截至 2015 年 7 月）

年份	中方	黎方
2000	外交部副部长吉佩定 全国人大常委会副委员长铁木尔·达瓦买提 外经贸部副部长孙广相	司法部长沙乌勒
2001	中联部副部长马文普 外交部部长唐家璇	军队参谋长法迪·艾布·沙克尔少将 议长贝里 文化部长格桑·萨拉迈
2002	国务委员吴仪	总理拉菲克·哈里里 国防部长赫拉维
2004	中共中央委员、重庆市委书记黄镇东 广州军区司令员刘镇武上将	发展与重建委员会主席贾迈勒·伊塔尼 外交部秘书长伊萨 军队参谋长拉姆兹少将
2005	外交部部长助理吕国增 外交部部长李肇星 国家体育总局党组书记李志坚	
2006	中联部部长王家瑞	黎巴嫩共产党总书记哈利德·哈达德 外交和侨务部长法齐·萨鲁赫 "未来阵线"领导人萨阿德·哈里里
2008	中阿友好协会会长铁木尔·达瓦买提	
2010	中联部副部长李进军 中东问题特使吴思科	外交与侨民事务部部长阿里·沙米 经贸部部长萨法迪 军队参谋长肖基·米斯里少将

续表

年份	中方	黎方
2011	中东问题特使吴思科	
2012	外交部副部长翟隽	新闻部部长瓦利德·达欧格
2013	国家广电总局副局长李伟	军队参谋长萨拉曼少将
2014	中东问题特使宫小生	外交与侨民事务部部长纪伯伦·巴西勒
2015	全国政协副主席王正伟	

3. 黎巴嫩外交

黎巴嫩与美国于 1943 年建交。黎巴嫩重视发展同美国的关系，争取美国在政治、经济、军事上的支持和援助。美国支持黎巴嫩独立、主权和领土完整，支持《塔伊夫协议》；敦促叙利亚军队撤出黎巴嫩境内；要求黎巴嫩政府解除真主党武装。1997 年美解除了长达 12 年之久的对美国公民赴黎禁令。美国在"9·11"事件后宣布黎巴嫩真主党为恐怖组织，并向黎巴嫩政府提出了冻结该组织武装、资金，双方进行情报合作等一系列要求。黎巴嫩政府则坚持认为应将民族抵抗运动与恐怖主义区别对待。2005 年 2 月黎巴嫩前总理哈里里遇害后，美国加大对黎巴嫩问题的干预力度。4 月、10 月、12 月，美国联合法国、英国推动安理会通过有关哈里里遇害国际调查的 1595 号、1636 号、1644 号决议。

2014 年 3 月，美国总统奥巴马与黎巴嫩总理萨拉姆通电话，祝贺黎巴嫩新政府通过议会信任投票。5 月，美国国务卿克里与黎巴嫩总统苏莱曼通电话，对其在任期间的工作表示赞赏。6 月，美国国务卿克里访问黎巴嫩。2015 年 2 月，美国向黎巴嫩提供的 2500 万美元军事援助运抵黎巴嫩。4 月，美国副国务卿布林肯访问黎巴嫩。

黎巴嫩在 1943 年独立前曾是法国委任统治地，两国有传统的关系。法国为谋求在黎巴嫩的经济和政治优势，大力投入黎巴嫩重建市场。法国支持哈里里政府主导的经济重建与改革计划，2002 年法国在第二次国际援黎会议上承诺向黎巴嫩提供 5 亿美元援助。2005 年 2 月，黎巴嫩前总理哈里里遇害，希拉克总统夫妇亲自赴黎巴嫩参加葬礼，法国主张对此事件进行国际调查，并支持黎巴嫩举行议会大选，改组政府。2006年黎以冲突期间，法国推动安理会通过要求黎以停火的1701号决议。冲突后，法国派兵2000人参加联黎部队。

2014年3月，总统苏莱曼赴法国出席黎巴嫩"国际支持小组"会议。4月，法国议会法黎友好小组访黎。5月，法国总统奥朗德与总统苏莱曼通电话，对其在任期间的工作表示赞赏。2015年2月，法国总统特使吉鲁访黎。4月，黎巴嫩马龙派大主教拉伊访法。

黎巴嫩与叙利亚在法国委任统治时期曾是同一个政治实体。黎巴嫩独立后，叙利亚未予承认，黎叙仍保持"特殊关系"。1976年5月之后，叙利亚军队（最初约2.8万人）一直以"阿拉伯威慑部队"的名义驻扎在黎巴嫩。1991年5月，黎叙签署《兄弟关系合作与协调条约》和《安全与防务条约》，确定两国将进行最高级和最全面的协调。1996年1月，黎叙签订经济一体化、取消双重税、推进和保证投资、建立联合边界哨所和社会领域合作五项协定。同时，双方决定在与以色列谈判中密切配合，绝不单独与之媾和。2004年9月2日，美国、法国等国推动安理会通过1559号决议，要求叙利亚驻黎巴嫩部队全部撤离。2005年2月黎巴嫩前总理哈里里遇害后，美国等西方国家和黎巴嫩反叙派指责叙利亚应对此事负责。叙利亚于4月宣布撤回其驻黎巴嫩全部军队、安全人员和军事装备。2006年5月，联合国安理会通过第1680号决议，鼓励叙黎两国划定边界、建立正式外交关系并相互派驻外交代表。2008年7月12日和8月13日，黎巴嫩总统苏莱曼和叙利亚总统巴沙尔在巴黎和大马士革两次会晤，双方宣布决定建立大使级外交关系。10月15日，叙黎外长签署建交公报，两国正式建交。

自2011年叙利亚局势动荡以来，外溢效应持续发酵，给黎巴嫩政局稳定和经济发展带来严重负面影响。黎巴嫩境内叙利亚难民人数已超130万。黎巴嫩国内亲叙派和反叙派多次发生武装冲突并造成人员伤亡，黎巴嫩境内曾遭到来自叙利亚境内的炮弹和火箭弹袭击。黎巴嫩政府主张维护叙利亚的主权、独立和统一，反对外部干涉，安理会应谨慎行事，国际社会应为推进叙利亚国内政治进程创造条件。黎巴嫩政府对叙利亚问题持"不卷入"政策，对阿盟涉叙决议有关对叙利亚实施制裁等内容持保留态度，并与联合国难民署等机构合作，向在黎巴嫩的叙利亚难民提供人道主义救助。2013年5月，黎巴嫩真主党表示已派出武装人员赴叙利亚作战，支持叙利亚政府。

目前，在黎巴嫩境内注册的巴勒斯坦难民约有37万，其中26%住在大城市，45%住在得到联合国救济的12个难民营，约7万人生活在没有卫生、教育及社会服务等保障的13个居民点。2006年黎以冲突期间，阿拉伯国家给予黎巴嫩政治与财政支持。2008年5月，由阿盟和卡塔尔等八国外长组成阿国调解委员会，促成黎巴嫩各派达成《多哈协议》，黎巴嫩因总统选举问题发生的危机结束。2014年3月，苏莱曼总统赴科威特出席阿盟峰会。黎巴嫩外长巴西勒赴埃及参加阿盟外长会。同月，埃及外长法赫米访问黎巴嫩。4月，黎巴嫩外长巴西勒赴埃及参加阿盟紧急外长会。5月，黎巴嫩总理萨拉姆、外长巴西勒分别访问沙特阿拉伯。6月，黎巴嫩议长贝里参加埃及总统塞西就职典礼；黎巴嫩总理萨拉姆访问科威特；阿拉伯国家议会联盟主席、科威特议长贾尼姆访黎。2013年以来，沙特阿拉伯先后两次向黎巴嫩提供30亿美元和10亿美元军事援助，以加强黎巴嫩军队建设。2015年1月，阿盟秘书长阿拉比访黎。3月，黎巴嫩总理萨拉姆赴埃及出席埃及经济发展大会。6月，黎巴嫩总理萨拉姆访问沙特阿拉伯与埃及。

黎巴嫩南部与以色列北部接壤。1978年3月，以色列侵入黎巴嫩南部打击巴解武装。1982年6月，以色列与黎巴嫩发生大规模冲突。1985年，以色列以保卫北部加利利地区为由在黎巴嫩南部建立了约850平方公里的"安全区"，驻扎了千余人的部队，并扶植由3000名亲以的黎巴嫩基督徒组成南黎军。2000年5月，以色列单方面从黎巴嫩南部撤军，但黎巴嫩仍坚持1923年国际边界线，要求以色列结束对谢巴农场、卡弗尔舒巴村、加吉尔村北部等地的占领，并撤至1967年6月4日的边界线。2006年7月，真主党武装越境袭击以色列并俘获两名以军士兵，以军随即对黎巴嫩展开大规模军事行动。8月，安理会通过1701号决议后双方停火。冲突造成黎巴嫩逾1000名平民死亡，4000余人受伤，逾100万人流离失所。以色列亦有157人死亡。2007年10月和2008年7月，黎巴嫩真主党与以色列在联合国和国际红十字会的协助下两次进行"换俘"。2010年4—7

月，黎巴嫩国内安全部门破获多个以色列在黎巴嫩的谍报网，逮捕近百人，并将3人判处死刑。黎以海上边界亦未划定，双方在海上经济权益问题上存在分歧。黎方多次要求联合国帮助双方划定海上边界。2011年7月，以方划定其地中海专属经济区及以黎海上边界，黎方表示，反对以方在海上划界问题上作出任何单方面决定。2014年8月巴以冲突爆发以来，黎以边境地区不时发生零星交火。2015年1月底，黎巴嫩真主党和以色列在边境地区发生冲突，互有伤亡。目前，黎以边境局势总体平静。

4. 黎巴嫩国内经贸与产业

(1) 经济概况

黎巴嫩实行自由、开放的市场经济，私营经济占主导地位。黎巴嫩内战前曾享有中东金融、贸易、交通和旅游中心的盛名，但16年内战加之与以色列的冲突，造成直接和间接经济损失约1650亿美元。1991年中东和平进程启动后，黎巴嫩预期经济利好，大兴土木，后由于地区形势持续动荡，其经济复苏计划受挫，背上了沉重的债务包袱。90年代后期，黎巴嫩经济形势渐入困境，财政赤字居高不下，债务攀升。2006年长达月余的黎以冲突造成大量基础设施被毁，直接经济损失达32亿美元，间接损失超过70亿美元，使黎巴嫩经济发展陷入停顿，债务负担加重，战后重建任务艰巨。冲突结束后，黎巴嫩已获得逾100亿美元援助承诺。

2008年年底国际金融危机爆发以来，由于黎巴嫩国内金融体系与国际经济联系较弱，且黎巴嫩中央银行灵活运用外汇和黄金储备应对得当，黎巴嫩平稳度过危机，经济逆势增长。

2013年主要经济数字如下：[1] 国内生产总值（GDP）：434.9亿美元；人均GDP：9496美元；经济增长率：1.5%；货币名称：黎巴嫩镑；汇率：1美元等于1507黎镑；外债：267.4亿美元；外汇和黄金储备：519.5亿美元；通货膨

---

[1] 中华人民共和国外交部，http://www.fmprc.gov.cn/mfa chn/gjhdq 603914/gj 603916/yz 603918/1206 604378/1206x0 604380/。

胀率：5%。

(2) 贸易

外贸在黎巴嫩国民经济中占有重要地位，政府实行对外开放与保护民族经济相协调的外贸政策，制定配套措施，提供充分保障，开展经济外交，引进资金。出口商品主要有蔬菜、水果、金属制品、纺织品、化工产品、玻璃制品和水泥等。主要贸易对象是意大利、美国、法国、土耳其、阿联酋和中国等（见下表）。

2013 年黎巴嫩主要贸易伙伴双边贸易情况 （单位：亿美元/%）

国别	进口	占比	出口	占比	总额	增幅
中国	22.83	11	0.26	1	23.12	28.2
意大利	17.89	8	0.38	1	18.27	-2.1
法国	15.35	7	0.49	1	15.84	-1
美国	15	7	0.64	2	15.64	-35.9
土耳其	11.34	5	1.83	5	13.17	17.3
德国	12.42	6	0.45	1	12.87	4.13
俄罗斯	9	4	0.07	0	9.07	111.2
瑞士	6.4	3	1.75	4	8.15	-22.7
埃及	6.44	3	0.73	2	7.18	-22.7
阿联酋	3.79	2	3.32	8	7.11	-7.42

根据黎巴嫩海关的统计，2013 年全年对外贸易总额达到 251.64 亿美元，同比下降 2.3%。其中进口 212.28 亿美元，出口 39.36 亿美元，贸易逆差为 172.92 亿美元。

黎巴嫩近年来对工业机械和设备的进口保持稳定，但进口额不高，年均 2 亿多美元，主要从欧盟国家进口，近几年来中国成为其新的进口货源国（见下表）。

工业机械设备的主要进口国及进口情况[1]　　（单位：百万美元）

序号	主要进口国	年均进口额
1	意大利	58
2	德国	40
3	中国	34
4	美国	13
5	法国	10

（数据来源：黎巴嫩海关）

2013年，黎巴嫩工业出口额28亿美元，较2012年的29亿美元下降3.5%。在黎巴嫩主要出口工业品中（见下表），金属和珠宝并不在其中，因为根据海关数据显示，金属和珠宝并不属于工业品出口范畴。而矿产品，主要是石油衍生物等也不在其中，因为矿产品的出口属于进口后的再出口。根据下表，食品和化工产品在过去7年中出口增幅均较大，约40%。化工产品中香水、医药等出口较多。

主要出口产品及出口情况[2]　　（单位：百万美元）

年份	2012	2011	2010	2009	2008	2007	2006
电子产品	478	519	742	509	536	460	503
食品	392	380	324	284	281	238	281
化工产品	342	384	310	231	435	234	244
塑料制品	146	134	119	125	150	118	128
纸制品	182	216	237	229	204	174	202

（数据来源：黎巴嫩海关）

(3) 产业

黎巴嫩工业基础相对薄弱，以加工业为主。主要行业有非金属制造、金属制

---

[1] 中华人民共和国驻黎巴嫩共和国大使馆经济商务参赞处（数据截至2014年6月），http://lb.mofcom.gov.cn/article/ztdy/201406/20140600624362.shtml，最后访问于2015年8月20日。

[2] 中华人民共和国驻黎巴嫩共和国大使馆经济商务参赞处（数据截至2014年6月），http://lb.mofcom.gov.cn/article/ztdy/201406/20140600624362.shtml，最后访问于2015年8月20日。

造、家具、服装、木材加工、纺织等。从业人数约 20 万，占黎巴嫩劳动力的 7%。2005 年工业投资额为 1.04 亿美元，总产值占国内生产总值的 17%，是仅次于商业和非金融服务业的第三大产业。

农业欠发达。2005 年农业总产值占国内生产总值的 13%。全国可耕地面积 247,939 公顷，其中灌溉面积 104,009 公顷。牧场 36 万公顷，林地面积 79 万公顷。农产品以水果和蔬菜为主。水果产值占农业产值的 51%。果园面积约 6 万公顷，主产柑橘、苹果、葡萄和香蕉，年出口水果约 26 万吨。黎巴嫩粮食生产落后，主要靠进口。国内粮食耕种面积共 8 万公顷，其中大麦、小麦种植面积 2.5 万公顷。其他农产品有玉米、马铃薯等。经济作物有烟草、甜菜、橄榄等。21 世纪初黎巴嫩葡萄种植业发展很快，2001 年生产葡萄酒 500 万瓶，其中 40% 出口。贝卡谷地为黎巴嫩主要农业种植区，占全部种植面积的 35% 及谷物产量的 30%。

黎巴嫩原为中东旅游胜地。内战前，每年入境旅客达 200 万人次，旅游收入占国民收入的 20% 以上，游客主要来自海湾地区产油国和欧美国家。内战期间，旅游业一蹶不振，战后黎巴嫩政府将振兴旅游业作为重建计划重要组成部分，通过了发展旅游业的投资计划。黎巴嫩现有各类星级饭店 398 家，床位约 1.1 万张。主要旅游点有腓尼基时代兴建的毕卜鲁斯城、古罗马时代兴建的巴尔贝克城和十字军时代兴建的赛达城堡。此外，北部的雪山有很多滑雪场，吸引了大量游客来此滑雪度假。

（4）教育

黎巴嫩全国有中小学 2535 所，在校学生 100 万，教师 6 万余名。公立学校约 1300 所。其他还有私人免费和私人收费学校。综合大学 4 所，相当于大学和大学预科的学院 20 多所。黎巴嫩大学是唯一一所国立综合大学，于 1953 年创建。贝鲁特阿拉伯大学创办于 1960 年，贝鲁特美国大学由美国教会创建于 1866 年，用英语授课。贝鲁特圣·约瑟大学于 1881 年建立，用法语授课，设有孔子学院。

（5）科技

由于黎巴嫩国内形势长期不稳定，政府对军事投入不断加大，而对科技研发的投入相对较少。总体而言，黎巴嫩创新水平不高，能力有限，工业基础薄弱、技术陈旧、工艺落后，农业不发达，缺乏科技支撑。

黎巴嫩不产石油，主要依靠进口，矿产资源少，主要以铁、铅、铜、褐煤和沥青为主，开采技术落后，加工能力有限。工业以传统冶金为主，技术水平不高。加工业以家具、服装、纺织等轻工业为主，技术水平创新不足。装备制造、电子信息、汽车制造等产业几乎空白。因此，关于这些领域的技术也几乎是空白，这是黎巴嫩潜在的科技要求，但目前还不具备接受这些科技的基础。因此，在工业领域，黎巴嫩需要大量的科技支撑。这为我国工业技术向黎巴嫩输出提供了一定的市场。

黎巴嫩自然资源贫乏，农业资源是其最主要的可利用自然资源。由于境内多山，既有沿海狭窄平原，又有高海拔山区和内地平原，这种气候和地形的多样性，使黎巴嫩发展多样性农业经营具有一定潜力。然而，由于国土狭小，可耕地面积有限，加上投资不足，黎巴嫩农业集约化程度较低，自然的小农经济和粗放经济一直占相当比例。因此，如何提高农业品质、增加农业效益、实现农业集约化生产需要科技支撑。如何通过农业生产技术升级实现粮食自给自足是黎巴嫩最大的科技需求。

（二）黎巴嫩《宪法》及基本法律制度

1. 黎巴嫩《宪法》

黎巴嫩实行三权分立的议会民主制，总统是国家元首，内阁行使行政权，议会行使立法权，最高法院为行使司法权的最高司法机关。

黎巴嫩《宪法》于1926年5月23日颁布，后经8次修改。1990年9月修改时增加了前言。《宪法》规定黎巴嫩是一个独立、统一和主权完整的国家，是议会民主共和国，具有阿拉伯属性，实行自由贸易政策。任何有悖各教派共处原则的权力均属非法。总统由议会选举产生，任期6年，不得连选连任。1995年10月19日，议会修改《宪法》第四十九条，规定"现任总统在特殊情况下延任3

年，延任只准一次"。修改宪法必须由总统提议后、经政府向议会提出，或 10 名以上议员提出动议，并获议会三分之二多数通过。

黎巴嫩的法律体系基础是大陆法（受法国法影响），《宪法》中不包含专门涉及知识产权的法律。但第十五条规定："法律保护所有权，非为法律明确规定的公共目的，并经提前支付的合理补偿，不得剥夺他人的财产权。"

2. 黎巴嫩基本法律制度

黎巴嫩《宪法》第八十条（1927 年 10 月 17 日修改）规定，最高法庭由 7 名议会选出的代表和 8 名级别最高的黎巴嫩法官组成。如果这 8 名法官的级别相等，则由年资最深的 1 位法官主持会议。最高法庭的判决须以 10 票的多数票通过后作出。法庭的审判程序由 1 项特别法规定。

此外，黎巴嫩的司法体系中，最为特别之处体现在黎巴嫩问题特别法庭。2005 年 12 月 13 日，黎巴嫩共和国政府请求联合国设立 1 个具有国际性质的特别法庭，以对被指控导致前总理拉菲克·哈里里和其他 22 人遇害的 2005 年 2 月 14 日贝鲁特袭击事件的所有负责者进行审判。根据安全理事会第 1664（2006）号决议，联合国和黎巴嫩共和国通过谈判达成了设立黎巴嫩问题特别法庭协定。根据安全理事会第 1757（2007）号决议，该决议所附文件的规定和《特别法庭章程》自 2007 年 6 月 10 日起生效。

黎巴嫩问题特别法庭的任务是，对造成前总理拉菲克·哈里里遇害和他人伤亡的 2005 年 2 月 14 日袭击事件负责者提起诉讼。如果法庭认定 2004 年 10 月 1 日至 2005 年 12 月 12 日期间在黎巴嫩发生的其他袭击事件根据刑事司法原则存在关联，并同 2005 年 2 月 14 日袭击事件具有类似性质和严重性，法庭的管辖权可追溯至 2005 年 2 月 14 日爆炸事件之前。这种关联包括但不限于以下要件的组合：犯罪意图（动机）、攻击目的、被攻击者的身份、攻击模式（作案手法）和行为人。2005 年 12 月 12 日后发生的犯罪行为，也可根据同一标准纳入法庭管辖权，如果黎巴嫩共和国政府和联合国作出这种决定并得到安全理事会的同意。

特别法庭适用的法律为国家性质的法律，《特别法庭章程》规定特别法庭应适用黎巴嫩刑法典有关起诉和惩罚恐怖主义行为、侵犯生命和人身安全罪等方面的条款。特别法庭适用黎巴嫩刑法，但对根据黎巴嫩法律本可适用的死刑和强迫劳动条款予以排除。特别法庭有权判处最高至终身监禁的刑罚。罪犯在特别法庭庭长从愿意接收法庭判处罪犯的候选国家名单中指定的国家服刑。

黎巴嫩政府在给联合国秘书长要求设立法庭审判对2005年2月14日袭击事件负责者的信中明确要求，黎巴嫩问题特别法庭应具有国际性质。安全理事会授权秘书长与黎巴嫩政府通过谈判签署成立具有国际性质的法庭协定的第1664（2006）号决议也对此作了明确的规定。联合国和黎巴嫩政府商定，特别法庭应由黎巴嫩和国际法官以及国际检察官共同组成。法庭的司法标准，包括适当法律程序原则，应该基于其他国际法庭所采用的国际刑事司法的最高标准。

为确保特别法庭的独立性，《特别法庭章程》规定了各种保证措施。《特别法庭章程》规定，应通过透明和全面的程序任命法庭官员，特别是法官和检察官，并且各个分庭应由黎巴嫩法官和国际法官共同组成。设立1个由多数国际法官、1个国际检察官和1个书记官长组成的特别法庭，目的在于确保审判程序具有独立性、客观性和公正性。此外，为确保被告得到公平待遇，《特别法庭章程》规定保护被告权利，包括成立独立履行职能的辩护方办公室。《特别法庭章程》还规定，受害人有权发表和提出法庭认为适当的意见和关切。并且，为确保法庭的工作效率，《特别法庭章程》加强了法庭的权力，规定法庭可以采取措施确保听讯快速进行，并防止可能使听讯无理拖延的任何行动。出于对公正与公平以及对安全和行政效率的考虑，特别法庭的所在地设在黎巴嫩境外的（荷兰）海牙市区。

特别法庭由分庭、检察官、书记官处和辩护方办公室四个机构组成。

分庭：由1名国际预审法官、1个审判分庭（3名法官：1名黎巴嫩法官，2名国际法官）、1个上诉分庭（5名法官：2名黎巴嫩法官，3名国际法官）以及两名候补法官（1名黎巴嫩法官，1名国际法官）组成。由1名国际法官担任预审法官。预审法官负责审查和确认起诉书，并可发出拘捕令、转交请求以及其他进行调查和筹备公平、快速审判所需的其他命令。法庭法官应品格高尚、清正廉明，具有广泛的司法经验。秘书长应与黎巴嫩政府协商并根据甄选小组的建议任命法官。甄选小组由某一国际法庭两名现任或卸任法官和秘书长的一名代表组成。黎巴嫩法官由秘书长从黎巴嫩最高司法委员会提议后由黎巴嫩共和国政府提出的 12 个提名人选中任命 4 名。国际法官由秘书长从会员国收到的提名人选或合格人员中任命 7 名。法官任期 3 年，可重新任命。

检察官：秘书长与黎巴嫩政府协商并根据甄选小组的建议任命检察官。甄选小组由某一国际法庭两名现任或卸任法官和秘书长的 1 名代表组成。检察官任期 3 年，可重新任命。黎巴嫩共和国政府应与秘书长和检察官协商，任命 1 名黎巴嫩籍副检察官，协助检察官履行职能。检察官和副检察官应品格高尚，具备最高水平的专业能力，并具有调查和起诉刑事案件的丰富经验。检察官负责对特别法庭管辖权内的罪行负责者进行调查和起诉。

书记官处：书记官处由书记官长及所需的工作人员组成。书记官长由秘书长任命，为联合国工作人员。书记官长任期 3 年，可重新任命。书记官处在特别法庭庭长的领导下，负责法庭的行政和事务工作。

辩护方办公室：独立的辩护方办公室负责保护被告权利，编列辩护律师名单，并为辩护律师和有权得到法律援助的人员提供支持和援助。辩护方办公室主任由秘书长与特别法庭庭长协商任命。

除上述机构外，联合国与黎巴嫩政府协商成立了管理委员会。管理委员会的任务包括，为特别法庭工作的所有非司法方面提供咨询和政策指导，并审查和批准特别法庭的年度预算。

（三）黎巴嫩货币金融法律制度

1. 当地货币

黎巴嫩货币为黎巴嫩镑（缩写为 LBP），也称里拉（缩写为 L.L），为可自由兑换货币。黎巴嫩当地实行双币制，除黎镑外通用美元。自 1999 年以来，黎镑兑美元汇率基本固定，1 美元约合 1500 黎镑。2014 年 3 月 31 日，1 欧元约合

2069黎镑。

到目前为止，人民币与黎镑不可直接兑换。

2. 外汇管理

黎巴嫩对资金、资本收益、汇款、股份分红的国内流动以及跨国流动，没有任何限制。外币兑换和贵重金属的兑换完全自由。外币供应充足，可从商业银行或货币兑换交易商处以市场汇率兑换，在黎巴嫩投资后所获利润的汇出和携带出境不发生费用和耽搁。

外国人可在黎巴嫩营业的各家银行开设账户，并可依市场条款获得信贷。黎巴嫩银监会（BCC）严密监控银行的信贷情况。黎巴嫩所有信贷交易应及时、精确地予以披露。黎巴嫩国家存款担保机构对存在商业银行中500万黎镑（3317美元）以下的本外币存款提供担保。黎巴嫩银行的财务报表执行国际会计标准，法律要求独立审计员对年度财务报表进行审计，黎巴嫩大多数银行会选择国际公认的会计师事务所进行审计。

3. 银行机构

黎巴嫩中央银行是黎巴嫩银行（Banque du Liban，BDL），负责监管黎巴嫩金融机构和货币兑换机构，并且是黎巴嫩法律规定唯一的国家货币发行机构。主要担负以下职能：维护本国货币安全；维护国家经济稳定；维护和保持银行体系健全；发展货币及金融市场。黎巴嫩中央银行具有行政独立性。

黎巴嫩当地主要商业银行有：奥迪银行（Bank Audi）、布洛姆银行（BLOM Bank）、毕卜鲁斯银行（Byblos Bnak）、地中海银行（BankMed）、法兰萨银行（Fransabank）、黎法银行（Banque Libano-Francaise）、贝鲁特银行（Bank of Beirut）、黎巴嫩信贷银行（Credit Libanais）、黎巴嫩加拿大银行（Lebanese Canadian Bank）和黎巴嫩兴业银行（SGBL）。

黎巴嫩当地主要外资银行有：HSBC中东分行、BNPI银行、法国兴业银行、渣打银行及科威特国民银行等。

上述当地商业银行均与中国国内银行有国际贸易结算等业务往来。目前，尚无中资银行在黎巴嫩设立分支机构。

4. 融资条件

在黎巴嫩，虽然金融体系比较健全和规范，但就不同的项目融资尚无明确规定且变化无常，外国企业在黎巴嫩融资可依融资项目和目标银行适时的具体规定和信用要求办理。黎巴嫩政府负责重建的行政机构——发展和重建委员会透露，近年来在黎巴嫩重建计划中参与融资的国外机构大约有 30 家，其中 10 家主要机构的融资额占所有国外融资的 90% 以上。这些机构是世界银行、阿拉伯经济社会发展基金、欧洲投资银行、科威特基金、伊斯兰开发银行、沙特阿拉伯、意大利、法国和有关商业银行。

中资企业目前不能使用人民币在黎巴嫩开展跨境贸易和投资合作。

5. 信用卡使用

黎巴嫩信用卡使用较普遍，维萨卡和万事达卡等可在当地使用。2009 年 4 月，中国银联与黎巴嫩信用卡服务公司（CSC）合作，开通了黎巴嫩银联卡 ATM 受理业务。

据黎巴嫩中央银行公布的数据显示，截至 2013 年 3 月，黎巴嫩信用卡、借记卡的累计发行量已达到 188.7 万张。其中，黎巴嫩居民信用卡 42.4 万张、居民借记卡 109.1 万张。黎巴嫩常住人口持卡数为总发行卡数量的 95.6%。黎巴嫩自动取款机数量达到 1441 台。2012 年 1—5 月，黎巴嫩居民月平均持卡消费总额为 1.5 亿美元，较 2011 年同期增长 21.7%。这一调查数据显示了黎巴嫩居民的高消费水平。

6. 证券市场

贝鲁特证券交易所（BSE）于 1920 年由黎巴嫩当时的法国托管当局创建，BSE 市场由官方市场、次级市场和柜台交易组成。各市场结构及门槛如下：

官方市场：注册资本至少 300 万美元，成立 3 年以上，至少 50 名股东，至少 25% 的股票上市流通；次级市场：注册资本至少 100 万美元，至少 50 名股东，至少 25% 的股票上市流通；柜台交易：注册资本至少 10 万美元。

2013 年年末，贝鲁特股市市值为 105.5 亿美元。[1]

（四）与外国投资者的商贸、投资活动有关的法律制度

1. 贸易管理情况

黎巴嫩没有专门的贸易法，调节商事关系的法律为《黎巴嫩商法典》。与贸易有关的主要法律法规有 2006 年 12 月 8 日颁布的《国家产品保护法》和 1967 年 8 月 5 日颁布的第 34 号关于商业代理的法令。《国家产品保护法》旨在保护黎巴嫩工业和农业，防止危及国内工农业的他国产品倾销到黎巴嫩市场，对有关的税收政策及其他事项作了较详细规定。

黎巴嫩实行自由贸易，进出口商品中只有不超过 1% 的商品受黎巴嫩政府有关部门贸易措施的限制。这些措施包括禁令、许可证、技术证书、动物检疫证书和植物检疫证书等。如需进口和处理因安全理由而受到控制的产品，则需要在商会登记。在商会进行登记是为了确保所建立的设施符合安全、处理和存储要求。黎巴嫩禁止进出口的所有货物同时也被禁止通过黎巴嫩领土转运。少数货物（例如武器）受两条或两条以上贸易措施的限制。

黎巴嫩禁止进口的产品主要是 9 大类：雪松种子及幼苗，用于生产面包的化学改良剂，不含碘的食盐，矿物和金属制品的废物、矿渣、灰、废料，黑色水泥和熟料，出厂超过八年的车辆和使用超过五年的货物运输车辆，使用过的医疗器械和辐射仪器，气体燃料打火机，频率为 900 兆赫的无线电话机。

黎巴嫩遵守阿拉伯国家联盟对以色列的抵制，禁止进口在以色列制造或源自以色列的产品。任何有与以色列相关的标识或使用希伯来语标签的物品都禁止入

---

[1] "对外投资合作国别（地区）指南——黎巴嫩（2014 年版）"，中华人民共和国驻黎巴嫩共和国大使馆经济商务参赞处，http://lb.mofcom.gov.cn/article/wtojiben/wtoxieding/201504/20150400934520.shtml，最后访问于 2016 年 1 月 1 日。

境和销售。

黎巴嫩要求商品标签应注明产品净重、成分、原产地、生产日期和有效期的终止日期。标签语言可使用阿拉伯语、英语或法语。

2. 投资政策

黎巴嫩政府积极鼓励投资，提供宽松的投资环境和优惠的政策，并以法律的形式加以保障。2001年8月，黎巴嫩颁布第一部《鼓励投资法》，汲取他国吸引投资的经验，对投资者约束有限，实行对内资、侨资和外资一视同仁的国民待遇原则，鼓励市场自由竞争和促进私营部门发展，并给予地区优惠、产业优惠等一揽子投资优惠政策和良好的配套服务。15%的低企业税率和适当的税收制度以及稳健的投资保护措施，增加了投资者的利润空间，吸引了来自世界各国的投资者。

黎巴嫩对投资方式没有特别限制，外国投资者可以建立、购买、出售企业的股权，并能从事各种营利性活动。黎巴嫩对外资并购也无特别限制，但在银行企业并购等方面有所规定，主要目的是加强对金融企业的监管。

黎巴嫩投资发展局（IDAL）是其总理直接领导的投资主管部门，有权对新的投资项目授予许可，并有权对重大的投资项目给予特别激励、免税及便利条件。[1]

3. 税收政策

根据黎巴嫩法律，税法立法权属于议会。黎巴嫩中央政府有权对境内居民以及非居民征收各种直接税和间接税；地方政府也可依法征收市政税。其中，直接税包括所得税、遗产税、财产税等；间接税包括增值税、印花税、消费税、市政税和关税等。

黎巴嫩主要税赋和税率如下：

(1) 个人所得税

按照所得（年收入）征收4%—20%的税，具体如下：

---

[1] 黎巴嫩《鼓励投资法》（第360号法案），2001年8月16日发布生效。

①4000 美元—10,000 美元：4%；

②10,000 美元—20,000 美元：7%；

③20,000 美元—40,000 美元：11%；

④40,000 美元—80,000 美元：15%；

⑤80,000 美元以上：20%。

个人若为其他公司提供咨询服务等所取得的非工资性收入可由该公司代扣代缴 7.5%的预扣所得税（Withholding Tax）。

（2）企业所得税

公司各种收入均须纳税。来自公司银行账户的利息收入，应缴纳 5%的所得税。股份有限公司和有限责任公司的年末净收入须缴纳 15%的所得税。股份有限公司和有限责任公司的分红须缴纳 10%的股利税（Dividends Tax），其中外资公司若年度实现利润则无论其是否分红都必须强制缴纳股利税。海外公司，每年固定征收一百万黎镑的固定税收。根据黎巴嫩税法规定，所有同政府部门、机场、港口等签订的合同项目都不以公司净利润为基数，而必须按其所收到的工程款银行进账数来缴纳年度所得税；税务局将预估这些项目利润率为 10%，再按所在行业税率来缴纳，如建筑业适用所得税率为 15%，则必须按银行实际收款数的 1.5%（税率=10%×15%）缴纳所得税。

对于政府公共工程的项目，黎巴嫩实行预缴税制度，即无论企业有无利润，政府都按收入的 2.35%收取所得税。

（3）增值税

2002 年起征，税基为应税货物和服务的销售价格，对进口货物和服务则按照 CIF 到岸价加关税征收，税率 10%。

（4）消费税

对酒类和非酒类饮料、烟草、石油产品、水泥、酒店用品、扑克、机场费等征收消费税。[1]

---

［1］ "黎巴嫩税收政策"，中华人民共和国驻黎巴嫩共和国大使馆经济商务参赞处，http：//lb.mofcom.gov.cn/article/ddfg/sshzhd/201508/20150801074993.shtml，最后访问于 2016 年 1 月 1 日。

4. 海关管理

2001 年，黎巴嫩开始实行新《海关法》。新《海关法》简化了通关手续，加快了通关速度，采用了国际标准货物估价方法，实施现代、公平的争端解决程序，推动工业区和免税区的发展。新《海关法》使机场和港口的进口商品清关速度大幅提高，减轻了行政负担。黎巴嫩海关积极引入网上自动清关系统，贸易商和报关公司可使用该系统并跟踪报关进展情况。该系统完全实施后，用户将可以联网注册、估价并从其银行账户上直接支付清关费用。

黎巴嫩关税税则执行 WTO 的《商品名称及编码协调制度》（HS）。海关进口关税采取从价税、从量税和混合税三种方式。黎巴嫩海关关税细目中，83% 以上细目的关税税率小于或等于 5%，少数为 15%—40% 不等，黎巴嫩海关网站可查询每个关税税则号所对应的进口关税率。从 2002 年 1 月起，海关开征增值税，税率为货物价值的 10%。

5. 外汇管理

黎巴嫩对资金、资本收益、汇款、股份分红的国内流动以及跨国流动，没有任何限制。外币兑换和贵重金属的兑换完全自由。外币供应充足，可从商业银行或货币兑换交易商处以市场汇率兑换，在黎巴嫩投资后所获利润的汇出和携带出境不发生费用和耽搁。

外国人可在黎巴嫩营业的各家银行开设账户，并可依市场条款获得信贷。黎巴嫩银监会严密监控银行的信贷情况。黎巴嫩所有信贷交易应及时、精确地予以披露。黎巴嫩国家存款担保机构对存在商业银行中 500 万黎镑（3317 美元）以下的本外币存款提供担保。黎巴嫩银行的财务报表执行国际会计标准，法律要求独立审计员对年度财务报表进行审计，黎巴嫩大多数银行会选择国际公认的会计师事务所进行审计。[1]

---

[1] "对外投资合作国别（地区）指南——黎巴嫩（2014 年版）"，中华人民共和国驻黎巴嫩共和国大使馆经济商务参赞处，http://lb.mofcom.gov.cn/article/wtojiben/wtoxieding/201504/20150400934520.shtml，最后访问于 2016 年 1 月 1 日。

总体而言，随着经济的不断发展，黎巴嫩政府正致力于对投资环境的改善和提高，致力于为国内经济发展吸引更多的外来资金。因此从长远来看，黎巴嫩投资价值较高，目前地区局势等问题对企业赴黎巴嫩投资构成了一定程度的障碍，双边经贸和投资有待进一步发展。

二、中资企业对黎巴嫩投资的主要产业及法律流程

（一）公司种类

通常情况下，外国投资者可以毫无困难地在黎巴嫩开设公司、参与合资或建立分支机构或子公司。但黎巴嫩对控股和离岸公司、房地产、保险、媒体（电视、政治报纸）和银行业还有行业准入的审批要求。

黎巴嫩法律对外国投资企业注册形式没有特殊限制，只要是合法的、有效的企业，如合资公司、分公司、有限责任公司、控股公司、离岸公司、代表处等均可在当地登记注册。在黎巴嫩设立公司必须聘请律师，遵守黎巴嫩商法典和法规。在当地注册的外国公司主要形式简介如下：

（1）合资公司。依据为《商法》中 1942 年 1 月 24 日颁布的第 304 号法令相关规定。对外商限制如下：对公司管理层的通常限制（第一百四十四条规定董事会的大多数成员应当为黎巴嫩人）；对资本份额获取的间接限制（第一百四十七条）；对公用事业的资本份额限制（第七十八条）；1967 年 8 月 5 日颁布的 34/67 号法令中对特定商业代表处资本份额和管理层的限制。在金融行业，大多数机构，包括银行和保险机构，必须采取合资公司的形式。

（2）分公司。成立分公司需要到黎巴嫩经贸部和商业登记处登记，并且在登记后 2 个月内向黎巴嫩财政部申请获得开始营业的授权和增值税号。分公司的所有员工都需要缴纳个人所得税。所有员工都要到国家社会保障基金登记。分公司总经理可以是黎巴嫩人或者外国人。外国人必须在劳工部获得有效工作许可并

办理黎巴嫩居住证。

（3）代表处。注册代表处的手续和分公司基本相同，主要区别在于代表处没有收入税，但是代表处员工要承担个人收入所得税。

（4）有限责任公司。依据1967年8月5日颁布的第35号法令有关规定，有限责任公司可完全为非黎巴嫩人所有，且可由非黎巴嫩人进行管理。

（5）控股公司和离岸公司。其遵循合资公司的法律身份，并依照1983年6月24日颁布（2008年9月5日第19号法令修订）的第45号法令（针对控股公司）和第46号法令（针对离岸公司）进行管理。控股公司和离岸公司的非定居外国董事长和总经理不必持有工作证和居住证。2006年11月第772号法律还免除了控股公司董事会须有两个黎巴嫩自然人或法人的义务。所有的离岸公司必须在贝鲁特商业登记处登记。黎巴嫩不允许设立离岸银行、离岸信托公司和离岸保险公司。

（二）公司注册程序

外国投资企业在黎巴嫩建立公司需先取得黎巴嫩经贸部的许可，然后再到当地公司总部所在地的商业登记处进行注册。只要在商业登记处登记后，外商就可以享受和黎巴嫩国民一样的创业条件。

以在贝鲁特注册分公司为例，注册程序主要是：

（1）提供经过黎巴嫩驻中国大使馆认证的母公司董事会决定在黎巴嫩设立分公司的决议书一式三份。

（2）提供经过黎巴嫩驻中国大使馆认证的母公司委托授权书，任命分公司总经理，授权分公司总经理在分公司行使一切职能。

（3）提供经过黎巴嫩驻中国大使馆认证的母公司章程。

（4）以上材料齐全，雇用和委任黎巴嫩律师到相关部门办理分公司手续。

（5）首先到黎巴嫩经贸部注册，时间为7个工作日。

（6）然后到贝鲁特商业登记处登记，并且在登记2个月内向黎巴嫩财政部申请获得开始营业的授权和增值税税号。

（7）分公司注册后，首先办理分公司总经理的工作许可和居住证。工作许可大约耗时7天至2个月不等。居住证办理时间大约为30天左右。

（8）随后需办理公司员工的工作许可和居住证，工作许可和居住证办理过程中还需要办理黎巴嫩国家社会保障基金注册手续。

（三）投资方式

黎巴嫩对投资方式没有特别具体的限制，外国投资者可以建立、购买、出售企业的股权，并能从事各种营利性活动。黎巴嫩对外资并购也无特别限制，但黎巴嫩在银行企业并购等方面有所规定，主要目的是加强对金融企业的监管。

（四）优惠措施

1. 投资优惠

根据黎巴嫩《鼓励投资法》（第360号法案）第十条的规定，根据平衡发展的原则，黎巴嫩的整个国家分成下列三个投资区域：

（1）A区

在A区进行的投资项目应当享受下列减免、免除和便利等优惠措施：

在理事会同意根据相关规定进行该项目之后，按照理事会主席签发的决定意见，该管理机构应当给予只适用于该项目需要的任何形式的工作许可。投资项目应对本地劳动力给予适当照顾，本地黎巴嫩员工和外国员工的比例应至少为2∶1，同时还应为这些员工注册国家社会保障基金。

对于为了拥有和管理适用本法规定的项目而成立的股份公司，如果公司进行社会公开招股，则公司股票在贝鲁特证券交易所上市后两年内，无需缴纳所得税，但前提条件是流通股在该公司总股本中所占的比例不得低于40%。该所得税豁免期是额外的，不影响公司根据本法或者其他相关法律的规定享受其他税收豁免期。

A区域原则上只享受上述减免、免除和便利等优惠措施。对于一些在该区域的旅游和海上资源投资项目，理事会可以考虑适用部分 B 区所享受的一些待遇，适用相同的减免、免除和便利等优惠措施。

（2）B 区

B 区在 A 区所享有的便利条件的基础上，还应当享受下列减免优惠措施：

五年内享受所得税和项目红利税 50% 的减免。该减免优惠自项目开发之日起开始生效。如果投资者还同时享受上述 A 区所享有的减免优惠政策，本项减免优惠将自该优惠结束之日起生效。

（3）C 区

该区域是政府希望大力发展的地区，根据黎巴嫩《鼓励投资法》的规定，在 C 区进行的投资项目除了可以享受 A 区所享有的减免和便利措施外，还应当享受十年内全部免除所得税和项目红利税的减免优惠措施。该减免优惠自项目开发之日起开始生效。对于信息技术和科技产业的项目而言，无论该项目的建设在任何地点，都可以享受到与 C 区同样的税收减免优惠。

2. 地区鼓励政策

《鼓励投资法》将黎巴嫩划分为三个投资区（均在贝鲁特以外），每个区提供不同的激励政策。该法律在技术、信息、电信、媒体、旅游业、工业和农业等领域鼓励投资行为。激励政策包括：（1）帮助外国人获得工作证；（2）各种税收激励，从开始营业起（开具第一张发票起）的五年内减免 50% 的所得税和红利税，到最多十年内全额免除所得税和红利税；（3）对那些将 40% 公司股份放在贝鲁特证券交易所（Beirut Stock Exchange，BSE）的公司免除两年的所得税。《鼓励投资法》允许针对大型投资项目可量身制定"一揽子激励政策"，"一揽子激励政策"不限定项目地点，包括长达 10 年的免税政策，建筑费用和工作证费用的减免，以及房地产登记费的全额免除。

除《鼓励投资法》外，黎巴嫩其他法律和法令，根据投资类型和投资地的位置，也可提供税收激励和免征政策：

（1）在农村地区的工业投资项目可以享受 6 年或 10 年的免税优惠。具体标准按照 1980 年 7 月 19 日颁布的第 27 号法律、1993 年 12 月 30 日颁布的第 282 号法律和 1983 年 9 月 16 日颁布的第 127 号法令的规定执行。

（2）在黎巴嫩南部、奈拜提耶、贝卡省的投资可以享受免税优惠（2000 年 7 月 2 日颁布的第 3361 号法令）。现处沿海地带的工厂如迁往农村或黎巴嫩南部、奈拜提耶、贝卡省，则可享受 6 年免征所得税优惠。

3. 工业区优惠政策

工业区优惠政策包括：

（1）工业用原材料或半成品只课以 3% 的关税；工业用设备及备件进口关税亦为 3%。

（2）1980 年后建立的工业企业可享受 10 年的营业税豁免（自生产之日起计），条件是该企业生产当地不能生产的产品，工厂选址符合政府地区均衡发展的规划（如建立在工业区内），项目固定投资不少于 5 亿黎镑，营业税豁免额度不超过清偿前的固定资产总投资额。

（3）对于利润再投资也予以税收豁免，这包括扩大再生产的设备投资，或为职工的住房投资。

（4）海关监管制度为出口加工企业的临时进口提供便利，它包括三种机制：临时进口、保税仓库和自由区。

（5）经批准，各工业区可以在原有的优惠基础上制定自己的特殊优惠政策。如的黎波里港口自由区内的工业园区，就集合了自由区和工业区双重优惠。

（6）政府实行对外开放的自由经济政策，但对本地产业予以适当保护。对国内能生产的同类产品进口征收 20%—50% 的关税。部分商品如家具、食品、果味饮料课以更高的关税。

（7）本地工业产品在政府采购竞标中拥有 15% 的价格支持优惠。

（8）关税税率表可视情况随时变更，以保护本地工业。

（9）对有损本地产业的产品或不正当竞争产品实施反倾销措施，征收反倾销税。

4. 专利商标

(1) 专利申请

黎巴嫩已立法保护知识产权。黎巴嫩专利主管部门为经贸部，在当地申请专利只需从经贸部或其网站获取有关申请表格，按照表格要求真实、准确填报相关信息并准备相应支持文件向经贸部提交申请即可。黎巴嫩专利法规认为每个人均有权申请专利；如果多人共同拥有同一发明，除非另外书面约定，否则专利一旦签发，所有人平等共同拥有该专利；如果多人单独分别做出同一发明，那么专利权属于第一个申请专利的发明人。如果专利申请人不是黎巴嫩人或黎巴嫩居民，申请人须任命一个居住在黎巴嫩的代理人或委托人进行申请。如果申请人委托代理人申请，需申请人签字确认。

专利申请书应包含以下内容：专利发明的描述及摘要；专利申请范围列表，列出具体需要申请保护的发明和创新；用阿拉伯语言书写的专利发明摘要；专利发明的数据或绘图，如果该数据对理解该项发明确有必要；各附件列表。

申请书须以阿拉伯语言进行呈递；专利发明申请人可以使用阿拉伯语、法语或英语呈递专利发明的描述、申请范围、数据和绘图。

(2) 商标申请

商标注册一般包括如下程序：申请人向黎巴嫩经贸部公共事务办公室递交申请文件；黎巴嫩经贸部知识产权司查询、更新商标数据库，提出初步意见，报部长办公室核准，允许申请人填写注册商标申请表。申请书中需包括注册商标的名字，以便黎巴嫩经贸部检查该商标是否已经注册；申请人领取将来备查用的注册商标申请表编号；申请人缴纳相关费用（黎巴嫩财政部）；申请人收取密封的黄色和蓝色申请文件副本；申请人递交填好的蓝色申请文件副本和缴费证明副本；申请人接受登记表中的说明语句并准备两份说明语句（以备政府公告）；申请人收取密封的公告证明；申请人递交密封的登记表原件及 2 份副本；申请人收取密封的注册商标证明原件。

黎巴嫩对外国公司在黎巴嫩注册商标实行国民待遇，程序上完全相同，只是有关资料和证明文件必须由其母国相关部门出具。

三、中国与黎巴嫩投资争端解决程序与案例

（一）争端解决程序

在黎巴嫩进行投资合作可以采取协商、调解、仲裁、诉讼等方式进行解决。

黎巴嫩为《承认及执行外国仲裁裁决公约》和《关于解决国家与他国国民之间投资争端公约》的成员国。黎巴嫩政府接受国际仲裁的规定。涉及政府争议方面，政府同国际投资者之间签署的合同中有仲裁条款规定的前提下，政府方认可国际仲裁。合同的国际仲裁条款还需经内阁事先以法令形式批准。但是，黎巴嫩同投资者所在国家之间已签署并批准双边投资保护协定，且协定中有通过国际仲裁解决纠纷的条款的可以例外。

黎巴嫩有较为健全的法院体系，且律师资源较为丰富，但黎巴嫩司法系统效率较低，存在司法腐败现象，判案易受政治及其他因素影响。在不同本国法律冲突的情况下，当地法院可接受由投资协定规定的外国司法判决。

中资企业在黎巴嫩承包工程曾遇到涉及政府的争议，因合同中有国际仲裁条款，曾提起国际仲裁，但最终双方仍通过协商解决。

黎巴嫩法庭审理案件花费时间较长。黎巴嫩当地法院认可由外国裁判的投资协议，条件是该协议不与黎巴嫩法律发生冲突。

外国法院判决的执行，是依照所取得的"关于承认外国法院判决的裁定"文件。《商法典》（第5卷第四百五十九条至第六百六十八条）以及《刑法典》对无力偿还和破产事宜进行了规定。依照法律，受法律保护的债权人有权获得破产方的资产。合同案件中涉及货币价值的判决，依照该合同规定的币种而定，或按照支付日的官方汇率折合成对等的黎巴嫩镑。

"黎巴嫩仲裁中心"于1995年5月8日开始运行。该中心由地方经济组织组

成,包括四家黎巴嫩农工商会,它可对贸易和投资领域、黎巴嫩国内的与国际的纠纷进行仲裁。

黎巴嫩的行政司法体系负责处理所有涉及黎巴嫩公共机构的纠纷。黎巴嫩政府认可对外国投资者与黎巴嫩公共机构在已有合同投资争端方面具有法律效力的国际仲裁。如果黎巴嫩公共机构在合同中给出优惠条件,则黎巴嫩政府不接受具有法律约束力的国际仲裁结果,除非该合同包含仲裁条款,且黎巴嫩内阁之前通过发布法令方式批准了该条款。但是,上述规定对那些已与黎巴嫩签订了包含国际仲裁程序的投资保护协议(已获黎巴嫩议会批准)的国家的投资者则例外。

(二)投资案例分析

的黎波里港集装箱码头项目是迄今中国在黎巴嫩承建的最大项目,该项目得到了黎巴嫩政府的高度重视。的黎波里港集装箱码头项目合同金额为5800万美元,合同工期为18个月。项目于2004年中标,后因各种原因停工,2009年12月4日实现复工,2012年1月31日完工。

项目建成后,的黎波里港成为继贝鲁特港之后的黎巴嫩第二个有集装箱码头的港口。新建集装箱码头将扩大和优化的黎波里港进出口货物种类、加快货物装卸速度,推动的黎波里港向现代化港口迈进,同时提升的黎波里港在地中海东海岸的战略地位。此外,项目成功实施将会促进的黎波里地区港口贸易、产品加工业、仓储、金融、信息、交通运输基础设施的发展,同时对整个黎巴嫩北部地区,乃至周边国家经济发展也具有重要意义。

1. 工程概况

本工程为的黎波里港码头扩展工程二期项目,为集装箱专用码头,结构型式为顺岸式钢板(管)桩结构。前沿钢板(管)桩墙由 ϕ1220mm 钢管桩及 AU20 钢板桩组成,门机桩基为 ϕ1066mm 钢管桩,锚拉系统为 ϕ85mm 锚拉杆及 AZ18 锚固钢板桩,整个工程钢结构采用阴极保护防腐处理。

2. 工程特点

（1）项目施工工序多，主体码头施工需与挖泥、回填施工单位协调；

（2）桩基类型及数量较多，且桩基施工时可能遭遇地下障碍物；

（3）施工水位低：前沿胸墙施工需水下作业，施工难度大、时间长，且质量难于控制；

（4）风浪影响大：由于项目位于地中海东岸，每年11月至次年4月受季风影响较大，尤其是存在遭遇7m巨浪的可能性。

3. 的黎波里港集装箱码头项目进展历程

的黎波里港扩建二期项目始于2005年5月，后因黎以冲突爆发被迫于2006年7月停工。随后，由于业主拖欠约400万美元工程款，施工方于2007年9月正式启动仲裁程序，经双方多次谈判，施工方于2009年1月收到业主拖欠工程款，仲裁程序终止。经不懈努力，施工方于2009年10月28日正式签署复工补充协议，并于2009年12月4日正式复工。

复工一年的时间中，项目取得了重大进展，随着挖泥船进场，打桩船组装完毕，项目实施进入快速通道，朝着保质量、保进度的目标扎实推进。

2010年11月20日，经过6个月紧张施工，中国港湾公司黎巴嫩的黎波里港扩建二期项目的"海上沉桩节点工程"全面完工，累计海上沉桩 ϕ1220mm 管桩185根、ϕ1066mm 管桩172根、AU20板桩548块。

工程启动初期，中国港湾公司黎巴嫩项目部针对工程难题，例如管桩与板桩组合结构施打困难、施工精度要求高、基槽地质条件复杂等，深入研究对策方案，最后科学确定了采用自制打桩架、组装打桩船方案进行施工。

经过近3个月的自制组装工作，自制打桩船于2010年5月组装完毕，并投入使用。由于中国港湾公司施工方案和施工方法得当，项目打桩精度与效率大幅提高，整个沉桩节点工程提前一个月顺利完工，为后续的码头基槽抛石、上部结构施工的全面展开奠定了坚实的基础。

2010年12月2日，中国驻黎巴嫩大使刘志明先生与黎巴嫩公共工程交通部长加齐·阿里迪先生一同到达的黎波里港扩建工程二期项目视察指导工作。中国驻黎巴嫩大使馆商务参赞葛华等陪同。

在现场新闻发布会上，加齐·阿里迪部长向黎巴嫩当地各大媒体介绍项目进展情况。加齐·阿里迪说，的黎波里项目是黎中合作的典范，双方合作单位应该树立好这个典范；对于项目当前取得的重大进展感到十分欣慰；非常感谢中国政府及人民、大使、中国公司对项目所做的努力，感谢中国港湾全体工程技术人员的辛勤工作；的黎波里港三期扩建事宜已经提上日程，中国国家开发银行有投资意向，鉴于中国港湾与的黎波里港务局良好的合作关系，部长希望中国港湾能够继续为建设的黎波里港做出努力。

的黎波里港项目是双赢项目，项目成功实施不但能够促进的黎波里地区港口贸易发展，对整个黎巴嫩北部地区，乃至黎巴嫩与周边邻国关系发展也具有重要意义。

4. 的黎波里港扩建二期项目的影响力

的黎波里港扩建二期项目的成功竣工，极大地提升了中国制造在黎巴嫩的知名度，中国制造的比较优势和优良品质受到了黎巴嫩国家和人民的认可，同时，也为黎巴嫩中小企业和中小贸易商创造了更多商机。的黎波里港扩建二期项目的开发大大提升了黎巴嫩在中国商界和企业界的知名度，大大促使黎巴嫩中小企业与中国企业间形成直接合作，减少国际贸易的中间环节，压缩贸易成本，提升贸易利润；促进当地财政收入的增加，签证办理、公司注册以及新增大量商品进口，为当地政府增加行政收费和进口关税提供了新来源。

鉴于黎巴嫩许多基础设施年久失修，特别是水电供应严重短缺，黎巴嫩经贸部部长哈基姆表示希望同中国加强在基建方面的合作。他说，黎巴嫩需要对一些基础设施进行重建，特别是水电等能源设施需要新建或扩建。的黎波里港扩建二期项目的成功为中国参与黎巴嫩基础设施项目提供了经验。

四、中国与黎巴嫩经贸法律特征的专项研究

1. 中黎经贸发展历程

中黎双边经贸合作关系始于 20 世纪 50 年代。1955 年 11 月，中国经贸代表团访黎，并进行了贸易谈判，根据谈判的结果，双方于 1955 年 12 月 31 日签订了两国贸易协定，协定由中国对外贸易部副部长、中国贸易代表团团长江明和黎巴嫩共和国外交部部长萨利姆·拉霍德在贝鲁特签署。根据该协定，两国政府保证采取一切必要措施鼓励和发展中国和黎巴嫩之间的贸易，利用一切可能办法实现两国贸易的支付平衡。该协定于 1956 年 8 月 4 日生效，根据协定，双方实行现汇支付的贸易方式。并根据协定于 1956 年 9 月，中国在黎巴嫩设立了官方性质的商务代表处。

1972 年 11 月，黎巴嫩外交部部长哈利勒·阿布·哈马德访华，哈马德部长同中国外交部部长姬鹏飞代表中黎两国政府于 1972 年 11 月 29 日签订了新的贸易协定，该协定于 1974 年 12 月 20 日起生效。据该协定，双方给予最惠国待遇，两国之间的贸易以双方同意的任何一种可兑换的货币支付，协议还有互相在贸易、会展方面提供便利的相关条款。

1994 年 10 月，中国外经贸部代表团访黎，与黎巴嫩草签了《中华人民共和国政府和黎巴嫩共和国政府经济贸易和技术合作协定》。

1995 年 5 月，中国纺织总会会长吴文英访黎，与黎巴嫩经贸和石油部长签署了《两国发展纺织领域经济、技术和贸易合作谅解备忘录》。

1995 年 6 月，中国交通部刘松金副部长访黎，同黎巴嫩运输部部长分别代表两国政府正式签署了《中华人民共和国政府和黎巴嫩共和国政府海运协定》。

1996 年 6 月，黎巴嫩总理拉菲克·哈里里访华，双方正式签署了《中华人民共和国政府和黎巴嫩共和国政府关于经济贸易和技术合作协定》、《中华人民

共和国政府和黎巴嫩共和国政府关于鼓励和相互保护投资协定》、《中华人民共和国政府和黎巴嫩共和国政府民用航空运输协定》和《中华人民共和国政府和黎巴嫩共和国政府经济技术合作协定》。

2002年3月，国务委员吴仪率团访黎，代表团同黎巴嫩商界进行了深入交流。

2002年4月黎巴嫩总理拉菲克·哈里里再度访华，双方签署《经济技术和贸易合作委员会第一次会议纪要》。

2015年4月22日，驻黎巴嫩大使姜江在黎巴嫩《共和报》发表的署名文章《对接愿景行动，共建一带一路》中表示，中黎共建"一带一路"大有可为，希望两国进一步对接"愿景与行动"，为两国关系与合作向前发展注入新动力，为两国人民带来更多福祉。2015年5月12日，黎巴嫩经贸部部长哈基姆在接受新华社记者专访时表示，中国领导人提出的"一带一路"倡议非常重要，对推动中国与沿线国家建立伙伴关系具有重要意义。2015年5月26日，中阿合作论坛第六届企业家大会暨第四届投资研讨会在黎巴嫩贝鲁特成功举行，黎巴嫩总理萨拉姆在开幕式上指出，希望黎巴嫩在"一带一路"建设中发挥积极作用。中黎共建"一带一路"，机遇与挑战并存，在把握好两国国情和现实需求的基础上，充分了解投资风险和投资优势后，因地制宜并与时俱进，不断调整投资政策及相应法律法规，切实促进中黎经贸发展并鼓励开发中黎合作潜力空间，是当务之急。

2. 中黎双边贸易

据黎巴嫩海关统计，2015年中黎贸易总额达20.8亿美元，其中，黎巴嫩自我国进口20.7亿美元，黎巴嫩向我国出口986.9万美元。中国仍保持黎巴嫩第一大进口货源国和第一大贸易伙伴地位。

黎巴嫩自中国进口的主要大类商品为：机械器具、电器设备及其零件、贱金属及其制品、纺织原料及纺织制品、杂项制品、塑料及其制品、橡胶等。黎巴嫩对我国出口主要商品为：贱金属及其制品、塑料及其制品、橡胶、机械器具、电器设备及其零件等。

总体而言，两国经济互补性较强，合作潜力较大，双方开展经贸活动的态度十分积极，黎巴嫩是中国理想的经贸伙伴。

3. 中黎双向投资

据中国商务部统计，2013年当年中国对黎巴嫩直接投资流量68万美元。截至2013年年末，中国对黎巴嫩直接投资存量369万美元。

截至2013年年末，黎巴嫩累计在华投资设立企业171家，累计投资金额为3705万美元。2013年，黎巴嫩在华投资新设企业8家，实际投资199万美元，同比下降46.4%。

目前在黎巴嫩的中资公司有华为技术有限公司、中兴通讯股份有限公司和安福贸易公司（合资）。黎巴嫩在华投资主要集中在化学原料及制品、小型机械、纺织、服装、家具等制造企业、批发和零售业、房地产业、租赁以及咨询服务业等行业。

4. 中黎劳务承包

据中国商务部统计，2013年中国企业在黎巴嫩新签承包工程合同额7124万美元，完成承包工程营业额1.02亿美元，年末在黎巴嫩劳务人数11人。新签大型工程承包项目包括上海振华中国（集团）股份有限公司承建ZP1869/70黎巴嫩QC+RTG项目，华为技术有限公司、中兴通讯股份有限公司承建的电信项目等。2012年1月底，中国港湾工程有限公司于2004年中标承建的黎巴嫩第二大港——的黎波里港二期扩建工程竣工，完成了该港口扩建最具有挑战性的基础工程，施工质量得到了黎巴嫩政府的认可。

五、经贸、投资法律风险因素及应对策略

(一) 投资环境总体评估

当前黎巴嫩国内仍然存在诸多影响海外投资的政治和经济风险。首先，黎巴嫩国内政治派别长期对立，政治矛盾极易转化为军事冲突。由于黎巴嫩国内独特的宗教派别分布和地理格局，加之黎巴嫩中央政府羸弱，政府武装力量无法有效地震慑各派政治军事力量，黎巴嫩国内的军事冲突往往持续时间较长，对于黎巴嫩国内的社会经济破坏力较大。

其次，黎巴嫩极易受到周围动荡的影响，进而波及黎巴嫩经济发展。当前的黎巴嫩经济形势十分严峻。据美国花旗银行的统计，2013 年黎巴嫩的经济增长率仅为 1.4%，大大低于中东和非洲地区去年的平均增长率 (3.9%)。据黎巴嫩海关统计，2013 年黎外贸总额为 251.64 亿美元，较 2012 年下降 2.3%。其中，进口额为 212.28 亿美元，同比基本持平；出口额为 39.36 亿美元，同比下降 12.2%；贸易逆差进一步加大。黎巴嫩经济发展尤其受到邻国叙利亚危机的干扰，即黎巴嫩出口减少（叙利亚一向是黎巴嫩商品的主要进口国），国外投资减少，旅游收入锐减。黎巴嫩目前面临的最大问题还是难民问题。目前进入黎巴嫩的叙利亚难民已达 100 多万，占黎巴嫩人口的近四分之一，平均每月有 5 万难民涌入黎巴嫩。这对经济本不景气的黎巴嫩来说是雪上加霜。据世界银行估计，叙利亚危机给黎巴嫩造成的损失已超过 75 亿美元。因此，黎巴嫩政府不得不一方面呼吁国际社会加大对其援助，另一方面要求国际社会协助其解决日益加重的难民问题。

最后，黎巴嫩面临日益严峻的恐怖主义威胁。受叙利亚危机外溢影响，黎叙边境地区紧张加剧。"伊斯兰国"等极端组织的武装分子时常从叙利亚潜入黎巴嫩，并占据边界一些山区作为据点向黎巴嫩境内军事设施和民用目标发动袭击，

造成众多军人和平民伤亡。自2015年以来，黎巴嫩军队加大了打击极端组织的力度。黎巴嫩军队、安全部队和警方组成联合行动部队，在东部靠近叙利亚边界的贝卡地区实施安全计划，向极端组织盘踞的据点发动进攻。尽管如此，黎巴嫩国内尤其是东部和南部同叙利亚接壤地区仍然受到来自叙利亚和约旦的恐怖主义组织的巨大威胁，尤其是自2013年以来，"伊斯兰国""支持阵线"（2016年7月28日改名为"征服阵线"）等极端主义和恐怖主义团体对于黎巴嫩的渗透频率增加，黎巴嫩所面临的恐怖主义威胁也日益增大。

总的来说，黎巴嫩的投资机遇与挑战并存。

（二）经济风险及隐患

2014年10月助力"一带一路"各国建设融资的亚洲基础设施投资银行（AIIB）正式成立，大部分由中国提供的启动资金高达1000亿美元；2015年1月，由中国政府出资设立的将直接服务于"一带一路"战略的"丝路基金"正式启动，规模高达400亿美元。金额如此庞大，对即将开展业务的国家进行信贷风险评估是非常必要的。投资风险指数最高的国家是叙利亚（85分），黎巴嫩受其危机外溢和其他政治、经济、安全等因素影响，信贷风险指数（61分）高于"一带一路"国家平均值（46分）。根据经济学人智库报告，黎巴嫩国家信贷风险指数和经济结构风险指数均为：CCC级，风险指数很高；货币风险和银行业风险均为B级别，风险指数不高。黎巴嫩经济结构存在以下缺陷：农业欠发达，工业基础相对薄弱，旅游、房地产等优势行业易受政局不稳的冲击。但作为支柱产业之一的金融业却长盛不衰，在重大历史变故中仍屹立不倒，成为掌握国家经济命脉的关键性行业，被称为黎巴嫩经济的"保护神"，为投资者在黎巴嫩开展业务提供了可靠保障。黎巴嫩开放、稳定的金融业降低了对黎巴嫩投资的经济风险指数。

目前，对黎巴嫩投资面临的主要经济风险有：政府债台高筑，经济负担沉重，偿债依赖国际援助；对外贸易发展不均衡，常年贸易逆差，财政赤字居高不下；外国投资不振，吸引外资不力，经济疲软；主要依赖进口，物价水平受外部因素影响较大，通货膨胀率易波动；经济结构面临调整，生产性行业发展欠缺，部分优势行业稳定性不足，经济增长缺乏驱动力。

（三）政治风险及隐患

1967 年的"六五战争"导致苏伊士运河关闭，贝鲁特港成为中东贸易往来的最大中转站和枢纽中心，黎巴嫩经济出现空前繁荣。根据国际货币基金组织数据，1972 年，黎巴嫩实际国内生产总值增长 12.2%。1975 年黎巴嫩内战爆发，经济一落千丈，1975 年、1976 年连续两年实际国内生产总值增长 -30.3% 和 -57.0%。1982 年以色列入侵黎巴嫩，实际国内生产总值增长 -36.8%。15 年的内战加之以色列入侵，造成黎巴嫩直接和间接损失约 1650 亿美元。2005 年，黎巴嫩前总理哈里里遇刺身亡，爆发"雪松革命"。2005 年黎巴嫩经济增长未能达到预期 5% 的增长目标，GDP 的增长率从 2004 年的 7.48% 锐减至 2005 年的 1%。2006 年黎以冲突爆发，黎直接经济损失达到 32 亿美元，间接损失超过 70 亿美元，GDP 增长率仅为 0.6%，为近十年最低。2010 年黎巴嫩 GDP 增长率为 7%，增幅位居世界前列，而 2011 年至 2013 年，受叙利亚内战影响，GDP 增长率分别下滑至 3%、1.4% 和 0.9%。世界银行估计，叙利亚危机给黎巴嫩带来了超过 70 亿美元的损失。可见，难以调和的教派矛盾、频繁更迭的政治局面、纷扰不断的边境危机、持续动荡的地区形势和无孔不入的恐怖威胁等影响黎巴嫩安全局势的不稳定因素都会对黎巴嫩经济造成不同程度影响。经济学人智库的《国别风险评估——黎巴嫩》（Country Risk Service：Lebanon）报告中对黎巴嫩政治风险评估等级为 C 级，风险指数较高。

目前，对黎巴嫩投资面临的主要政治风险有国内局势依然不稳，前总统米歇尔·苏莱曼于 2014 年 5 月 25 日任满后，因候选人及参投议员票数不足等问题，总统席位至今空悬；亲西方的议会多数派（"3·14"）和亲伊朗、亲叙利亚的反对派（"3·8"）两大阵营纷争不断；黎巴嫩边境危机升级，黎以矛盾犹存，叙利亚危机外溢扩大，难民安置问题迫在眉睫；地区安全形势恶化，"伊斯兰国""支持阵线"等恐怖组织对黎巴嫩侵扰及渗透增强，黎巴嫩面临的恐怖主义威胁加剧。

（四）风险的防范及解决

1. 在投资方面

近年来，黎巴嫩相对稳定的政治安全局势，吸引了不少外国公司在黎巴嫩投资。但一些外国公司也遇到了下列问题：法律解释不固定、司法系统办事花费时间长、行政成本较高、部分许可决定随意、税费偏高、基础设施有待提高、电信电力成本较高、工作许可办理不易、知识产权缺乏足够保护、安全事件频发、经济纠纷难以妥善解决和权力寻租等。这些问题制约了一些外国公司对黎巴嫩的继续投资。中国公司需对上述不利因素有所准备，寻求好的法律咨询协助。聘请一位当地信誉好的资深律师，可以使企业规避许多不必要的制度风险，正确选择拟注册的公司形式和经营范围。

2. 在劳动用工方面

黎巴嫩失业率较高，但在高技术和一些特殊行业也存在一定的结构性人力资源短缺现象，中黎在劳务合作方面空间极其有限。

此外，在黎巴嫩人力市场上，叙利亚籍劳工便宜，且由于叙黎签有劳工合作协议和其他历史原因，叙籍劳工还可自由进出黎巴嫩工作而无需办理工作证。相对而言，由于中国员工获取黎巴嫩工作许可不易，加之黎巴嫩对中国人员一般按工作证最高标准收费（工作证和居住证年均费用2400美元）；中国以往的一些低技能和低价格劳务输出，在黎巴嫩根本没有市场。

目前实际在黎巴嫩工作的中国劳动者为60名左右，主要是承包工程项目的中方员工和电信设备供应商的中方员工。

3. 在贸易往来方面

贸易往来方面应注意以下几个方面：（1）争取最大利益。（2）确保出口商品质量。（3）讲究贸易策略。（4）坚持使用信用证。（5）选择可靠的货运公司或代理。(6) 对黎巴嫩出口制单要注意几个特殊规定：①产地证。黎巴嫩政府规定所有进口货物全部要有原产地证明，否则要被课以罚款或禁止进口。②领事发票。黎巴嫩目前的法律规定，进口发票要经黎巴嫩领事认证，但目前黎巴嫩在华仅设有使馆，除在北京的公司需到黎巴嫩使馆申请认证外，外地公司不必专程来京，但需在发票上注明当地无黎巴嫩领事馆。③卫生检疫证书。所有对黎出口的农产品或食品皆需附带卫生检疫或动、植物检疫证书，罐头等食品的包装需以英文或阿文注明生产和保质期。④正本发票签字。对黎巴嫩出口所有单据尤其是正本发票，一定要由经办人签发，包括贸促会的单据认证章也必须附带经办人亲笔签字。(7) 出访带足样品、样本。(8) 不能低价竞销。(9) 加强售后服务。(10) 注重品牌建设。

4. 风险规避

在黎巴嫩开展投资、贸易、承包工程和劳务合作的过程中，要特别注意事前调查、分析和评估相关风险，事中做好风险规避和管理工作，切实保障自身利益。这包括对项目或贸易客户及相关方的资信调查和评估，谨慎选择合作伙伴及项目代理，对投资或承包工程国家的政治风险和商业风险分析和规避，对项目本身实施的可行性分析等。建议相关企业积极利用保险、担保、银行等保险金融机构和其他专业风险管理机构的相关业务保障自身利益，包括贸易、投资、承包工程和劳务类信用保险、财产保险、人身安全保险等，银行的保理业务和福费廷业务，各类担保业务（政府担保、商业担保、保函）等。

建议企业在开展对外投资合作过程中使用中国政策性保险机构——中国出口信用保险公司提供的包括政治风险、商业风险在内的信用风险保障产品；也可使用中国进出口银行等政策性银行提供的商业担保服务。

中国出口信用保险公司是由国家出资设立、支持中国对外经济贸易发展与合作、具有独立法人地位的国有政策性保险公司，是我国唯一承办政策性出口信用保险业务的金融机构。公司支持企业对外投资合作的保险产品包括短期出口信用保险、中长期出口信用保险、海外投资保险和融资担保等，对因投资所在国（地区）发生的国有化征收、汇兑限制、战争及政治暴乱、违约等政治风险造成的经济损失提供风险保障。

如果在没有有效风险规避情况下发生了风险损失,也要根据损失情况尽快通过自身或相关手段追偿损失。通过信用保险机构承保的业务,则由信用保险机构定损核赔、补偿风险损失,相关机构协助信用保险机构追偿。

在黎巴嫩安全形势欠佳的情况下,驻黎巴嫩中资企业积极同驻黎巴嫩使馆保持沟通畅通,定期备案人员信息,遇突发事件及时报使馆帮助协调处理。制定详尽的应急预案,并组织应急演练,加强办公、人员外出、行车、消防等方面的管理,注意尊重当地风俗习惯,处理好邻里关系,遵守当地法律法规,并承担一定的社会责任。

区域一体化、互联互通是至关重要的,这不仅体现在海湾国家间的贸易流动,而且越来越多地体现在与海湾国家以外地区的往来。黎巴嫩和中国之间紧密的联系对于黎巴嫩未来的发展越来越重要。中国和黎巴嫩之间的贸易往来可追溯到千百年前的丝绸之路。在21世纪,希望中黎两国根据"一带一路"的伟大构想,推动筹建亚洲基础设施投资银行的举措给新时期的中黎经贸往来注入新的活力。

第十章 阿富汗

阿富汗矿产资源丰富，石油、天然气等储量占世界前列，投资潜力较大。然而数十年战乱导致阿富汗社会发展落后，民生凋敝，社会制度不健全，法律保障匮乏且执行效果较差。因而，企业在阿富汗投资面临的风险较大，难有安定的外部环境保障企业发展，同时安全成本较高，建议企业科学调研，做好评估和准备。

一、阿富汗法律制度介绍

（一）中国与阿富汗经济贸易关系起源及现状

1. 双边经贸关系

1955 年，中国与阿富汗正式建立外交关系，从此以后，两国经贸关系有了长足发展。1957 年，中国与阿富汗签订《易货贸易和支付协定》。1972 年 4 月，两国正式签订《中阿贸易议定书》。然而，自 20 世纪 70 年代末以来，阿富汗陷入了无休止的战乱纷争，中阿间经济贸易往来和经济技术合作遭遇严重阻碍。2001 年阿富汗临时政府成立，两国间的经贸活动逐渐活跃。近年来，阿商工部、投资促进局、商工会等部门都派团并组织商人团参加广交会、亚欧博览会、南亚国家商品展、厦门投洽会等国家级展会或交易会。

自 2003 年以来，中阿双边经贸关系发展迅速，据我国海关统计，双边贸易额从 2003 年的 2700 万美元迅增到 2013 年的 3.37 亿美元，中国继续为阿富汗的主要贸易伙伴。2013 年我国对阿富汗出口 3.28 亿美元，主要出口商品是电器及电子产品、运输设备、机械设备和纺织服装等。自阿富汗进口 0.096 亿美元，主要进口商品是农产品和皮革等[1]。

中阿双边互利合作活跃，目前有中冶江铜埃纳克矿业有限公司、中国铁建中铁十四局集团有限公司、中兴通讯股份有限公司、华为技术有限公司、江西省水利水电建设有限公司等在阿富汗开展项目。

同时，我国向阿富汗提供各类经济贸易援助和优惠政策，旨在促进两国关系长期稳定发展以及帮助阿富汗尽早摆脱战争影响，恢复经济发展。

2001 年阿富汗临时政府成立后，我国向阿方提供 100 万美元现汇作为政府启动基金以及 3000 万元人民币的紧急物资援助。

2002 年 1 月，我国承诺 5 年内援阿 1.5 亿美元。利用该项援助款项，我国为阿富汗援建了帕尔旺水利修复工程、喀布尔共和国医院等项目，并提供了物资援助和人力资源培训。

2004 年 3 月，中阿在柏林签署议定书，中方免除阿方 960 万英镑债务。

2005 年 2 月，中国政府向阿富汗提供 1500 万美元无偿援助。

2006 年 6 月卡尔扎伊总统访华期间，中阿签署两国政府贸易和经济合作协定。自同年 7 月 1 日起，中方给予阿富汗 278 种对华出口商品零关税待遇。2006 年和 2007 年中方向阿富汗提供 1.6 亿人民币无偿援助。

2008 年 6 月，杨洁篪外长在巴黎出席"支持阿富汗国际会议"期间宣布中国政府向阿富汗提供 5000 万元人民币无偿援助。

2009 年 3 月，中方向阿富汗捐赠价值 178.75 万美元的清淤设备。6 月，中阿签署《矿业合作谅解备忘录》。7 月，由中冶－江铜联合体中标的阿富汗埃纳克铜矿正式开工。8 月，中国在阿富汗最大援建项目喀布尔共和国医院竣工并移交

---

[1] 中华人民共和国驻阿富汗伊斯兰共和国大使馆，http://af.china-embassy.org/chn/zagx/ztgk/t1097560.htm，最后访问于 2015 年 8 月 1 日。

阿方。中国向阿富汗提供价值3000万人民币的8000多吨小麦无偿援助。

2010年3月，卡尔扎伊总统访华期间，中方宣布向阿方提供1.6亿元人民币无偿援助。同时，双方签署换文，规定自当年7月1日起，中方对阿富汗60%的输华产品实施零关税待遇。此外，中方还同意为阿富汗开设农业、卫生、教育、经贸、通信和禁毒6个领域的人员培训班。6月，首次中阿经贸联委会在昆明举行。

2011年3月、4月、5月中阿就援建科教中心项目、喀布尔大学中文系教学楼项目及招待所项目、援赠救护车、教学物资和办公设备签署相应换文。11月，双方在中国援赠阿富汗总统府物资项目供货合同上签字。12月，在阿富汗问题波恩会议上，中国外长杨洁篪宣布，中国将向阿富汗提供1.5亿元人民币无偿援助。同月，中石油阿姆达利亚盆地油田项目正式签约。

2012年1月，中阿签署援建阿富汗喀布尔大学中文系教学楼（孔子学院）及援赠招待所项目办公家具的确认书。5月，中阿就援建阿富汗科教中心项目签署施工合同。6月，阿富汗总统卡尔扎伊访问中国，我国政府同意2012年向阿方提供无偿援助1.5亿元人民币。8月，中方向阿方移交帕尔旺水利修复项目二期增项工程。9月，中阿关于援赠阿富汗卫生部100辆救护车签署交接证书。10月，中国政府给予原产于阿富汗95%税目输华产品零关税待遇。中石油投资的阿富汗北部阿姆达利亚油田项目投产。喀布尔大学中文系教学楼及招待所项目开工。

2013年4月、7月，中阿分别签署关于援助阿富汗总统府、矿业部和高教部物资项目换文和援赠阿富汗礼宾车辆换文。9月，阿富汗总统卡尔扎伊访华期间，中阿签署《中华人民共和国政府与阿富汗伊斯兰共和国政府经济技术合作协定》。中国政府承诺2013年将向阿方提供2亿元人民币无偿援助。

2014年2月，中阿签署我国援助阿富汗农业机械设备项目换文。4月，中阿签署我国援建阿富汗国家科技教育中心项目交接证书。7月，中阿签署我国援助阿富汗外交部礼宾车辆项目交接证书。8月，中阿签署我国援助阿富汗总统府、矿业部和高教部三批援助物资项目交接证书；中阿签署中国给予阿富汗97%税目产品零关税待遇的换文。9月，中阿签署我国援助阿富汗医院技术合作项目和援助阿富汗医院医护人员培训项目换文。10月，加尼总统访华期间，中阿签署经济技术合作协定，同意向阿富汗提供5亿元人民币无偿援助，并宣布在2015—2017年3年内中方将向阿富汗提供总额15亿元人民币的无偿援助。中方将积极支持阿方加强建设，2015—2019年5年内将为阿富汗培训3000名各领域专业人员。11月，中阿签署我国援建阿喀布尔大学中文系教学楼和招待所项目交接证书。[1]

2. 双边投资

(1) 投资环境[2]

阿富汗全名为阿富汗伊斯兰共和国，是位于亚洲中西部地区，地处中亚、西亚和南亚交会处的内陆国家。西面与伊朗接壤，南部和东部与巴基斯坦相邻，北接土库曼斯坦、塔吉克斯坦和乌兹别克斯坦，东北部瓦罕走廊与中国交界，边境线约为91公里。阿富汗国土面积为64.75万平方公里。境内大部分地区属伊朗高原，地势自东北向西南倾斜，山地和高原占全国总面积的80%。首都喀布尔属于东4区，比北京时间晚3小时30分钟。气候类型为典型的大陆性气候。农用地占国土面积的58.1%，林地占2.1%，其他占39.8%。

阿富汗矿藏资源丰富，但基本处于未开发状态，被称为"躺在金矿上的穷人"。据阿富汗政府估测，阿富汗的能矿资源价值超过3万亿美元。其主要自然资源为石油、天然气、煤炭、铜、铬铁矿、云母、重晶石、硫黄、铅、锌、铁矿石、盐矿、宝石等。阿富汗2011年总发电量为8.331亿千瓦时。原油产量为每天1950桶。2012年天然气产量为1.4亿立方米。位于阿富汗首都喀布尔南部的埃纳克铜矿已探明矿石总储量约7亿吨，铜金属总量达1133万吨，据估计可能是世界第三大铜矿。阿富汗还拥有全球第五大铁矿脉，煤炭储量7300万吨。[3]

阿富汗国家元首和政府首脑为总统。内阁由28名部长组成，部长由总统任

---

[1] 中华人民共和国驻阿富汗伊斯兰共和国大使馆经济商务参赞处，http://af.mofcom.gov.cn/article/zxhz/hzjj/201501/20150100879514.shtml，最后访问于2015年8月15日。

[2] Central Intelligence Agency U.S.A，http://www.state.gov/e/eb/rls/othr/ics/2014/226588.htm，最后访问于2015年8月15日。

[3] 中华人民共和国外交部，http://www.fmprc.gov.cn/mfa chn/gjhdq 603914/gj 603916/yz 603918/1206 603920/，最后访问于2015年8月15日。

命、国民议会通过。总统由五年一次的全国直接选举产生。全国划分为 34 个省份。立法机关是国民议会，采用两院制，由人民院和长老院组成。截至 2012 年 12 月，在司法部登记的政党有 84 个。阿富汗最高法院由首席大法官和 8 名大法官组成，负责刑事、公共安全、民事和商事法庭。此外，还有上诉法院、初级法院以及一些特殊法院负责处理毒品、安全、财产等方面的事务。

根据 2014 年 7 月的数据，阿富汗人口为 31822848 人，在全世界排名第 41 位，人口增长率约为 3.884%，世界排名第 10 位。城镇人口占总人口比重为 26.3%。阿富汗的主要民族为普什图族、塔吉克族、哈扎拉族、乌兹别克族，50% 的人口使用达里语，35% 的人口使用普什图语。

阿富汗经济正在从数十年战乱带来的影响中逐渐恢复过来。阿富汗经济从 2005 年到 2012 年经历了持续增长，增长率平均达 10%。该增长主要得益于国际支持，包括国际维和部队以及国际援助机构，主要增长领域集中在农业和服务业。随着国际部队撤退以及国际援助减少，阿富汗经济增长在短期或者中期内会有 3%—5% 的衰退。这样的增长率并不足以弥补预期政府财政赤字。尽管经济发展已经取得一定进步，但总体上阿富汗还是极其贫困、封闭，严重依赖国际援助。住房资源、清洁水资源、电力、医疗以及工作资源的缺乏使多数人口深受其苦。阿富汗人民的生活水平在世界居于较低水平。犯罪率高、安全问题、政府软弱、基础设施缺乏、政府无力执行法律等因素使阿富汗经济增长面临困境。

据统计，阿富汗 2012 年国民生产总值为 576.8 亿美元，增长率为 14%，人均国民生产总值为 1900 美元；2013 年该数据为 597.5 亿美元，增长率为 3.6%，人均 2000 美元；2014 年增长至 616.9 亿美元，增长率为 3.2%，人均较上年没有变化，仍为 2000 美元。其中服务业占比 53.5%，农业占比 24.6%，工业占比 21.8%。阿富汗农产品主要是鸦片、小麦、水果、坚果、羊毛、羊皮等，工业主要是小规模生产纺织品、砖、香皂、家具、鞋类、肥料、服装、食品、非酒精饮料、矿泉水、水泥、手工地毯、天然气、煤炭和铜制品等。2013 年财政收入为 49.1 亿美元，财政支出为 50.37 亿美元。税收以及其他收入占 GDP 的 22.6%，在世界排名第 140 位。2013 年通货膨胀率为 7.6%，2012 年该数据为 7.2%。

2013 年商业银行优惠贷款利率为 15.8%。

阿富汗主要出口商品为鸦片、水果和坚果、手工地毯、羊毛、棉花、动物皮毛以及宝石，其第一大出口贸易伙伴为印度，约占出口量的 31.9%；其次是巴基斯坦、塔吉克斯坦和美国。进口商品主要是机器和其他生产资料、食品、纺织品、石油制品等。其进口贸易伙伴为巴基斯坦、美国、俄国、印度、哈萨克斯坦以及中国，占比分别为 28%、18.6%、7.6%、6.3%、4.5% 以及 4.3%（2013 年数据）。[1]

阿富汗的电信系统主要为数量有限的固定电话服务系统，但阿富汗使用移动电话的人数正在增长。阿富汗通信和信息部宣称，阿富汗 90% 的人口居住在移动电话信号覆盖地区。阿富汗国有广播电台为阿富汗广播电视，在喀尔布和省份运行一系列广播站和电视台，此外还有大约 150 个私人广播电台、50 个电视台以及十几个国际电台。

阿富汗有 52 个机场，天然气管线 466 千米，公路 42150 千米，世界排名第 84 位。因为阿富汗是内陆国家，无出海口，两个主要河港为基拉巴德（Kheyrabad）、布拉汗（Shir Khan）。阿富汗共有 8 条国际运输通道，分别连接塔吉克斯坦、乌兹别克斯坦、土库曼斯坦、伊朗和巴基斯坦 5 个邻国。

阿富汗 2013 年外汇和黄金储备为 64.42 亿美元。2010—2011 年外部债务约为 12.8 亿美元，比 2008—2009 年的 59.83 亿美元大幅回落。

阿富汗政府应当将重点放在增加国内收入上。据估计，阿富汗将会把增长重点放在私人产业发展方面。该路径的成功取决于其使投资者在阿富汗看到商业机会的能力。

阿富汗政府认为发展有活力的私人产业对于重建饱受数十年战乱影响和缺乏科学管理的经济有至关重要的作用。政府在《阿富汗国家发展策略》已经作出一项原则性承诺，要促进私人产业领导经济发展，增加国内和国外投资。然而，虽然努力建立适宜私人产业竞争发展的环境，通过开发自然资源和发展基础设施

---

[1] Central Intelligence Agency U.S.A., http://www.state.gov/e/eb/rls/othr/ics/2014/226588.htm，最后访问于 2015 年 8 月 1 日。

建设来扩大私人投资的范围，以及促进来源于国内、阿富汗侨民和外国投资者在阿富汗投资，但以上努力却受到必要改革能力缺乏以及政治意愿不足的限制。

为加入世界贸易组织，阿富汗政府正在修订现有法律、制定新的法律法规，以使其贸易政策框架与世贸组织标准相符合。2015年12月17日，阿富汗获准加入世界贸易组织。现在，阿富汗法律法规框架和执行机制还处于初步发展阶段。很多鼓励和保护私人投资的必要法律还没有落实。此外，伊斯兰教法、传统法律和习惯与2004年《宪法》规定的官方法律体系相互重合，不能给予投资者和法律专家以明确的指导。除此之外，腐败也影响了法律适用的一致性。

尽管大多数阿富汗政府高级官员表达了对市场经济和外国投资的强烈愿望，很多商业活动表明这个态度并非总能在实践中反映出来。很多政府官员收受贿赂，征收非官方税费，官僚主义作风严重，与政府官方政策背道而驰。商业监管机构经常人手不足，因能力欠缺备受阻碍。财政数据系统也不够完善。

安全问题限制了投资者在一些地区发展商业的机会。一些经济部门（如采矿和碳氢化合物开采）仍然缺乏可以完全支持投资的规制环境。国内和国外投资者的腐败程度在一系列阻碍事项中排名前列。

下表归纳了阿富汗相关数据及排名：

项目	年份	排名
透明国际清廉指数[1]	2013	177位（共177国）
美国传统基金会的经济自由度指数[2]	2013	无排名
世界银行《2015年营商环境报告》[3]	2015	183位（共189个经济体）
世界银行人均国内生产总值[4]	2012	680美元

（2）投资现状

根据联合国贸发会发布的2014年《世界投资报告》，2013年阿富汗吸收外

---

[1] http：//cpi.transparency.org/cpi2013/results/，最后访问于2015年8月2日。
[2] http：//www.heritage.org/index/ranking，最后访问于2015年8月2日。
[3] *Doing Business* 2015, 12th edition, World Bank.
[4] 2014 *Investment Climate Statement*, Department of State.

资流量为 0.7 亿美元；截至 2013 年年底，阿富汗吸收外资存量为 16.4 亿美元。外商投资重点集中在建筑、航空、电信、媒体和第三产业，对加工制造业投资较少，涉农行业基本无人问津。

据我国驻阿富汗大使馆经商处统计，截至 2014 年年底，中国累计对阿富汗非金融类直接投资 5.14 亿美元，主要涉及矿产、通信、公路建设等领域。我国对阿富汗投资的主要项目是阿姆河盆地油田项目和埃纳克铜矿项目。2014 年年底，我国在阿富汗累计签订工程承包合同额 9.68 亿美元，完成营业额 6.38 亿美元。我国在阿富汗工程承包的主要领域包括电信、输变电线路和道路建设等。目前驻阿中资企业 8 家，中方员工约 150 人[1]。

由于政治安全的不确定性，阿富汗近两年的国际投资吸引力显著下降，其高度依赖外国援助的"外生性经济"面临巨大挑战，埃纳克铜矿、哈吉夹克铁矿等战略性投资项目也久拖不决。

目前，在阿富汗投资的中国个人很少，并主要从事餐饮、床垫加工、面粉厂、小商品贸易等小规模业务。

自 2004 年以来，阿富汗总统、副总统多次以主席国客人身份出席上海合作组织峰会和总理会议。2005 年 11 月，阿富汗同上合组织建立联络组。自 2009 年至今，上合组织已举行五次阿富汗问题副外长级磋商和一次阿富汗问题国际会议。2012 年 6 月，阿富汗正式成为上合组织观察员国。双方有望进一步开展投资经贸合作。

(二) 阿富汗《宪法》及基本法律制度

2002 年 1 月至 2004 年 1 月，阿富汗过渡政府沿用前国王查希尔颁布的 1964 年《宪法》。2004 年 1 月 26 日，阿富汗过渡政府总统卡尔扎伊签署颁布新《宪法》，规定阿富汗国名为阿富汗伊斯兰共和国，实行总统制。

根据阿富汗《宪法》的规定，国民议会是国家最高立法机关，由人民院

---

[1] 中华人民共和国驻阿富汗伊斯兰共和国大使馆经济商务参赞处，http://www.mofcom.gov.cn/404.shtml，最后访问于 2015 年 8 月 3 日。

（下院）和长老院（上院）组成。人民院议员不超过 250 名，根据各地人口数量平均分配，但保证每省至少有 2 名女议员。长老院议员从各省、区管理委员会成员中间接选举产生。国民议会有权弹劾总统，但须召开大支尔格会议并获得三分之二以上多数通过才可免除总统职务。阿富汗现议会于 2010 年 9 月选举产生，2011 年 1 月正式成立。现任长老院主席为法扎尔·哈迪·穆斯林姆亚尔，人民院议长为阿卜杜·拉乌夫·伊卜拉希米。

支尔格大会又称大国民会议。根据阿富汗新《宪法》的规定，大支尔格会议是阿富汗人民意愿的最高体现，由议会上下两院议员、各省议会议长组成，负责制定和修改宪法，批准国家其他有关法律；有权决定涉及阿富汗国家独立、主权、领土完整和国家利益等问题；审议总统提交的内阁组成名单；内阁部长、最高法院法官和大法官可以列席会议；会议不定期举行。

2002 年 6 月阿富汗召集紧急支尔格大会，选举产生以卡尔扎伊总统为首的阿富汗过渡政府。2003 年 12 月召开制宪支尔格大会，制定并通过新宪法。2010 年 6 月召开和平支尔格大会，呼吁塔利班等参与政治和解进程。2011 年 11 月召开大支尔格会议，讨论阿富汗同美国商订签战略伙伴关系文件事宜。

阿富汗的法律体系以伊斯兰教法、传统法律和习惯以及 2004 年《宪法》规定的官方法律体系组成，三个法律系统相互重叠，给法律适用带来一定困难。阿富汗所有立法必须经议会通过，但是当议会休会期间，总统有权发布具有法律效力的法令。在这种情况下，议会有权审查以及拒绝该项法令。阿富汗的《立法公布及执行法》要求官方声明、法律、令状和其他法律文件的公布应当在官方报刊上作出。相比之下，使国内法律、规章和其他适用措施的公布和解释具有法律执行力并没有法律要求或相关实践。一般情况下，阿富汗政府将起草的立法送至利益相关的政党获得评论，一些部门在全国性报纸上公布立法草案以获得公众的反馈。

(三) 阿富汗货币金融法律制度[1]

1. 货币银行法律制度

阿富汗货币为阿富汗尼，简称阿尼。阿富汗纸币有7种面值，分别为1000、500、50、20、10、5阿尼，硬币面值为5、2、1阿尼。过去3年，阿富汗尼兑换美元汇率呈贬值趋势，人民币同阿尼不能直接结算。

大部分阿富汗人没有银行账户，只有一小部分人现在有银行存款。阿富汗一直依赖非正式交易商进行金融活动。一方面因为对银行系统的功能并不熟悉，另一方面由于在农村地区接触银行的渠道较少。四家移动电话网络运营商中有三家提供移动货币服务，即 Etisalat、AWCC 和 Roshan，并且 MTN 也将在2015年推出移动货币产品。

金融是阿富汗第二大服务产业（电信是第一大服务产业），是私人投资和经济增长的重要推动力。2012年7月，17家商业银行在阿富汗运营，总资产大约为44亿美元。其中有三家国家银行：Bank-e Milli Afghan、Pashtany Comercial Bank 和 Export Promotion Bank，也有外国银行的分支机构，包括阿尔法拉银行（巴基斯坦）、巴基斯坦国家银行、巴基斯坦哈比比银行、潘加博国家银行（印度）等。

银行业务高度集中，贷款总额中的绝大部分都流向喀尔布省。由于法律法规体系缺陷较大，阻碍了财产权利的实现和抵押制度的发展，因此银行贷款受到很大阻碍。银行业贷款与储蓄比率大概为22%，大部分银行主要是将短期贷款授予知名的客户。通过银行和其他正式金融机构获得贷款太过艰难，导致现存企业依赖家族资金或者留存收益，这限制了企业家的发展，加重了对非正式借贷市场的依赖。

2010年曝光了喀尔布银行大规模欺诈事件，该事件揭示了银行规制和监管

---

[1] Central Intelligence Agency, U.S.A., http://www.state.gov/e/eb/rls/othr/ics/2014/226588.htm，最后访问于2015年8月5日。

系统的深层弱点。尽管有大量的技术支持，由于在管理和监督方面缺乏必要的进步，大阿富汗银行已无力跟上银行业发展的速度。因为阿富汗政府缺乏在金融领域执行法律以对抗联系紧密的违法犯罪者的政治意愿，这些缺陷就被进一步强化了。对私人行业的正式贷款占 GDP 的不到 10%，远远低于该地区的其他国家。世界银行《2014 年营商报告》显示，阿富汗贷款容易程度在 189 个经济体中排名第 130 位。阿富汗企业家抱怨从地方银行商业贷款的利率高达 15%—20%。为了解决这个问题，投资基金、租赁、微观金融和中小企业融资公司不断进入市场。然而，尽管有出资人对其活动的强力支持，这些公司还是由于还款困难受到影响。美国国际开发署（USAID）正与阿富汗政府和银行业进行合作，共同推进金融系统覆盖面的扩展和拓宽民众接触金融领域的渠道。在国际货币基金组织（IMF）的敦促下，旨在加强银行业监管的立法在议会处于停滞状态，在 2014 年总统选举后才有可能通过国际货币基金组织认可的法律。

2. 信用卡制度

阿富汗境内信用卡使用率不高，仅在少数涉外酒店可以适用维萨卡和万事达卡。中国银联卡在当地暂时不能使用。

3. 外汇法律制度

私人投资者有权将资本和利润汇出阿富汗，包括离岸贷款服务。对于与投资有关的资金以合法的结算率进行兑换、汇款以及汇出成为可自由流通的现金并无限制，如分红、资本收益、外国私人债权的利息和本金、租金、特许使用费以及管理费用。《私人投资法》规定，投资者可以自由汇出来源于合法企业的销售收入的投资分红或者收益。

阿富汗不采取固定汇率政策、现金控制、资本控制，对其他资金自由流动也无限制。2012 年，卡尔扎伊总统发布一项命令，宣布将超过 100 万阿富汗尼或者等额外国现金通过陆运或者空运带出阿富汗是违法行为，超过 50 万阿富汗尼不足 100 万阿富汗尼的应当申报。然而，该项规定执行得并不理想，尤其是对于那些在喀尔布国际机场通过 VIP 通道的人员，他们的行李很少接受阿富汗当局检查以保证符合报告要求。[1]

法律法规对获得投资外汇没有限制。然而在实践中，尤其在地方省份，很多银行没有能力处理外汇。在大型城市和一些省份，有一些较大规模、非正式的外汇交易场所，如贾拉拉巴德、喀布尔、坎大哈、赫拉特和马扎里沙里夫，这些城市中美元、英镑、欧元都可以兑换。想在阿富汗买卖外汇的实体必须在中央银行——大阿富汗银行注册，但是成千上万没有证照的货币兑换者依然活跃在金融活动中。非官方的货币服务提供者经常说由于货币兑换产业缺乏执行力，以及由此带来对有执照兑换者竞争力的不良影响，才是注册的阻碍。

由于在时限内阿富汗没有通过金融行动工作组的反洗钱和恐怖融资工作法律的要求，相应地，一些国际银行开始关闭阿富汗银行在国外的美元账户，这会增加国际资金入境和出境的金钱以及时间成本。

4. 证券法律制度

阿富汗没有开设证券市场。

(四) 与外国投资者的商贸、投资活动有关的法律制度

目前，阿富汗与贸易相关的法律主要有《海关法》、《合同法》、《保险法》、《仲裁法》、《调解法》、《大阿富汗银行法》、《货币和商业银行法》。

1. 贸易主管部门

阿富汗主要的贸易主管部门是阿富汗商业和工业部，其下属的对外贸易司主管贸易政策的制定和外贸的协调管理。外交部经济事务司负责政府层面的对外经济贸易关系的协调。此外还有商业和工业部主管的出口促进局，负责执行政策、促进贸易发展、组织会展、出口手续办理等业务。

---

[1] 2014 *Investment Climate Statement*, Department of State.

2. 税收法律制度

《私人投资法》规定，在阿富汗的外国投资者享有国民待遇，即外资公司和当地公司享有同样的待遇和同等纳税义务。除地方税有所区别外，阿富汗实行全国统一的税收制度，共九种税：个人所得税、公司所得税、公司资本损益税、发票税、进口关税、固定税、附加税、土地税和市政税。其中个人所得税最高为20%，公司所得税为利润的20%，公司资本损益税率为20%。

3. 公司法律制度

阿富汗投资者应当从阿富汗中央商务登记处（ACBR）进行企业登记注册，在阿富汗投资支持机构（AISA）注册，还要取得税务识别号码（TIN）。阿富汗投资支持机构可以拒绝给予投资者许可（无论国内还是国外），如果投资许可申请不完整，或者包含不明确的信息，不是通过注册的阿富汗企业进行投资，或者拟投资于禁止投资产业。

尽管阿富汗在《世界银行营商报告》中"开始商业经营"项下排名从2013年的28名上升到24名，但在"商业发展容易程度"项下排名依然不容乐观（在189个国家中排名第164位）。众所周知，阿富汗的私人产业，尤其是在阿富汗运营的国际公司开始商业经营相对容易，换发营业执照是一个棘手且昂贵的过程。阿富汗投资支持机构发放的执照必须每年更新，申请更新要基于财政部（MFO）确认所有应缴税额都已实际缴纳。当财政部审计其缴税情况时，一些公司的投资支持机构执照更新已经延迟了，尽管财政部保证正在进行的税收审计不应当阻碍投资支持机构执照更新。私人产业合同表明与投资支持机构执照更新相关的腐败和贿赂呈上升趋势。这些陈述表明，除了发放执照的问题，还有不合格管理的问题、投资支持机构许可公司名单的增加相关问题、非名单企业的营业执照更新以及首席执行官不经审计使用营业执照费用（每个执照大约1030美元）。

4. 外国公司承包法律制度

阿富汗承包工程需要得到发包单位和业主的认可。投标企业需要提供资质证明和曾经承包类似项目的业绩证明，并经阿富汗经济部招标办公室或其他发标单位认可。

5. 进出口商品检验检疫

阿富汗海关负责对进口货物进行检查，但现在检验设备和技术落后，效率低下，目前只针对食品、药品、饮料和服装进行检验检疫。

6. 劳工法律制度

阿富汗有劳动力751.2万人，其中从事农业劳动者占总劳动人口的78.6%，工业劳动者占5.7%，服务业约占15.7%。

阿富汗技术工人严重缺乏。15岁以上人口只有不到30%可以阅读和写作。数十年的战争使阿富汗教育水平低下以及缺乏培训机构，导致熟练的技术工人、优秀的管理者以及接受足够教育的专业人员严重不足。一些公司对员工提供培训项目，希望能从扩大的生产力中得到回报，但同时也面临风险，即有技术的雇员会寻找薪酬更高的工作。

阿富汗劳资关系并不和谐。尽管阿富汗有一些主要或小型的工会，但很少有劳资双方谈判发生。2005年劳工规则允许雇佣外国工人，但要求同等条件下阿富汗工人优先。2007年《劳工法》规定保证工人的基本权利，如工资、劳动时间、休假以及其他权利，禁止强迫劳动和使用童工。法律对于违反以上内容没有规定刑事惩罚。劳工、社会事务和工伤部（MoLSAMD）没有能力组织广泛的检查也无力执行现有规定。在政府和私人层面很少有人注意到法律规定的内容。经过两年的起草工作，国际劳工组织（ILO）和阿富汗劳工、社会事务和工伤部于2014年通过了一部新法，该法规定了违反劳工法律的制裁，保障了劳工参加工会以及进行劳资谈判的权利，加强了巡视员的权利。该法现在正处于司法部审查过程中。

根据阿富汗《外国人雇用法》的规定，外国人可以在有劳工和社会事务部发放许可的工作领域被雇用。工作许可有效期为一年并且需要更新。旅居阿富汗的外国公民如果想工作需要获得居住和经商签证。

7. 财产权法律制度

由于缺乏土地清册或者综合的土地所有权登记系统、土地所有权混乱、商事法庭的无能以及范围广泛的腐败，产权保护力度较小。阿富汗的土地法律法规规定不一致、相互重合、不完整或者对某些有效的土地管理制度缺乏细节性规定。法官和检察官通常都没有土地相关专业知识。阿富汗大约80%的土地持有和转让都通过非官方途径，没有法律认可的契据、所有权凭证，甚至简单证明所有权的方式。

现在，获得权属清晰的土地所有权来购买房产或者注册的租赁权益很复杂，障碍较多。世界银行在《2013年营商报告》中估计，在阿富汗注册一项产权平均需要250天，收取财产价值5%的法律费用。在土地产权和合同方面容易产生投资争议。很多证明土地所有权的文件都没有在官方登记机关存档。多个所有者宣称对一块土地拥有所有权，每人都从不同来源宣称权利。这些争议阻碍了商业和农业企业的发展。房地产代理人并不可靠。对土地并无所有权的人错误地主张权利减弱了投资者的信心。与阿富汗公民合作的外国投资者购买资产应当谨慎地选择可靠的合作者。

商业工业部的知识产权办公室负责审批专利、商标、工业外观设计、地理标志以及遗传资源；信息文化部的著作权理事会负责著作权和邻接权的事宜；阿富汗政府负责制定专利、商标、著作权相关法律以使其与WTO标准相符合。阿富汗加入WTO，成为TRIPS的成员。阿富汗在2005年加入了世界知识产权组织（WIPO）[1]。

理论上，知识产权所有者有权通过阿富汗民事法庭系统寻求司法保护。法院有权向所有当事人收集证据，做出事实裁判，做出最终判决以及支付赔偿金和诉讼费用。然而，判决在知识产权方面的执行并不高效。全国各地都销售盗版DVD和软件，假药和伪劣建筑材料也很常见。自从《商标法》开始实施，25个

---

[1] 2014 *Investment Climate Statement*, Department of State.

案件在法庭入档，其中 5 个案件已经结案。

8. 环保法律制度

2005 年阿富汗颁布第一部《环境法》，2007 年予以修改。该法在承认阿富汗当前环境状态的同时，为持续改善和管理环境提供了一个框架性法规。该法阐明了国家环境保护局和各省环保局之间相互协调的关系，列出了管理自然资源和保障生物多样性、保护饮用水、环境污染控制和环境教育的框架，为环保执法提供了依据。

9. 企业义务和优惠相关法律制度

阿富汗没有官方法律法规规定具体履行要求。除了建立企业的程序性要求外，不存在政府对于投资条件的限制。

没有歧视性进口或出口政策影响外国投资者。事实上，阿富汗由于经济活动的不确定性以及日益衰退，2013 年 7 月阿富汗内阁通过一系列优惠政策旨在促进私人投资。这些政策包括长达 10 年的免税期、土地补助、5 到 10 年贷款期的公共贷款、手工和无须招投标的小规模采矿活动自动可获得营业执照。然而，这些优惠政策尚未实施。

关于政府采购由 2005 年的《公共采购法》规定。该法规定：如果国内采购的价格比进口采购价格不高出 5% 到 10%，采购企业有义务根据投标文件采购生产或完成于国内的货物、劳务、服务。采购企业在招标文件中应当写明范围。此外，比较在阿富汗没有当地代表人的投标者或者不在阿富汗缴税的企业的投标，与那些有当地代表人或者在阿富汗缴税的企业的投标，前者的投标价格将会在投标程序中增加一定的百分比。

企业反映持有旅游护照的人到阿富汗做生意想得到签证非常难且需耗费大量时间。据报道，阿富汗政府官员通过加快发放签证收受贿赂。在发放签证之前，阿富汗政府要求申请人提供证据证明公司在阿富汗已经注册以及在公司工作的非阿富汗公民已经取得了工作许可。员工为了取得工作许可首先要拥有一个有效的阿富汗签证。有有效工作许可的人可以获得 6 个月的出入签证。

10. 保险法律制度

海外私人投资公司（OPIC）提供金融和政治风险保险，提供对私人企业投资资金的支持。从 2003 年起，海外私人投资公司在金融和政治风险保险中承担了超过 2.95 亿美元的金额，用以支持阿富汗的 38 项工程。

海外私人投资公司根据 2004 年与阿富汗政府签订的《投资优惠协定》（IIA）来运营自己的项目。然而，在上一个税务年，阿富汗金融部向海外私人投资公司会员交纳的利息征收 20% 的所得税。该种征税无视了《投资优惠协定》明确规定的税收豁免。

2014 年 1 月 10 日，海外私人投资公司总裁和首席执行官伊丽莎白·利特菲尔德给阿富汗金融部正式发函，通知阿富汗政府"其对贷款人向海外私人投资公司交纳的利息款项征税的做法无视《投资优惠协定》的条款，该行为使海外私人投资公司没有选择，只能停止考虑支持阿富汗的任何新的交易"。

自上述通知发出后，阿富汗政府开始在一系列内阁会议上讨论该问题。2014 年 2 月 22 日，阿富汗政府与美国大使馆进行外交照会，表明接受贷款者 2013 税收年度无须就其交纳给海外私人投资公司的款项缴纳赋税。然而，阿富汗政府外交照会同时表明，内阁命令商务部、外事部、金融部部长审查以及评论《投资优惠协定》是否符合阿富汗国家利益，该协定是否应当被废除、修改或中止。由于《投资优惠协定》未来形势的不确定性，美国大使馆建议海外私人投资公司不再向任何新的交易提供支持直到该项问题最终圆满解决。尽管美国大使馆对最终结果持谨慎的乐观态度，但考虑到相关部门的观点，美国大使馆不能确定最终结果或其时间。如果阿富汗政府投票决定中止《投资优惠协定》，该协定的条款（包括税收豁免条款）在一段时间内适用于海外私人投资公司向贷款人的投资支持，只要该协定还有效力，该项投资支持贷款还未偿付完毕。

11. 其他与商贸投资有关的法律制度

虽然投资高级委员会有权在某些工业、特殊经济产业以及特殊公司中限制外国投资的份额，但该权力从未被行使过。在实践中，投资可以百分之百由外资拥有。《私人投资法》授权投资高级委员会在相关部门同意的情况下根据案件具体情况适用与一般投资规则不同的规定。例如，财政部有权规定税收优惠，但该权力从未被行使过。如果大型投资项目会带来巨大的经济增长，促进农村、不发达地区发展，创造大量经济收入或就业机会，该项目可能适用不同规定。

尽管阿富汗不要求外国投资者必须有阿富汗合伙人，但阿富汗《宪法》和《私人投资法》禁止外国人拥有土地。所以，大多数外国公司认为与阿富汗合伙共同开展经营活动有其必要性，很多商人认为缺乏土地所有权是在阿富汗投资最大的障碍之一。外国人可以租赁耕地，最长达 50 年，如果租赁非耕地则时间可以更长。一些企业已经进行了谈判，签订自动续期条款最长可租赁 99 年。

小部分与管理当地领导以及政府官员有家族或者部落关系的商人主导很多领域的贸易市场。这些个人享有大量特权，拥有巨大财富，获得土地、贷款、合同的内部权利以及哄抬价格的权利，这导致一些领域严重欠缺竞争。此外，货币兑换、地毯生产等一些工业部门拥有组织良好的行会，这些行会保护现有企业而对进入该领域实行壁垒。

二、中资企业对阿富汗投资的主要产业及法律流程

（一）市场准入

《私人投资法》将投资定义为，为了在企业中获得股票份额或者其他所有者权益，以现金或者实物出资，包括但不限于许可、租赁权、机器、设备、工业和知识产权。《私人投资法》允许除了核工业、建立赌场以及生产麻醉剂和毒品外几乎所有经济产业部门的投资。此外，对于服务贸易或者有关动画图像、运输（旅客和物品）的总价值有一定限制，以及对保险公司可雇佣员工总数也有限制。《私人投资法》第十六条规定了外国投资者享有国民待遇。

投资高级委员会负责制定投资政策。该委员会成员包括农业部、经济部、财政部、外事部、矿产和工业部的部长,中央银行负责人,以及准政府性质的阿富汗投资支持机构的首席执行官。该委员会由商业和工业部的部长领导。高级经济委员会由总统领导,由投资高级委员会成员以及来自学界和私人产业的代表组成,他们在投资政策发展方面也起到了重要作用。

在某些行业的投资应当由投资高级委员会给予特殊考虑,同时咨询相关政府部门,如武器和爆炸物的生产和销售、非银行金融活动、保险、自然资源、基础设施建设(包括能源、水资源、污染物、垃圾处理、机场、通讯以及健康教育设施等)。投资高级委员会可能会对限制产业的投资作出特殊要求。超过300万美元的直接投资应当取得投资高级委员会的许可。

(二) 重点/特色产业[1]

阿富汗第一、第二和第三产业发展极不平衡。阿富汗农业生产力较低,工业发展落后,但服务业发展较快。

农牧业是阿富汗国民经济的重要支柱。阿富汗农业耕种技术和水平相当于中国二十世纪六七十年代的水平,现代化、高科技农业设施严重不足。粮食不能自给自足,每年需要国际援助或者进口来解决全国人民的用粮问题。阿富汗为温带大陆性气候,降雨量小,昼夜温差大,农业发展受到限制。主要农作物包括小麦、大麦、水稻、玉米、棉花、干果以及各种水果。畜牧业是阿富汗农业的重要组成部分,畜牧业主要以放养为主,有绵羊、山羊、牛以及家禽等。农业部统计的结果显示,2010—2011财政年度,粮食产量571万吨,比上年减产9%,粮食缺口100万吨。

阿富汗工业经过多年战乱陷于瘫痪。主要以轻工业和手工业为主,有纺织、化肥、水泥、皮革、地毯、电力、制糖和农产品加工等。中小型企业占工业的绝大多数,基础设施较差,没有完整的工业体系,工业产值不到国民生产总值的四

---

[1] "对外投资合作国别(地区)指南——阿富汗(2014年版)",中国国际贸易促进会,http://www.ccpit.org/Contents/Channel_359012015/0320/451952/content_451952.html,最后访问于2015年8月28日。

分之一。现有企业多为劳动密集型的初级加工厂，规模小、生产技术和设备落后，仓储简陋，缺少产品质量标准和质量检测机构。原本国内较好的企业，如加工厂、饮料厂等，也已经被外企收购或租赁。

服务业生机勃勃，产值在 GDP 的比重由 2006 年的 33% 升至 2012 年的 46.4%。金融、通信、物流业发展迅速。其中，通信产业发展最快，也是外商投资最集中的行业之一。电话人口覆盖率近 60%，互联网在城市较为普及。但由于西方人经常出入场所为武装分子袭击重点，因此高档宾馆、购物场所经营不佳，涉外服务业呈萎缩状态。

阿富汗能矿产业因多年战乱目前只有小规模开采活动，并未形成统一产业，对阿富汗 GDP 贡献率很小，采矿业产值只有 2000 多万美元。未来几年内，随着埃纳克铜矿、哈吉夹克铁矿和阿姆达雅油田的相继投产，阿富汗矿产收入将大大增加。总体而言，阿富汗矿产资源的潜力是巨大的，极有可能成为未来世界矿业中心之一；但是，在阿富汗投资矿业依然存在巨大的风险与不确定性，包括安全因素、政策因素、用工因素与基础设施等条件，极大地影响着投资收益。对我国的相关企业而言，实施"走出去"战略，开拓阿富汗的矿业开发市场，需要企业从技术、经济和社会三个方面综合评估，谨慎抉择，要具有战略判断能力和规避风险的能力。同时，也需要政府的技术、信息和政策支持与引导。对此，我国政府与企业应该提前谋划、尽早准备。[1]

地毯业是阿富汗的传统产业，历史悠久。阿富汗约有 100 万个地毯作坊，每年地毯出口量达 200 万平方米，创汇将近 2 亿美元。近几年，由于阿富汗与巴基斯坦之间运输通道受阻，优惠鼓励政策缺乏，工艺落后，原材料、人力成本上升，导致地毯业萎缩严重，出口大幅减少。阿富汗地毯当前在国际市场的售价约为 8000 美元每平方米，主要产地是楠格哈尔省和法里亚布省。

自 2002 年以来，国际社会为阿富汗战后重建提供了大量援助，推动了阿富汗境内建筑业发展。阿富汗全境、特别是大城市已建成诸多道路、桥梁、学校、

---

[1] 杨晓刚、段俊梅、李尚林、罗彦军、乔耿彪："阿富汗主要矿产资源及其矿业投资环境"，载《世界地理研究》第 23 卷第 2 期。

医院、机场、住宅等基建项目。阿富汗本国建筑公司规模较小，缺乏技术和管理人员。大型项目基本由国际承包商承建，当地建筑公司实力有限，主要从事分包工程或承揽一些小项目。

（三）发展规划

阿富汗政府公布了《阿富汗国家发展策略》，并处于实施的过程中。该策略重点强调了保险、农业、农村发展、基础设施建设、自然资源开发、教育、健康与营养、良好统治、法律规则和人权、经济管理和私人产业发展以及社会保护。为了促进《阿富汗国家发展策略》的实施，阿富汗政府将政府活动集中在以下三个领域内：第一，农业和农村重建；第二，人民素质提升；第三，通过实施优先项目创造就业机会、拓展地理影响、吸引更多投资来促进经济发展和基础设施建设。

阿富汗政府已经开始采取措施，通过开展一系列项目促进经济发展、改善国民生活水平。如"全国团结项目"促进了农村地区的就业率增长，"城市交通项目"给喀尔布创造了很多工作机会，"第二次关税改革和贸易便利化项目"[1]等都为阿富汗经济在新时期的增长起到促进作用。

随着美国撤军和阿富汗第三次总统大选，塔利班发动了春季攻势，喀尔布及周边省份重点城市的安全形势急剧恶化。针对外国人驻阿富汗机构、重点部委的恐怖袭击不断发生。东部、南部和西南部地区安全局势恶劣，北部地区略好。

（四）投资法律流程

1. 设立企业形式

阿富汗允许的外资设立的企业形式包括自然人或法人投资设立的独资企业、合伙制有限公司和有限责任公司。

根据《私人投资法》，外国和国内私人企业享有同等地位，可以建立和拥有

---

[1] Website of world bank, http://www.worldbank.org/en/country/afghanistan，最后访问于2015年8月7日。

商事企业，可以从事各种形式的营利性活动，以及有权自由获得和处置企业的收益。

2. 注册企业法律程序

阿富汗投资支持机构（AISA）负责对阿富汗境内所有投资的注册、发放执照以及促进投资发展。它的主要职能集中于采取积极主动的措施从阿富汗境内外吸引工业投资者，从而促进就业和经济增长。

拟申请营业执照的公司必须提交以下材料：

①详细填写申请表格并附三张申请人照片；

②由本国在所在国的相关机构出具的申请人无犯罪记录证明；

③拟成立公司的名称、成立日期、投资金额以及国内公司的通信方式；

④由本国银行出具的无不良记录证明；

⑤由本国母公司或商会出具的担保证明。

所有上述文件须由阿富汗驻外使领馆认证并加盖本国驻阿富汗使领馆的印章，由阿方外交部转阿富汗投资促进局。[1]

3. 承包工程项目程序

阿富汗招投标信息可以从阿富汗当地报纸、媒体、网站获得。阿富汗经济部重建和发展服务司信息中心负责网上注册事务。该中心会定期将项目招标信息发放给企业。

阿富汗国家的工程项目和外国援助项目多采用国际招标的方式，一般对企业资质、资金和技术有一定要求。有些项目招标者可能采取议标方式，指定企业承担该项目。

企业如参加投标，会被要求提供资质证明、过去业绩（完成项目）的相关资料和标书、保函等，这些资料和证明需得到业主或承包商的确认。

---

[1]　"对外投资合作国别（地区）指南——阿富汗（2014年版）"，中国国际贸易促进会，http://www.ccpit.org/Contents/Channel_359012015/0320/451952/content_451952.html，最后访问于2015年8月28日。

4. 申请专利和注册商标

阿富汗商工部商标注册办公室负责专利相关机构。根据阿富汗《外国专利登记法》的相关规定，曾在其他国家注册过的专利可在阿富汗获得注册，申请时间必须在原批准国批准该项专利的 2 年之内。申请专利时需提交文件如下：

①申请人和发明人资料，包括名字、地址、联系方式、身份证明等；

②如外国人申请专利，需出示原批准国的相关资料；

③相关技术资料；

④图片或照片等。

此外，需要在商标注册办公室填写申请表格（一般可委托当地律师代为理）。

阿富汗商工部正在起草《商标法》并拟成立商标办公室（Trademark Office）来负责有关商标注册事宜。

5. 企业的社会责任

阿富汗政府鼓励大型企业和外国投资者承担企业的社会责任。大规模采矿合同包括环境保护条款和社区纳入条款。阿富汗法律禁止会导致损坏文物的采矿行为，除非采矿公司获得信息文化部的优先许可。议会正在起草一部采矿法律草案，号召采矿合同持有者征求会受到采矿工程影响的社区的意见，执行一项社区发展协议，其中包含企业环境和社会影响的评估细节。美国国际开发署最近开始阿富汗可持续发展之矿产投资和发展项目，这会为居住在矿山附近的社区通过训练和政府支持提供指导，从而帮助他们从采矿活动中获益。

阿富汗的四家移动网络运营商都有制定完善的企业社会责任项目，包括健康、教育、增加就业、环境保护和帮助难民等。一些阿富汗私产机构也从企业社会责任基金中获得帮助。阿富汗的美国商会分会将企业社会责任作为其工作的核心领域。此外，一些阿富汗企业成立基金会来对健康、教育以及消除贫困等方面提供帮助。

（五）优惠政策

阿富汗鼓励吸收外资，投资促进局对外资公司的设立给予方便，实行"一站式"服务。外资公司所得利润可全额汇出，对使用外籍雇员没有限制。如3年内无盈利，可直接申请最低额的公司税，投资阿富汗优先发展领域的还可享受更多优惠，投资企业进口用于生产的机械设备可申请免税，进口建筑材料也可减税。

（六）阿富汗对中国企业保护政策

中国与阿富汗目前尚未签订投资保护协定和避免双重征税协定。2010年3月，中国与阿富汗签署《中华人民共和国政府关于给予原产于阿富汗的部分输华产品特别优惠关税待遇的换文》。自2013年起，阿富汗95%输华产品享受零关税待遇，但阿富汗对中国尚未有特殊优惠措施。

三、中国与阿富汗投资争端解决程序与案例

（一）投资争端解决程序及现状

阿富汗合同法律规则规定于1995年《阿富汗商法》和1997年《阿富汗民法》中。根据以上法律，当事人可以：①就任何标的物自由订立合同，只要标的物和合同履行不违反法律、公共政策和伊斯兰教法；②约定适用外国法作为准据法。

自2005年起，阿富汗法律明确承认其他替代性争议解决方式。2005年，阿富汗成为《承认和执行外国仲裁裁决公约》的成员国。根据该公约，阿富汗同意：①承认和执行其他缔约国作出的裁决；②在商业纠纷中适用公约。《私人投资法》和《2007年商业仲裁法》规定：①当事人可以选择适用外国法律以及约定通过仲

裁或其他境内境外机构解决其争议；②阿富汗法院必须执行上述裁决和协议。[1]

然而在实践中，如果一方当事人拒绝适用约定的争议解决条款，而去阿富汗法院或法律执行机构要求享有合同权利，外国投资者通常不能通过诉讼解决争议，这导致一些外国投资者被迫接受较为不利的条款来解决争议。

《刑法》规定了对于违法合同的一些惩罚，主要城市的正常法院可以行使该项权力。名义上处理商业交易纠纷的独立法庭在很多地方可能事实上并没有实际运作。商事法庭案件中，如果一方当事人对判决不服，可以上诉至前述独立法庭，最终可以上诉至最高法院商事审判庭。法律规定了独立司法制度，但是司法体系持续经费不足、人员不足、人员缺乏培训、效率低下、受威胁、偏见、政治势力、大量腐败影响严重。贿赂、腐败以及来自政府工作人员、部落首领、被起诉者家庭、与叛乱势力有关个人的压力持续影响司法公正。多数法庭根据成文法、伊斯兰教法和当地习惯裁判案件，不能做到公平地给予当事人公正的裁决。一些法庭忽视可以适用的成文法而倾向于适用法官个人对伊斯兰教法原则的解释或者当地习惯。

民事案件经常采用非正式方式解决，在一些案件中，案件通过官方司法系统工作人员或者私人律师协助的谈判解决。因为在农村地区，人们接触官方司法系统的渠道有限，地方有声望的长者或者舒拉（一种民众咨询集会，一般由社区选举的男性组成）成为解决民事争议以及刑事案件的主要途径。他们可以施加非经官方同意的惩罚。据估计，80%的争议都是舒拉或者族长会议解决的。

投资者应当认识到，2013年人权报告中提到，在大多数省份任意逮捕时有发生。在一些案件中，首席检察官的办公室在一些警察的配合下对一些当事人处以刑事处罚或者威胁处以刑事处罚，这些当事人可能只是与外国公司和阿富汗企业或个人之间合同纠纷有间接关系。例如，在2012年9月，当局逮捕两名菲律宾公民，理由是他们的外国雇佣者不能对阿富汗分包商提供的货物或者服务支付价款。当政府机关无法抓捕公司的高级管理人员时，就将20名员工认定为宣称债务的共犯。后来，有两人被羁押，其余人员被释放。两名菲律宾人被羁押长达

---

[1] 2014 *Investment Climate Statement*, Department of State.

一年以上又不提起诉讼,终于在 2013 年 10 月进入法庭,于 2013 年 11 月,在外交官的不懈努力下,二人终获释放。

单独监禁依然是个问题,律师及时会见当事人也难以得到保证,当事人最终还可以接触到一名律师。2013 年人权报告中提到,一些在押人员遭受到折磨和其他不良待遇。

(二) 中国在阿富汗投资案例

1. 中石油阿姆达利亚盆地油田项目[1]

2011 年 12 月 28 日,中石油和阿富汗当地 WATAN 石油天然气公司的联合体与阿富汗矿业部正式签署阿姆达利亚盆地油田开发协议。阿富汗矿业部长沙赫拉尼在签字仪式上表示:阿富汗国内燃料完全依赖进口,其中 60% 从中亚进口,40% 来自伊朗,该项目的实施将有助于促进阿富汗的经济和社会发展;2012 年,阿富汗再推出 2 个油田招标项目,一个位于巴尔赫和朱兹詹省,另一个位于西部赫拉特省。

共有 12 家国际公司参加该项目竞标,中石油联合体最终胜出。项目储量约 8000 万桶。

2. 中冶-江铜联合体埃纳克铜矿项目[2]

埃纳克铜矿位于阿卢格尔省,堪称已探明的世界最大铜矿之一。该铜矿矿区面积 6 平方公里,矿石总储量 7 亿吨,平均含铜量 1.65%,有三分之一矿石品位高达 2.37%,铜金属总量估计 1133 万吨。

2008 年 5 月 25 日,阿富汗矿业部在喀布尔举行隆重仪式,由中冶集团总裁沈鹤庭和阿矿业部长阿迪尔分别代表中冶-江西铜业联合体和阿富汗矿业部正式签署关于由中冶-江铜联合体租赁开发埃纳克铜矿项目的合同。

---

[1] 中国石油设备网,http://www.oilequipcn.com/news/14808331.html,最后访问于 2015 年 8 月 7 日。
[2] 中华人民共和国商务部,http://www.mofcom.gov.cn/aarticle/i/jyjl/j/200805/20080505553992.html,最后访问于 2015 年 8 月 7 日。

该项目的开发将开创阿富汗资源开发的历史，带动阿富汗其他资源开发和相关产业及基础设施建设的发展，促进阿富汗经济增长，改善社会民生。中阿合作成为阿富汗与其他国家经济技术合作的样板，带动阿富汗的国际和区域合作。该项目将成为中阿关系史上的里程碑，以及中阿合作的纽带。中冶总裁沈鹤庭表示，将信守诺言，将项目建成世界级水平的铜矿，为促进阿富汗社会、经济发展和提升两国合作水平做出贡献。

中冶集团自2002年10月开始跟踪项目以来，于2007年5月与江西铜业组成联合体参与了与来自美国、俄罗斯、哈萨克斯坦和加拿大4家公司的竞标，并于11月一举胜出。中阿双方在经历4个月合同谈判后，就所有条款条件达成一致，为正式签约奠定了基础。

根据中冶联合体与阿方达成的协议，阿方政府以租赁方式将埃纳克铜矿项目交由中冶联合体开发和经营，期限为30年。

四、中国与阿富汗经贸法律特征的专项研究

（一）阿富汗法律体系不完善

阿富汗经过数十年的战乱，经济政治发展严重受到阻碍，立法进程、执法效果、司法公正也受到影响。三大法律渊源之间相互重叠，甚至存在规定不一致的情况。法律对很多领域规定存在空白，如没有《商业组织法》、《企业破产法》等经贸基本法律，导致很多情况下没有法律可以适用、处理方法不一的情形发生，最终破坏法律系统的统一性。法官倾向于依照传统法律制度或者伊斯兰教法裁判案件，使得案件处理结果可能与现代国际通行做法不符，从而打击投资者的投资信心。

报告显示阿富汗腐败盛行。海关的系统性腐败阻碍了合法市场经济的发展。阿富汗政府官员在很多情况下收受贿赂，如缺斤少两、不检查船只等，这些行为

促进了走私违法货物和合法货物的违法贸易，同时也减少了阿富汗财政收入，削弱了监管机构职能。

在实践中，商事起诉刑法化处理或者从富有的外国投资者处敲诈金钱的现象很常见。政府不能对公务人员腐败有效地处以刑事处罚，官员的腐败行为经常得不到惩罚。阿富汗有一些关于省级层面审判小数额腐败的报道。政府承诺与腐败斗争，包括卡尔扎伊总统2012年颁布的法令，但是该法令的实施却难见进步。

去年有报道表明私人和公共机构的争夺土地事件呈上升趋势。最典型的是有些商人非法从腐败官员处获得契据，又将契据卖给"房屋所有者"，这些所有者后来可能被处以刑事处罚。还有报道表明，有些政府官员攫取土地却不给予补偿。偶尔，省级政府不遵守合法程序或者不给予补偿而非法征收土地来建设公共设施。

（二）安全形势不容乐观，严重阻碍经贸法律进一步发展

随着驻阿联军的撤出，阿富汗安保环境将随之恶化。国内武装冲突时有发生，针对外国人的袭击屡见不鲜。仅6月1日和2日两日，就有多起流血冲突发生。6月1日，塔利班和警方在帕克提卡省激战中导致5人死亡，不明武装分子在巴尔赫省杀害了9名"People in Need"非政府组织的当地成员；6月2日，塔利班和阿富汗安全力量在巴格兰省激战中导致7人死亡，警方在帕克提卡省击毙两名恐怖分子，朱兹詹省有3人遭不明武装分子枪击身亡，塔利班袭击了该省多处安全检查站，3名塔利班武装分子被阿富汗安全力量击毙。由此可见，阿富汗安全形势不容乐观。

中国在采矿和油气领域与阿方签订了一系列合作协议，为阿富汗带来了可观的收入和大量就业机会。但是，中国在阿富汗的投资面临巨大的安全风险。比如，埃纳克铜矿位于喀布尔东南约30公里处，属于塔利班的活动范围，就连保护筑路工人的阿富汗警察也经常遭到路边炸弹袭击。为消除这一威胁，美军一度抽调2000多名士兵部署在铜矿所在的卢格尔省。[1] 企业在投资之前应当做好前

---

[1] 刘中民、范鹏："阿富汗重建，中国扮演什么角色"，载《世界态势》2013年12月。

期调研，认真评估安全形势，保持高度警惕，制定周密的防范措施，谨慎处事，杜绝单人、夜间和步行外出，确保自身安全。

在此情况下，阿富汗国家、政府在社会安定都难以保障的情况下没有多余精力制定法律以发展经济贸易，此外也缺乏良好的外部环境来保证经贸法律的制定、实施，因此短期内，阿富汗法律难以有较大进步，在阿富汗投资仍存在较大风险。

（三）中阿睦邻友好、经济互补，双边条约可弥补法律空白

阿富汗自然资源资源丰富，但由于多年战乱，科技水平低下，经济发展缓慢，资源开发程度很低。安全形势好转后，阿富汗经济发展潜力巨大。从地理位置上看，阿富汗地处西亚、南亚和中亚交会处，扼南北交通要冲，发展过境运输贸易，具有得天独厚的地理区位优势。此外，中亚地区和里海盆地被认为蕴藏着大大超过科威特、墨西哥湾或北海的天然气和石油。[1] 因此，阿富汗也直接关系到中国与中亚、里海地区的经贸和能源合作。随着安全形势的不断好转，阿富汗支撑经济发展所需的各类制造加工业和相关附属配套设施逐渐成熟，为外国企业投资提供了良好的基础。

同时中国在矿藏开发方面已经积累了很多经验，技术较为成熟，设备先进，已经在很多国家开展援助和投资项目。中国一向本着互利共赢的原则，在尊重对方领土主权完整、双方平等协商一致的基础上，同他国开展经贸合作。中国与阿富汗开展合作必将对两国经济发展起到促进作用。

中国贸促会会长万季飞在"中国-阿富汗商务研讨会"上指出，目前中阿两国的经贸联系以贸易为主，中国的机电、五金、纺织、轻工类产品在阿富汗市场上比较受欢迎，经济合作则主要涉及通信、公路建设、房地产等领域，经贸合作的总量还不大，需要中阿双方工商界共同携手，进一步加大合作开发力度。万季飞会长强调，阿富汗目前正在积极进行战后重建工作，经贸合作机会很多。而中国有许多物美价廉的产品符合阿富汗人民的需求，同时中国在基础设施建设方面

---

[1] 刘中民、范鹏："阿富汗重建，中国扮演什么角色"，载《世界态势》2013 年 12 月。

多年来也积累了丰富的经验和先进的技术,加上两国互为友好邻邦的地理优势,中阿合作潜力十分巨大。[1]

中国和阿富汗自 1995 年 1 月建交以来,双边关系发展顺利。2002 年 12 月,中国同阿富汗其他五个邻国一道与阿富汗签署《睦邻友好宣言》,声明尊重阿富汗主权和领土完整,支持其和平发展和重建工作。2006 年 6 月,中阿签署《睦邻友好合作条约》,宣布建立全面合作伙伴关系。2012 年 6 月,中阿签署《联合宣言》,宣布建立中阿战略合作伙伴关系。中阿经济互补,双边贸易绝对量不大,但增长迅速。中国对阿富汗出口产品主要为机电、五金、纺织、日用品、轻工类产品等,进口商品主要是牛羊皮等。近年来,中国企业加大对阿富汗的投资力度,但在合作过程中也出现了一些问题。例如,阿富汗中央政府与地方势力矛盾一度影响油气开采进展,安全形势恶化导致项目严重滞后。

在法律体系难以跟进的情况下,两国应当签订双边条约以扩大双边经贸关系,同时为在阿方投资者提供优惠、保护在阿方投资者的合法权益提供保障。双边条约应当以两国平等协商、友好合作为基础,秉承发展经济水平、提高国民生活水平的理念,符合国际法的一般原则和惯例予以制定。

五、经贸、投资法律风险因素及应对策略

(一) 政治风险

1. 政治基本情况

"9·11"事件后,塔利班政权在美国的军事打击下垮台。在联合国主持下,阿富汗启动战后重建的"波恩进程"。2001 年 12 月,阿富汗临时政府成立。2002 年 6 月,过渡政府成立。2004 年 1 月,新《宪法》颁布,国名定为"阿富

---

[1] 高潮:"阿富汗:重建中有投资机遇",载《中国对外贸易》2006 年 7 月。

汗伊斯兰共和国"，实行总统制。2004 年 10 月，卡尔扎伊当选首任总统，并于 2009 年成功连任。因此，自 2001 年年底以来，卡尔扎伊一直是阿富汗最高领导人，政局总体保持稳定。国民议会是阿富汗最高立法机关，由人民院（下院）和长老院（上院）组成。下院议员以直接方式选举产生，任期 5 年。下院议员不超过 250 名，根据各省人口数量平均分配。上院议员从各省、区管理委员会成员中间接选举产生。根据阿富汗《宪法》的规定，大国民会议是阿富汗人民议员的最高体现，由议会上、下两院议员、各省议会议长组成，负责制定和修改宪法，批准国家其他有关法律，有权决定涉及国家独立、主权、领土完整和国家利益等问题，审议总统提交的内阁组成名单，内阁部长、最高法院法官和大法官可以列席会议，会议不定期举行。

阿富汗主要党派有阿富汗伊斯兰促进会、阿富汗伊斯兰民族阵线、阿富汗民族解放阵线、阿富汗圣战者伊斯兰联盟、阿富汗伊斯兰统一党、阿富汗伊斯兰运动，其中后两者属于什叶派，其余属于逊尼派。

2. 政局分析

第一，阿富汗议会民主政治尚不成熟。一是政府执行能力不足。中央与地方政府关系不畅，大量公务人员受高薪诱惑或因塔利班威胁辞职。美国国际开发署数据显示，2011 年 9 月，在阿富汗 14 个最不安全的省份，政府公务员到岗率仅为 60%。二是民族分野依然严重。目前，阿富汗形成了"阿富汗政党协作委员会"这一涵盖 23 个主要政党的政治联盟，旨在协调彼此立场并试图在 2014 年总统大选中联合推选一名候选人。然而，这一联盟内部仍存在以民族划线的若干个小联盟，如"阿富汗民族联盟"、"民族阵线"以及"真理与公正联盟"等，各个联盟之间政治诉求迥异，彼此间存在较大矛盾。三是政府与议会摩擦不断。阿富汗议会构成复杂，既包括圣战领袖、地方实力派，也有不少新生代政治家。议员自身及所代表利益集团的诉求在不同议题上分化结盟，缺乏有效的参政议政能力，经常阻挠政府法案和政策通过。

第二，塔利班等反叛组织仍未加入正常政治轨道中。美国等西方国家及阿富汗政府均已意识到无法剿灭塔利班，转而试图通过拉拢塔利班加入和谈而将其纳入现行政治框架。但目前一些困难阻碍了该进程。一是塔利班中断和谈。塔利班一度开设卡塔尔和谈办事处与美国展开直接接触，但由于同政府矛盾随即宣布关闭。塔利班作为阿富汗境内最大的反叛组织，其加入和谈与否对阿富汗政治局势稳定至关重要。二是"哈卡尼网络"追索塔利班。"哈卡尼网络"与"基地"组织、塔利班关系密切，兼具本土抵抗和国际"圣战"多重属性，在喀布尔拥有组织严密的网络，涉嫌在喀尔布策划多起恐怖袭击。在和谈问题上，"哈卡尼网络"领导人西拉杰丁一贯表示只会追随塔利班最高领导人奥马尔。三是伊斯兰党立场反复，其领导人希克马蒂亚尔在内战期间曾为谋取自身利益而与主要派别先后结盟，在和谈问题上也倾向于待价而沽。

第三，未来安全形势仍然比较严峻。一是美国过早撤军影响军事平叛行动。2015年10月，美国总统奥巴马宣布，2016年年底美国还将在阿富汗保留9800名士兵，至2017年奥巴马离任时保留5500名士兵。[1] 在此形势下，阿富汗安全部队能够保住近两年在南部地区取得的成果，并在东部地区继续保持对"哈卡尼网络"和塔利班的压力将是个巨大未知数。二是美国迫于财政压力有意削减阿富汗当地安全部队规模。这一方面会削弱阿富汗安全部队的战斗力，另一方面由于阿富汗就业率较低，不能排除被裁减安全部队及其家人迫于生计加入塔利班武装的可能。三是阿富汗安全部队缺乏独立作战能力。阿富汗安全部队作战素质普遍不高，还有军费缺乏、后勤保障能力低下等问题困扰。因此尚不具备独立作战能力。四是犯罪活动猖獗。除反叛组织威胁以外，阿富汗黑帮、毒贩也在乱局中活动猖獗，导致不少阿富汗人将财产和企业转移至国外，使阿富汗经济环境进一步恶化。

第四，与邻国巴基斯坦存在矛盾。巴基斯坦、阿富汗两国政府在阿富汗和平进程问题上存在一系列分歧。一方面，两国和谈目的不同。卡尔扎伊政府希望通过和谈结束当前混乱局势，着眼于维系现行政治体制，确保其在"后美军时代"

---

[1] 新华网，http://news.xinhuanet.com/world/2014-05/30/c_126566749.htm，最后访问于2016年8月29日。

的统治地位。巴基斯坦政府则旨在避免阿富汗局势完全失控，服务于其构建西部"战略纵深"的政策。另一方面，双方和谈对象存在差异。卡尔扎伊政府对和谈持谨慎态度，要求制定严格的和谈标准，反对盲目招安各类反叛势力。巴基斯坦则不仅支持塔利班参加和谈，还希望将更加激进的"哈卡尼网络"等其他反叛势力纳入和平进程。自 2013 年以来，两国关系再度紧张。例如，旨在推进和平进程的"联合总价学者会议"被无限期延迟，两国安全部队在边境地区交火时有发生。

美国国务院持续向美国公民发出警告，反对其公民去阿富汗旅行。反政府动乱和政治纷争时有发生，公众对安全的担心限制了经济活动的发展。当国际维和部队撤退，安全问题成为投资者的首要担忧。在阿富汗运营的外国公司每年都要将收入的很大一部分花费在安保设施建设和运行费用上。阿富汗安全机构已投入 620 亿美元，可见未来一段时间内将会继续每年投入数十亿美元[1]。尽管如此，阿富汗的安全形势依然严峻。

（二）经济贸易风险

1. 经济波动风险

第一，阿富汗经济严重依赖外部援助。阿富汗经济近年来维持着约两位数的增长速度。然而，其经济发展严重依赖国际援助和驻阿富汗联军催生的外军服务经济。国际援助约占阿富汗国民生产总值的 50%，驻阿富汗联军开支占阿富汗国民生产总值的比重也在 40% 以上。随着驻阿富汗联军启动防务移交进程，无论是援阿资金还是联军开支均将随之减少。据估计，联军 2014 年在阿富汗军事花费将比 2011 年削减 70% 到 90%。这对阿富汗服务业将是重大打击。世界银行预计，2014 年后，因驻阿联军规模和国际援助大幅减少，阿富汗国民生产总值年均增速将从目前 9% 的速度降至 5% 到 6%。[2]

---

[1] Center for Strategic & International Studies （CSIS），http://csis.org/event/budgets-and-bullets-taking-stock-afghanistans-security-forces，最后访问于 2015 年 8 月 11 日。
[2] 中国出口信用保险公司：《国家风险分析报告 2013》，中国财政经济出版社 2013 年版，第 7 页。

第二，通货膨胀随生活必需品价格波动。食品价格是影响阿富汗通货膨胀的最主要因素。阿富汗粮食不能自给，大量食品需要从巴基斯坦进口。2010年到2011年，巴基斯坦遭遇特大洪灾，引发阿富汗通货膨胀水平快速上升。2012年，阿富汗粮食生产获得丰收，使得其通货膨胀率逐渐回落。此外，随着国际援助不断涌入，援助阿富汗国际人员居住需求以及数百万难民的回归，阿富汗不动产价格将会不断上升，也对其国内物价形成一定压力。

第三，毒品和腐败活动泛滥，挤压合法经济增长空间。自塔利班政权倒台以来，阿富汗罂粟种植面积急剧扩大，鸦片和海洛因产量长期居世界首位，2009年该国鸦片产量甚至一度高达6900吨，占到全球总产量的89%。2010年，国际货币基金组织的一份报告认为，阿富汗毒品总值占其GDP比重约为23%，至少有5%的阿富汗人将毒品作为其主要收入来源。2011年，这一情况未有改观，该年阿富汗罂粟种植面积达13.1万公顷，较上年增长7%，鸦片产量约为5800吨，农场收购价格达14亿美元，约占GDP的9%。阿富汗生产的毒品主要通过伊朗或者中亚进入欧美市场，整体市场潜在价值高达650亿美元。除此之外，阿富汗腐败现象猖獗，国际货币基金组织数据显示，2010年阿富汗官员收受贿赂达25亿美元，约占当年GDP的16%。严重的毒品和腐败问题不仅对阿富汗社会稳定造成巨大威胁，同时也不利于该国合法经济的增长和发展。

2. 国际收支失衡风险

第一，对外贸易逆差情形近期难以扭转。阿富汗出口以农产品为主，收入有限，而近年来阿富汗在国际援助下，许多大型项目相继开工，工程所需材料进口量逐年增加，导致对外贸易持续逆差。虽然阿富汗也有一些矿产开采类项目，但这些项目目前处于施工阶段，在短期内不会有明显的产出，对出口情况改善作用不大，因此近期阿富汗贸易逆差情况难以改变。从中长期来看，阿富汗矿产出口、对中亚国家货物转运以及对伊朗贸易均有望增长，其贸易状况预计有所改善。

第二，国际收支基本平衡，但面临巨大风险。目前，阿富汗经常项目基本保持收支平衡，并有一定程度顺差。然而，阿富汗经常项目平衡主要依赖国际援助，国际援助资金占到国家预算的70%。在国际援助资金不断减少的情况下，阿富汗未来将面临严重的经常项目赤字。世界银行认为，在排除国际援助资金的情况下，阿富汗2012年经常项目赤字相当于GDP的43%。不过由于外部援助力量较大，阿富汗国际储备水平尚可，2012年达67亿美元，短期内国际收支状况在可控范围。

3. 金融与汇率波动风险

第一，金融体系脆弱。阿富汗金融体系在数十年战争中已被破坏殆尽。目前，阿富汗国内金融业信心普遍不足，但有一些进步。一方面，阿富汗尼发行量有所增加。2009—2010财政年度，流通的阿富汗尼一度增加22%。另一方面，在中央银行注册的商业银行不断增加。2004年，商业银行净资产为3亿美元，到2008年3月，16家运作良好的商业银行资产达到17亿美元。不过阿富汗喀尔布银行出现的贪腐事件，严重打击阿富汗银行业信心，暴露了其银行体系的诸多问题，甚至威胁金融业整体安全。

第二，货币持续贬值。近年来阿富汗国内通货膨胀压力较大，对外贸易长期逆差，导致阿富汗尼针对美元不断贬值。2010年阿富汗尼兑美元汇率为45.3∶1，到2012年第三季末，这一数字成为52∶1。随着2014年驻阿联军撤出，阿富汗汇率受到影响。一方面，驻军减少阿富汗国内需求下降，进口商品数额随之减少，阿富汗面临的压力也会变小。另一方面，驻阿联军、援助机构和人道主义组织曾带来大量外汇流入，今后必定减少。2015年美元对阿富汗尼的汇率为1∶49.82。

4. 外债偿付风险

阿富汗外债负担较重，但风险目前可控。据《阿富汗瞭望报》2011年10月25日报道，阿富汗财政部24日表示，目前阿富汗外债总额为23亿美元。大部分外债是长期零利率贷款，主要用于项目建设和行政开支。阿方预计大部分外债会被免除。1966年至2008年，阿富汗偿还了部分外债，但大部分外债则由国际社会予以免除，其中俄罗斯免债最多。亚洲发展银行、世界银行、国际货币基金组织和美国等共免除阿方债务超过 15 亿美元，[1] 因此阿富汗短期内外债偿付风险不大。如 2007 年俄罗斯决定免除其 100 亿美元外债，2008 年巴黎援助阿富汗会议承诺提供 200 亿美元援助。2010 年，国际货币基金组织免除阿富汗 16 亿美元外债。[2] 然而，从中长期看，随着国际援助资金的减少，政府财政收入来源有限，阿富汗仍面临相当高的外债偿付风险。

5. 财政失衡风险

阿富汗财政失衡风险较高。2013 年，阿富汗政府财政预算大幅上涨，达到 3550 亿阿尼。其中，经常性预算为 1630 亿阿尼，发展预算为 1920 亿阿尼，同比涨幅明显。阿富汗预算主要方向是安全、行政、能源和教育，占到总支出的 70%以上。从预算来源看，尽管 2013 年政府预计自有收入为 23 亿美元，但由于预算整体出现大幅上涨，自有收入占阿富汗预算比重仍仅为 30% 左右，大部分仍要依赖国际援助和贷款。未来一段时间，鉴于阿富汗援助资金和贷款可能大幅减少，财政失衡风险增大。

6. 双边经贸风险

中国与阿富汗自建交以来双边关系健康发展。由于两国经济互补性较强，双方经济贸易发展空间较大。近年来，中国加大对阿富汗的援助和投资力度，中阿关系迈向新的阶段，预期未来双方将开展更深层次的合作。但是，在合作的过程中也出现一些问题，如阿富汗安全形势不容乐观，很大程度上阻碍了项目的开展与建设。

（三）商业及投资环境风险

阿富汗商业环境较差。企业公共财务信息较难获得，电力基础设施不足，合

---

[1] 中华人民共和国商务部，http://www.mofcom.gov.cn/aarticle/i/jyjl/j/201110/20111007804092.html，最后访问于 2015 年 8 月 11 日。
[2] 中国出口信用保险公司：《国家风险分析报告 2013》，中国财政经济出版社 2013 年版，第 11 页。

同执行效率较低,在世界银行发布的《2013年营商环境报告》的189个经济体中排名第163位。不过阿富汗开设公司的程序比较简单,只需7天就可开设新公司。政府行政腐败较为普遍,行政效率低下,透明度低,官僚主义盛行。

鉴于经历长期战乱,阿富汗基础设施水平低下,公路路况较差,国际航班数量很少,电力、通信和水供应很不稳定。自2001年以来,阿富汗在国际社会援助下进行了大规模基础设施建设,取得了明显成效。公路方面,阿富汗新修和升级了1.2万公里道路,与主要邻国都有公路相通。航空方面,喀尔布机场是阿富汗的主要国际机场。铁路方面,2011年12月,沟通乌兹别克斯坦海拉顿和阿富汗马扎里沙里夫的75公里跨国铁路建成,成为阿富汗第一条铁路。电力方面,阿富汗发电量逐年提升,但广大农村地区通电率很低,很多企业依赖自购发电机发电。阿富汗政府正在推动发电和输电的私有化。

阿富汗税收体系不健全,偷税漏税现象普遍。阿富汗工商会数据显示,2010—2011财政年度,40亿美元进口货物未缴纳关税。长期以来,阿富汗税收能力孱弱,税收体系面临腐败和行政低效的困扰。世界银行和国际货币基金组织在过去几年中一直帮助阿富汗实施税收制度现代化,提升其透明度以及与国际规则相符。政府通过扩大税基、提高税率等措施提高其税收能力,取得了一定成效。

(四) 法律风险

阿富汗现行法律是伊斯兰法律与法国立法传统的融合。司法体系包括最高法院、高级法院和上诉法院,总统任命最高法院的9名法官,法官任期为10年。然而,阿富汗法律体系建设存在一些问题,一是司法资源缺乏;二是国家法律体系与传统司法体系之间存在竞争,大部分民众仍然依赖传统司法解决途径。此外,腐败也是阿富汗司法面临的严峻阻碍。2012年11月,欧盟宣布因阿富汗存在系统性腐败而暂停对阿富汗司法体系的援助。2013年2月,联合国反腐和监督高级办公室发表联合调查报告,认为法官、检察官、部落长老均存在大规模受贿改变司法判决结果的做法。

阿富汗目前的商法无法调整所有的商业纠纷。尽管阿富汗投资支持机构可以起到一定作用，但由于缺乏专门的商业组织法，给商业纠纷的解决带来一定障碍。为此，阿富汗政府采取了一定措施，如制定《私人投资法》和《仲裁法》等。此外，阿富汗还是《投资争端解决条例》和《承认和执行国际仲裁裁决条例》的成员国。

阿富汗在企业破产方面也缺乏专门法律。商业竞争方面的立法也亟待完善，只是宽泛地规定所有在阿富汗经商的企业都应当公平竞争。在劳工权利方面，尽管阿富汗议会于 2007 年通过了《劳工法》，但在雇佣童工和从事危险性行业等问题上却未作出规定。阿富汗立法规定必须优先雇佣阿富汗员工，并要求外交机构之外的外国组织必须雇佣阿富汗保安。在知识产权保护方面，阿富汗缺乏专门保护知识产权的法律。在土地获取方面，阿富汗土地产权纠纷不断。在投资方面，政府开出不少优惠条件，允许外资 100% 持有企业股份，并将农业、电信、交通、采矿和制造业作为优先投资领域。

根据世界银行《2013 年营商环境报告》，阿富汗企业申请破产后，债权人收回相关债务平均需要 2 年。破产相关诉讼成本较高，债权人通过重组、清算或债务执行等法律行为收回债务占债务额比重显著低于这一区域平均水平。

（五）征收风险

《私人投资法》允许政府基于非歧视原则和公共利益的目的征收投资和财产。法律规定："政府应当遵守国际法原则及时、充分、有效地依照公正的市场价格进行补偿。"在以外币投资的情况下，法律要求补偿应当使用同种外币。政府也可能征收私人财产以处理不良商业债务。根据《私人投资法》，拥有 25% 以上所有者权益的投资者可以对该项征收提出质疑。迄今还没有报道表明政府有征收外国资产的行为。

（六）应对策略

1. 注意事项

阿富汗安全环境恶劣。自 2005 年以来，阿富汗安全形势持续恶化，爆炸、绑架等恶性事件频发，安保成本高，企业每年在安全方面投入的资金占花费的很大比重。此外，阿富汗法律法规不健全，腐败问题较严重，办事效率低下，导致遇到困难的投资者寻求法律帮助较难。阿富汗基础设施不健全，如缺电、电压不稳，严重限制企业发展空间。大型项目融资难，技术人才匮乏，劳动力素质差，运输周期难控制，加大项目成本等问题都严重阻碍了阿富汗投资发展。

中国企业欲到阿富汗投资，应注意以下几个方面：

第一，谨慎决策。投资前，应对从技术、经济及安全三个方面综合评估。

第二，高度重视安全问题。要充分考虑安全和非正常支出成本，制订安全应急预案。

第三，合法经营，照章纳税。在和当地政府部门打交道的过程中，有理有节，不要采用贿赂等不法竞争手段，避免与当地利益集团发生利益冲突或竞争。

第四，履行社会职责，经营本地化，热心当地福利和慈善事业，为自身争取良好的立足和生存环境。[1]

2. 具体措施

第一，处理好与政府及其他公权力机关的关系。阿富汗的政治体制决定了政府、议会和法院三者之间相互作用、相互制衡的关系。此外，阿富汗具有部落社会特性。议会长老院的长老和议会议员大都代表着地方部落的利益，在所属地域具有较高威望。中国企业在阿富汗开展商务活动，既要处理好与政府的关系，还要加强与议会、法院的联络，与之建立较好关系，取得他们的支持，以利于在当

---

[1] "对外投资合作国别（地区）指南——阿富汗（2014 年版）"，中国国际贸易促进会，http://www.ccpit.org/Contents/Channel_359012015/0320/451952/content_451952.html，最后访问于 2015 年 8 月 28 日。

地营造和谐环境。

第二，密切与当地居民的关系。中国企业需要了解并尊重当地文化、习俗。将项目多分包给当地施工队，并尽量聘用当地劳工，多为当地创造就业机会。适当回馈当地社会，有条件的企业可帮助当地修建清真寺、学校、医院、道路等。

第三，尊重当地风俗习惯。阿富汗人虔诚信仰伊斯兰教，每天定时多次举行祈祷，中国企业应予以充分理解和尊重。谈话中不能有任何侮辱、亵渎、玷污和诋毁之举，哪怕是无意的，包括不得涂改或撕毁印有相关标记的纸张。

充分尊重阿富汗人的自尊心。阿富汗人民族自尊心很强，中国企业人员要平等对待当地人民；充分尊重当地人的风俗习惯。阿富汗人在公众场合禁酒，女士着装含蓄。

第四，依法保护生态环境，以可持续发展和以人为本为理念，了解阿富汗环境保护法规，对企业生产中可能产生的废气、污水和其他废弃物要提前规划，设计好处理方案。大型项目的环保方案要注意获得阿方批准。

第五，承担必要的社会责任，回报当地社会。企业从事的业务有益于当地社会，有利于增加就业和改善百姓收入，所作所为应避免引起当地居民反感和抵制，加强安全生产，避免安全事故，合理支付当地员工工资酬劳，妥善处理生产中的污染等，并根据财力尽可能积极参与赈灾、人道救助、慈善活动、公益事业，合理回报社会。中国企业在阿富汗要入乡随俗，遵守当地的法律和风俗习惯，注意自身言行，不做损害国家和企业形象之事。

第六，懂得与媒体打交道。阿富汗电视、报纸等媒体在人们日常生活中有较大影响力，企业既可通过媒体了解当地新闻、获得与企业生存发展有关的信息，也可借助媒体，正确宣传自己，为企业发展制造舆论和争取更多发展机会。在阿富汗当地驻有中资媒体，企业首先应与中资媒体保持良好关系，并结识和结交当地主要主流媒体。

第七，学会与执法人员打交道。在阿富汗的中国企业应遵守当地法律法规，同时要学会和包括海关、警察、税务、劳工部门和其他一些相关单位官员在内的执法人员打交道，做到有理有节。此外，中方人员要特别注意外出必须携带相关证件。

第八，由于阿富汗为特殊地区，中国商务人员在当地不要随便拍照，遇检查时应出示证件，公共场所或行驶路上远离西方人和外国军车，如遇美军或北约部队军车通过或同方向行驶，应主动减速靠边，或与他们保持相当距离，以确保自身安全，防止发生不必要的麻烦。

3. 紧急措施

首先，要积极寻求法律保护。在阿富汗，由于法律体系和语言的不同，为方便沟通和提高效率，中国企业应尽可能聘请当地律师或法律顾问处理企业的法律事务。当地一些律师与政府部门和执法部门都有较好关系，一旦出现经济和法律纠纷，都可借助律师的帮助。

其次，还可寻求当地政府帮助。阿富汗中央和地方政府重视外国投资。中国企业在阿富汗投资，如遇困难或麻烦，应与相关政府机构和主管部门进行联系，取得支持和帮助。由于当地政府对情况相对了解，相比中国企业解决问题的能力更强，解决问题也就更加容易。如在部落区承包工程和经商，应该与当地部落长老保持良好关系，争取获得他们的支持。

再次，企业和人员还应向中国驻阿富汗大使馆寻求保护。中国驻阿富汗大使馆保护中国在阿方公民合法权益，中国公司首先应该遵守阿富汗法律法规。为较好获得使馆保护，中国公司和公民来阿富汗应事先需征求使馆经商处的意见，获得国内主管商务部门批准或支持。经国内主管商务部门批准在阿富汗投资和从事承包工程的企业，应按规定到经商处备案。公司和个人在阿富汗注册公司，需要由使馆出具公函。

由于阿富汗属于特殊高危地区，安全形势严峻，商务环境复杂。因此，中国企业应接受使馆领导，和使馆保持经常性联系，特别遇到重大问题和突发事件时，应在第一时间报告大使馆，并在大使馆的领导和协调下处理相关事宜。平时使馆会经常向公司提供有关咨询和服务、通报安全信息和注意事项。

最后，还要注意提前建立应急预案并及时启动。由于阿富汗安全局势的特殊性，在阿富汗的中国企业务必高度重视安保工作，应当建立安全措施和应急预案。应急预案应当针对不同的紧急情况制定不同的应对措施，预先对突发情况下如何良好、有序、有效组织应对做出布置，包括企业如何组织自卫，如何联系外界营救等等。这些预案应建立在对形势和存在威胁进行客观评估及对周围环境和可得的资源进行认真调查研究并建立相应联系机制基础之上。在条件允许的情况下应进行演练。平时要对驻阿员工进行安全意识教育，设立专门安全值班人员，加强戒备，经常检查安全措施是否到位，是否存在漏洞。只有这样，紧急情况下才能有条不紊，转危为安。

综上所述，阿富汗投资总体风险较大，企业应当充分考虑安全成本。但是由于阿富汗战乱导致社会经济发展滞后，对公共设施建设、自然资源开发等促进经济发展的活动有迫切需求，因而也有较大发展空间。企业应当综合考虑自身水平以及当地情况，作出投资决定。

图书在版编目（CIP）数据

西亚投资法律风险与典型案例／陈波编著．—北京：中国法制出版社，2016.8
ISBN 978-7-5093-7761-1

Ⅰ.①西… Ⅱ.①陈… Ⅲ.①投资风险—金融法—研究—西亚②投资风险—金融法—案例—西亚 Ⅳ.①D937.022.8

中国版本图书馆 CIP 数据核字（2016）第 199373 号

策划编辑　袁笋冰	责任编辑　林　林	封面设计　蒋　怡

西亚投资法律风险与典型案例
XIYA TOUZI FALÜ FENGXIAN YU DIANXING ANLI

编著／陈　波
经销／新华书店
印刷／北京海纳百川印刷有限公司
开本／710 毫米×1000 毫米　16 开　　　　　　　印张／21.75　字数／328 千
版次／2016 年 8 月第 1 版　　　　　　　　　　　2016 年 8 月第 1 次印刷

中国法制出版社出版
书号 ISBN 978-7-5093-7761-1　　　　　　　　　定价：65.00 元

北京西单横二条 2 号　　　　　　　　　　　　　值班电话：66026508
邮政编码 100031　　　　　　　　　　　　　　　传真：66031119
网址：http://www.zgfzs.com　　　　　　　　　编辑部电话：66067369
市场营销部电话：66033393　　　　　　　　　　邮购部电话：66033288

（如有印装质量问题，请与本社编务印务管理部联系调换。电话：010-66032926）